마쉬넨크리거
Ma.K. in SF3D
ARCHIVE
2010.3-2011.2 vol.1

MAX 와타나베·요코야마 코우 지음
박성윤 옮김

CONTENTS

※기재된 가격표기는 모두 세금별도입니다.
※게재내용은 「하비재팬」 연재 시의 기사를 다시 게재용으로 수정한 것이기 때문에 당시와 다르게 표현한 부분이 있습니다.

Mar. 2010 No. 001

P008　루나다이버 스팅레이 [하세가와 1:35]
　　　S.A.F.S. [웨이브 1:20]
　　　제작·해설·글 / MAX 와타나베

P016　PLAY BACK NEW ITEM Mar. issue 2010

Apr. 2010 No. 002

P017　H.A.F.S. F.2 슈퍼 제리 [웨이브 1:20]
　　　제작·해설·글 / MAX 와타나베

P024　PLAY BACK NEW ITEM Apr. issue 2010

May 2010 No. 003

P025　반중력 장갑전투기 Pkf.85
　　　팔케 [하세가와 1:20]
　　　제작·해설·글 / MAX 와타나베

P033　PLAY BACK NEW ITEM May. issue 2010

Jun. 2010 No. 004

P036　멜루진 [웨이브 1:20]
　　　제작·해설·글 / MAX 와타나베

P045　PLAY BACK NEW ITEM Jun. issue 2010

Jul. 2010 No. 005

P046　지휘정찰용 장갑전투복 라쿤
　　　[웨이브 1:20 S.A.F.S. 개조]
　　　제작·해설·글 / MAX 와타나베

P051　PLAY BACK NEW ITEM Jul. issue 2010

Aug. 2010 No. 006

P052　파이어 볼 & 프라울러
　　　[웨이브 1:20 S.A.F.S. 개조]
　　　제작·해설·글 / MAX 와타나베

P058　PLAY BACK NEW ITEM Aug. issue 2010

Sep. 2010 No. 007

P060   무인강습 정찰용 이족보행 전차
크뢰테 [웨이브 1:20]
제작·해설·글 / MAX 와타나베, 요코야마 코우

P066   PLAY BACK NEW ITEM Sep. issue 2010

Oct. 2010 No. 008

P068   팍 크뢰테, 퀴스터, 슈퍼 크뢰테
[웨이브 1:20 크뢰테 개조]
제작·해설·글 / MAX 와타나베

P073   PLAY BACK NEW ITEM Oct. issue 2010

Nov. 2010 No. 009

P075   그로서훈트 알타이르
[레인보우 에그 1:20]
제작·해설·글 / MAX 와타나베

P082   PLAY BACK NEW ITEM Nov. issue 2010

Dec. 2010 No. 010

P084   AFS(ARMORED FIGHTING SUIT)
[웨이브 1:20]
제작·해설·글 / MAX 와타나베, 요코야마 코우

P090   PLAY BACK NEW ITEM Dec. issue 2010

Jan. 2011 No. 011

P092   차기주력 장갑전투복 랩터 [웨이브 1:20]
제작·해설·글 / MAX 와타나베

P096   PLAY BACK NEW ITEM Jan. issue 2011

Feb. 2011 No. 012

P097   스네이크 볼, 라푼, BEM, 랩터
[웨이브 1:20 스네이크 아이, 랩터, S.A.F.S. 개조]
제작·해설·글 / MAX 와타나베

P102   PLAY BACK NEW ITEM FEB. ISSUE 2011

P004   Ma.K. in SF3D
P005   SF3D to Ma.K.
~A brief history of Maschinen Krieger~
P006   요코야마 코우 & MAX 와타나베 신춘 마쉬넨 방담
P034   MAX 와타나베 × 요코야마 코우 2010→2018 이제 곧 연재 100회!!
「Ma.K. in SF3D ARCHIVE」간행기념 대담
P104   「Ma.K. in SF3D ARCHIVE」vol.1 수록
2010~2011년의 작례를 되돌아보며
P105   「하비재팬 · 모델 그래픽스합동
마쉬넨 크리거 모형콘테스트」전 작품 게재!!

2807년에 발발한 제4차 세계대전은
가까스로 살아남은 사람들의 거주마저 허락하지 않을 정도로 지구를 파괴해버렸다.
살아남은 소수의 인류는 모두 다른 식민지 행성으로 떠나고,
지구에 남은 다른 고등생물도 모두 사멸했으며,
지구는 태고의 모습으로 돌아갔다.
세계대전 종결로부터 48년, 은하계 연방이 파견한 조사단은
지구의 자연환경이 인류가 거주 가능한 상태까지 복원되었다는 것을 보고했다.
제1차 식민단의 도착으로부터 십수 년의 세월이 흐르고,
지구에도 몇몇 개의 소도시가 건설되었다.
한편 그동안 은하계의 전 지역으로부터 범죄자, 탈주병, 정치범 등
사회적응을 하지 못한 자들이 지구를 적절한 피난처로 여기고 몰려들었다.
이에 대해 은하연방은 지구의 위임 통치권을 슈트랄 공화국에 주었다.
지구에 도착한 슈트랄군 경찰과 외인부대는
압도적으로 우수한 무기와 조직력, 기동력을 가지고
무장 세력과 불량배들을 일소했다. 동시에 지구 주민의 자유를 억압해갔다.
2880년경부터 슈트랄군에 대한 테러행위가 시작되고
전쟁의 낌새를 눈치 챈 전쟁의 개들, 즉 용병군은 속속 지구에 정착해갔다.
2882년. 결국 지구는 독립을 선언했다. 슈트랄군은 신속히 대응했다.
즉시 괴뢰정권을 세우고 반란진압이 목적이라고 하는 전투부대의 출동을 요청했다.
그에 대해 지구독립의 용병군 측은 슈트랄군에게 선전포고를 하였다.
이렇게 지구 독립전쟁은 시작되었다. 그리고 두 군대에서 나오는 신무기는
전투의 새로운 모양새를 만들어가게 되었다.

시뮬레이션게임 『S.F.3.D. ORIGINAL』(1984년) 게임룰북에서 발췌

Maschinen Krieger
Ma.K. in SF3D
1982 ▶ 2018

한때 『SF3D』라는 연재가 있었다. 갑작스러운 연재중단으로부터 25년. 『SF3D』는 『마쉬넨 크리거(Ma.K.)』라고 이름을 바꾸었다. 2010년 하비재팬에서 『Ma.K.』는 「Ma.K. in SF3D」라는 제목으로 연재를 시작한다. 연재의 중심은 『Ma.K.』 키트 그 자체. 원작자인 요코야마 코우의 감수 아래 프로모델러 MAX 와타나베가 연재를 제작. 기존 키트를 기본으로 사용자의 관점에서 『Ma.K.』의 세계로 파고드는 새로운 연재 「Ma.K. in SF3D」, 이제 개막한다!!

SF3D to Ma.K. A brief history of Maschinen Krieger

구성 / 하비재팬 편집부

1982년 4월 25일 발표된 「월간 하비재팬」 5월호에 기사가 하나 게재되었다. 타이틀은 「SF3D 오리지널」. 지면에는 「일러스트레이션 & 제작·요코야마 코우」의 크레딧. 그리고 특집 「멋지게 만든 시작한 키트」 기사 안에서 찬란하게 빛나는 「연재.1」라는 글자. 이것이 「SF3D」와 「마쉬넨 크리거(Ma.K.)」의 첫 걸음이었다.

연재는 요코야마 씨가 작례를 제작하고 이치무라 히로시 씨가 스토리를 집필하는 체제가 되었고 디자인은 고 이마이 쿠니타카 씨, 배경사진 특수촬영은 오노데라 히로토모 씨가 담당하였다.

1983년 7월에는 별책 「SF3D 오리지널」을 발행. 이것은 제1회 연재인 AFS에서부터 제15화인 크리테까지의 내용을 재구성한 것으로, 콘라드 암셀을 주인공으로 하는 「SF3D 오리지널 배경 설정소설」과 요코야마 씨가 그려낸 전투극화 등이 게재되어 있다.

「월간 하비재팬」 1983년 10월호에는 1:20 「AFS Mk.Ⅰ」과 「P.K.A.-H~O」의 플라스틱 키트화를 발표. 다음해 1984년 1월에 닛토(日東)과학[1]에서 1:20 「AFS.Mk.Ⅱ」가 발매된다. 잡지연재를 하고 이것을 프라모델로 만드는 것은 당시에는 매우 드물었으며, 그때의 인기를 엿볼 수 있다. 닛토에서는 그 후 「P.K.A.HO형」, 「AFS.Mk.Ⅰ」의 발매도 이어졌다(최종적으로 다음해 8월까지 21종+「1:6 SAFS」가 제품화되었다). 하비재팬 지면에서는 요코야마 씨의 지시에 따른 금형 수정이 화제가 되었으며 항상 최신정보가 게재되었다.

그러나 같은 해 1984년 7월 이치무라 씨를 비롯한 편집부 스탭이 하비재팬을 퇴사. 11월에는 대일본회화에서 이치무라 씨를 편집장으로 하는 「월간 모델그래픽스」가 창간되어 요코야마 씨는 그 잡지에 「SF3D」와는 무관한 오리지널 시리즈 「마쉬넨 크리거—블레히만」의 연재를 개시한다. 하비재팬의 「SF3D」 연재도 계속되었고 1984년 12월호부터는 아게타 유키오 씨가 작례 제작에 참가. 1985년 11,

1. 기념할 만한 연재 제1회, HJ본지 82년 5월호 기사. 흑백 4페이지에 더해 컬러 약 1/2페이지로 구성. 당시 하비재팬은 컬러는 모두 12페이지밖에 없었다.
2. 1983년 간행된 하비재팬 별책 「SF3D오리지널」 모형 소품제작에는 와타나베 마코토(MAX 와타나베) 씨가 참여했습니다. 당시의 「SF3D」 표기는 마침표를 붙이기도 하고 안 붙이기도 했으며 붙어도 D의 뒤에는 하지 않는 등 꽤 제각각이었다. 본 연재에서는 「SF3D」로 통일. 「마쉬넨 크리거는 「Ma.K.」로 한다.
3. HJ본지 85년 12월호에 게재된 연재휴지의 소식과 요코야마 씨의 일러스트.
4. 「월간 모델그래픽스」1999년 2월호의 표지. 아사히 마사히코 씨가 프로듀싱한 전체 37페이지의 총력특집으로 「Ma.K.」로서의 부활을 강하게 어필했다.

12월호에서는 코바야시 마코토 씨의 작례도 게재된다. 하지만 편집자, 디자이너, 카메라맨 모두가 없어진 상태에서 계속 이어나가는 것은 곤란하여, 1985년 11월 25일 발매한 월간 하비재팬 1985년 12월호에서 「SF3D」는 돌연 휴재를 발표한다. 플라스틱 모형을 전개했던 닛토과학 역시 회사의 화재와 매출 부진으로 인해 그 해에 모형제조사로서는 폐업하고 같은 시기에 「블레히만」도 연재가 종료되어 「SF3D」의 불꽃은 꺼진 듯했다.

시간이 흘러 1994년. 다시 일어선 닛토과학교재는 「SF3D」의 재발매를 기획. 원작자와 하비재팬에게 판권허가를 요청하였다. 그러나 하비재팬의 사토 코이치 사장이 이 신청을 거부하였고 이후 1999년에 화해가 이루어지기까지 닛토와 요코야마 씨 그리고 하비재팬의 의장권과 상품화권을 둘러싼 재판이 계속되게 되었다.

한편, 재판의 결과를 기다리지 않고 닛토는 구 「SF3D」 상품을 「Ma.K. ZbV3000 Maschinen Krieger」라는 타이틀로 1998년부터 재발매를 개시. 1998년 12월 25일 발행한 「월간 모델그래픽스」 1999년 2월호에서 [권두 총력특집] 요코야마

코우, 그리고 「마쉬넨 크리거」의 이야기라는 제목으로 대특집을 게재. 요코야마 씨도 최신 디자인인 「스네이크 아이」를 발표하고 당당히 부활했다. 그 후에도 2000년 6월호, 2001년 3월호에서도 특집 기사를 발표한 후 「마쉬넨 크리거(Ma.K.)」는 「모델그래픽스」의 연재코너가 되었다. 한편 대일본회화에서는 「마쉬넨 크리거 vol.1 크로니클&엔사이클로피디아」를 시작으로 각종 무크, 서적을 발행하며 「Ma.K.」 게재매체로서의 존재감을 발휘했다.

2002년 개러지 키트와 인젝션 메이커인 웨이브는 닛토의 파이어볼에 신규 부품을 추가한 「파이어볼 SG」를 키트화하여 「Ma.K.」 시장에 참가하게 되었다. 이 회사는 2006년 12월 말에는 「루나폰」을 완전 신규금형으로 제품화. 그 후에도 정력적으로 키트의 전개를 이어나갔다. 또한 2008년에 구 닛토의 모든 금형은 원작자인 요코야마 씨에게 양도되었다. 이 시리즈는 「3Q MODEL」이라는 이름으로 요코야마 씨가 직접 기획하였으며 제조와 판매는 웨이브가 담당했다.

2004년에는 MAX 와타나베가 이끄는 맥스 팩토리가 1:16 「스네이크 아이」를 도장완성품으로 제품화. 현재는 라인업이 중단되었으나 MAX 와타나베의 새로운 목표는 다음 페이지의 대담에서 이야기한다.

그리고 2008년 2월의 독일 뉴렌베르크 토이페어에서는 스케일 모델 메이커인 하세가와가 갑자기 「Ma.K.」 참여와 「팔케」의 키트화를 발표. 5월 시즈오카 하비쇼에서는 스케일이 1:20이라고 발표했다. 키트는 2009년 3월에 발매되어 시장에서 호평을 받았다. 나아가 같은 해 12월에는 1:35의 새로운 스케일로 「루나다이버 스팅레이」를 키트화하였다.

그리고 2010년. 하비재팬에 「Ma.K. in SF3D」가 연재를 개시. 이제까지 웨이브와 하세가와의 신제품이 지면에 게재되기는 했지만 「연재」라는 형태는 실로 25년 만의 부활이다.

웨이브 1:20 「S.A.F.S.」 패키지의 비밀

2010년 1월 발매된 웨이브 「Ma.K.」 시리즈의 신작으로 완전 신금형의 1:20 「S.A.F.S.」(P013에 작례를 게재). 이 패키지 일러스트(오른쪽)에 뭔가 데자뷰를 느꼈다면 그 사람은 대단하다.

실은 이 일러스트는 1984년 하비재팬이 발매한 시뮬레이션 보드게임 「S.F.3.D. 오리지널」의 패키지(왼쪽)로 사용한 「5초 후」를 그린 것이다. 게임용의 일러스트에서는 바로 앞에 있는 SAFS가 웨이브의 패키지에서는 그림의 가운데로 이동, 뒤에 있는 크로테는 마찬가지로 불타고 있다. 「Ma.K.」로 이어지고 있는 [지금]은 「SF3D」가 만들어낸 [과거]로부터 연속해서 이어지고 있다는 것을 표시하고 싶은 요코야마 씨의 의지를 담은 일러스트이다.

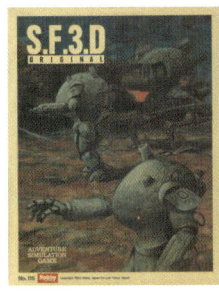 

하비재팬 「S.F.3D. 오리지널」 게임 패키지(1984)(왼쪽)
웨이브 「S.A.F.S.」용 패키지 일러스트 (2009)(오른쪽)

---

[1] 역주: 日東科学. 일본의 플라스틱 모형 메이커. 줄여서 닛토라고 부른다. SF3D 관련 모형을 최초로 발매했었다.

KOW YOKOYAMA × MAX WATANABE
요코야마 코우 & MAX 와타나베 신춘 마쉬넨 방담 | Mar.2010 | No.001 |

팬 1호라고 해도 괜찮겠습니까?

요코야마 코우(이하 요코야마) : 와타나베 군과 만난 건 대략 30년쯤 전의 일이네요. 30년이라고 하면 인생의 절반 이상이거나 그 정도쯤인 셈이죠. 와타나베 군과 만나고 벌써 인생의 반 이상의 시간이 지나가 버렸다는 얘기지. 굉장하죠? 그리고, 애당초 하비재팬의 필진으로선 와타나베 군이 나보다도 상당히 앞서부터 활동했죠.

MAX 와타나베(이하 MAX) : 그렇습니다. 요코야마 선생님보다 수년 전부터 먼저 일해왔습니다. 18살에 데뷔했으니까 올해로 필진생활 30주년이네요(웃음).

요코야마 : 형님은 연예인[2]이니까 말이야. 와타나베 형님이라고 부르는 걸로 하죠.

MAX : 또 그런 소리, 좀 봐주세요(웃음).

요코야마 : 내가 대학을 졸업하고 취직도 안한 채 제멋대로 지내고 있을 무렵이었지. 그때 마츠모토 슈헤이 군[주1]은 '하비재팬에 입사한 친구가 모형을 만들 사람을 찾고 있다'는 소식을 듣고 나를 소개해줬지. 하비재팬 쪽 사람은 이치무라 히로시 군[주2]이었는데, 그때 이치무라 군이 담당했던 것이 하비재팬의 특집 「멋지게 만든 시시한 키트」[주3]였어요. "시시한"이라고 말하는 것은 실례지만, 불량식품 같은 키트라고 할까, 약간은 존중의 의미도 포함한 호칭이죠. 그런 키트를 손봐서 멋지게 만들어보자는 느낌의 기획으로, 미크로맨의 머리 부분을 사용하여 멋진 걸 만들어 달라고 하지 뭐야.

MAX : 요구사항은 다른 것 없이 그뿐이었나요?

요코야마 : 응, 그뿐. 멋지게 바꾸는 거라면 간단한 일이니까, 이 부분을 이렇게 하고 저렇게 하고 하는 식으로 만들라지 뭐야. 하지만, 그 기획의 의도는 너무 바꿔서 원래의 형상이 모두 없어지는 정도의 작업은 피해야 했거든. 헬멧의 페이스 부분은 스튜디오 누에 사람들이 디자인을 했다는 것을 알고 있기 때문에, 디자인한 사람들에게 경의를 표하는 뜻에서 일부 형상을 남겨두자는 느낌으로 그 「AFS」를 만들었지요. 그리고 당시의 나는 나중에 상품화한다든지 하는 생각은 전혀 하지 않았지. 그래서 당연히 머리의 거기 남아있는 부분은 오리지널이 아니라는 말을 듣기도 하지만 뭐 그런 부분은, 음…어쩔 수 없지요.

MAX : 전혀 문제없습니다(웃음).

요코야마 : 이러저러해서, 연재 예정 없이 한번뿐인 특집기사였는데, 당시 하비재팬 사장이던 사토 코이치 씨[주4]가 내가 만든 「AFS」를 보고는 「이건 연재감입니다!」라고 느닷없이 그 자리에서 결정해버렸지. 그 순간, 보자마자 말이야. 우리 책에 연재해주세요 라고 말이지. 아, 그렇구나, 이거 연재하는구나 라고 생각했죠.

MAX : 정말 거짓말 같은 이야기네요(웃음).

요코야마 : 그야말로 천재적 감각이에요. 내가 하고 싶은 대로, 난 이렇게 할 거야 라면서 만든 것을 나이 많은 아저씨가 이렇게 기뻐해준다면 이건 재미있을 거라고 그때 생각했고, 그 어디가 좋은지를 직관적으로 아는 사람이 있다는 것도 알았지. 뭐, 그 뒤 교류를 가지면서 이 사람은 장사의 천재구나 라고 느끼게 됐죠. 인격적으로 어떨지 모르겠지만(웃음). 천재를 거기서 만난 거죠. 그래서 그때 「HOW TO BUILD GUNDAM 2」[주5]를 보게 됐고, 와타나베 군이 만든 자쿠[주6]를 보게 됐죠.

MAX : 아, 그렇게 된 거군요.

요코야마 : 거기서 와타나베 군에 대해 알게 된 거죠. 결국 그 뒤 직접 만나게 될 때까진 시간이 좀 걸리긴 했는데, 편집부에서 처음이었던가?

MAX : 확실히 편집부에서 한 번 만났고, 사는 데가 어디야? 라는 얘기가 나왔죠.

요코야마 : 가깝네, 마침 잘됐다 싶어, 도쿄 후추에 있는 무라타 모형점 근처 주거단지의 모퉁이에 있던 아파트 방으로 놀러갔죠.

MAX : 당시 모형을 마음껏 만들 장소가 필요했기에, 철거가 예정돼 있던 낡은 아파트를 빌려 쓰고 있었죠. 거기에 주위의 모형을 좋아하는 사람들이 밤이면 밤마다 몰려와 왁자지껄 떠들면서 모형을 만들었죠. 거기에 요코야마 씨가 놀러 와서는 「아, 이거 괜찮네, 가져도 돼?」라고 하셨죠.

요코야마 : 맞아, 맞아, 「SF3D」를 하게 될 걸 알고 있었으니까, 「와타나베 군, 이 부품 가져도 돼?」라고 물어봤지. 정크부품 박스에 색칠까지 끝낸 부서진 F1이 있기에 그걸 달라고 했더니, 「좋아요!」라고 하지 뭐야. 브라밤[주7]의 완성품이라든지 그 외의 F1 부품을 몽땅 얻어왔죠. 그리고 그 뒤 연재 도중에 그것들을 사용하여 작품을 만들었지. 유용한 부품인데 뭐가 색칠 완료된 부품으로 말이야(음). 왜 도장이 되어 있는 엔진이 여기에 있는 걸까 라고 오랫동안 수수께끼였는데, 실은 와타나베 군한테서 얻어온 부품을 그대로 조립했던 거지. 그 때부터 뭐랄까, 당시는 아직 「SF3D」이지만, 그 작품을 이해하는 후배로 교류가 시작된 거죠.

MAX : 한밤중에 자전거나 오토바이로 요코야마 선생님께 귀찮게 하면서 이런저런 얘기를 듣는 것이 너무나 즐거웠어요. 어느 샌가 요코야마 선생님께 민폐라는 생각도 없이 들락거리게 됐죠. 어느 날 「사인해 주실 수 있나요?」라고 말했더니, 이건 뭐 정말로 깜짝 놀랄 정도의, 이건 사인이 아니다 싶은 명품 일러스트 수준으로 한참 동안에 걸쳐서 컬러 사인지를 그려주셨죠.

요코야마 : 호르니세죠. 와타나베 군은 내가 사인해서 건넸더니 울면서 기뻐했죠. 이렇게 좋은 사람이 있다면야 얼마든지 사인해줄 수 있다고.

MAX : 아니, 울면서라는 건 좀…… 지금까지도 보물이에요.

요코야마 : 그림 그리는 거 좋아하거든요. 그런 사연도 있고 하니, 와타나베 군을 팬1호라고 해도 괜찮을까요? (웃음)

MAX : 얼마든지요(웃음).

하비재팬에서 다뤄주는 건 매우 감사한 일이죠

요코야마 : 『마쉬넨 크리거』란 이름으로 다시 시작한 지도, 벌써 12년이 됐군. 지금은 웨이브, 하세가와 두 곳의 프라모델 회사에서 인젝션모델로 많은 상품이 공급되고 있는 상황이죠. 뿐만 아니라, 이전에도 와타나베 군의 회사에서 완성품으로 「스네이크 아이」 등도 출시됐죠. 그래서 말인데, 지금 공급되고 있는 아이템의 수가 이젠 기사로 소개해서 팬에게 제대로 전달할 수 있는 양을 넘어서고 있지. 넘쳐나는 거지. 그리고 어떻게 하면 이걸 제대로 전달할 수 있을까 하고 고민했죠.

MAX : 하비쇼의 전시장이나, 하비재팬의 호시노 국장과 무라세 편집장(당시)에게 「Ma.K. 아니 SF3D를 하비재팬에서 다뤄보죠. 이젠 어지간히 흥분도 가라앉았으니 괜찮지 않나요?」라고 말을 건넸죠. 그랬더니 놀랍게도 그 사람들이 바로 그 자리에서 「해봅시다!」라더군요(웃음). 그렇다면 요코야마 선생님께 여쭤보죠 라고 했어요.

요코야마 : 맞아. 와타나베 군이 전화로 「하비재팬에서 마쉬넨 다뤄도 괜찮나요?」라고 말이지. 와타나베 군이 맡아준다면 해도 돼 라는 느낌이었지요.

MAX : 그게 이 연재가 결정되게 된 계기죠.

요코야마 : 저기, 이전에 하비재팬과 난 말이죠, 이것의 저작권에 관한 일 때문에 재판을 했었지요[주8]. 뭐랄까, 배은망덕하게도 그 하비재팬의 사장을 말이죠, 나는…고소를 해서(웃음). 사토 코이치 씨를 피고로 만들었지. 뭐 그건 그거고, 저기?…

MAX : 뭐라고 써야 할지, 아니 어떻게 쓰더라도 매우 어렵네요(웃음).

요코야마 : 과거에는 저작권 관계로 재판 같은 게 있었지만, 당연히 재판은 화해하고 마무리됐어요. 정신적인 부분에 관해선 독자들은 그다지 상관없는 일이고, 무엇보다 그 사건의 당사자로서 현재 이 일에 관여하고 있는 건 이제 나 자신 외에는 없기 때문에, 저작권 부분에 대해서는 확실하게 선이 그어졌지요. 그래서 그런 문제는 다시 생길 일은 없으니, 미디어인 하비재팬에서 다뤄주는 것은 매우 고마운 일이지요. 게다가, 여기까지 오게 된 덕분에, 콘텐츠 자체를 어떻게 전달해야 할지에 관한 나의 제안이 상당히 이루어지게 되었어요. 그리된다면, 어디서 어떤 식으로 하게 되더라도, 그 안에서 할 수 있는 일과, 그곳의 특성만 잘 살린다면, 지금의 기존 고객은 물론, 새로운 고객들께도 알려주고, 전달할 수 있을 겁니다.

MAX : 그럴듯한 정리입니다.

요코야마 : 응, 맞아, 맞아. 그렇게 말하지만 실은 시장을 넓히겠단 생각은 전혀 없지.

MAX : 저기요, 잠깐만요(웃음).

---

2) 역주 : MAX 와타나베가 자주 TV나 잡지 등에 출연하여 프라모델 관련 활동을 하기에 농담을 한 것.

『SF3D』, 『Ma.K.』 원작자, 요코야마 코우 선생이 실로 25년 만에 하비재팬 지면에 등장. 신연재 「Ma.K. in SF3D」에 대해, 연재 프로듀스를 맡은 프로모델러 MAX 와타나베 씨와 뜨거운 이야기를 나눴다. 어째서 지금 하비재팬에 연재개시를 하게 된 것인지, 그 의미의 일부가 밝혀진다!!

요코야마 : 정말이야 그건, 이젠… 뭐랄까, 잘난 척하려는 게 아니라, 왜 없느냐면, 이런 건 규모가 커지면 커질수록 스스로 컨트롤할 수 없는 부분이 있지. 그건 아무래도 피하고 싶거든.
MAX : 그건 잘 알고 있습니다.
요코야마 : 시장이 무턱대고 넓어져 컨트롤할 수 없게 되면 곤란하다고. 그런 거에 대해서는 내가 납득하기 전에는 구체화하지 않았던 게 잘 한 일이라고 생각하지, 팬들에게도 그렇고.

1:12를 해보고 싶어요

요코야마 : 만약 와타나베 군 회사에서 프라모델로 만든다면 말이야, 어떤 사이즈, 어떤 것을 하고 싶어?
MAX : 지금이라면 1:12를 해보고 싶네요.
요코야마 : 1:12는 그거 말이지? 와타나베 군 회사의 제품군에서 갖추고 있는 그런 거지?
MAX : 「figma」라는 완성품 시리즈가 있습니다만, 그 기술을 사용하여 figma의 파일럿이 착용할 수 있는 것을 만들어보고 싶어요. 망상이지만요.
요코야마 : 1:12는 숫자로 볼 때 일전에 토이즈 맥코이에서 나온 1:6 제품(주9)의 절반 사이즈가 되니까, 아주 계산하기 쉽군.
MAX : 그렇습니다. 그것도 이미 있으니까, 개발하는 것도 쉬울 듯한 생각이 드네요.
요코야마 : 1:12라니, 좋아, 그렇지. 그렇다면 1:12로 만들어. 1:12 사이즈의 모형이라면 F1에 있던가?
MAX : F1모델 중 큰 것이 1:12입니다.
요코야마 : 그렇담, 전혀 문제없단 얘기네.
MAX : 슈트라면 상당히 좋은 볼륨감이 있는 좋은 사이즈가 될 거라고 생각합니다, 1:12.
요코야마 : 그래, 맞아, 맞아. 다른 사이즈로 내가 만져보고 싶다는 욕망. 자기가 만들어본 적이 없는 사이즈란 건 말이지, 입체적인 뭐랄까, 처녀 상태니까, 아~앙 하게 되고. 손대는 순간에. (웃음)
MAX : 저기, 잠시만요(웃음). 실현된다면 좋겠네, 1:12……

그걸 되갚아주러 온 것 같다고 할까

요코야마 : 저기 말이야, 어떤 의미에서 지금 내가 하고 있는 거, 예를 들자면 「SAFS」 키트를 내놓는 것 자체가, 26, 7년 전에 내가 하지 못했던 것들 모두가 이렇게 이루어져 가고 있지. 하나하나, 나의 꿈이 이뤄진다는 거니까, 그 점에 대해선 진지하게 대하고 있어요. 하지만, 25년간, 30년간 쭉 해왔던 게 아니라, 도중에 긴 공백기를 가졌는데, 그게 또 좋았지요. 갑자기 연재를 마치고 그대로 매머드 얼음저장 같은 상태가 되었지(웃음). 그런 의미에서도 하비재팬 사장님께는 감사하지 않으면 안 될 일이야.

MAX : 모델그래픽스가 창간되는 소동이 있었을 때, 저는 하비재팬에 남았잖아요. 일단 요코야마 선생님은 한동안 양쪽 잡지에서 활동했지만, 『SF3D』쪽은 페이드아웃되어버렸지요.
요코야마 : 그렇다니까. 그런 점도 있고, 하고 싶었던 일, 하다 남겨둔 일이란 게 역시 내 안에도 잔뜩 있으니까, 그걸 되갚아주러 온 것 같다고 할까(웃음).
MAX : 또 그런 말씀을(웃음).
요코야마 : 진심으로 M-1 그랑프리로 말하자면, 「잊은 물건을 가지러 왔습니다.3)」라는 느낌이라고요. 지금의 내 자신이 가진 지식과 기술, 모형 업계에 축적되어 있는 사실이나 플랫폼 등도 대단하기에, 이야~ 행복하구나 라고 생각해요.
MAX : 행복하죠. 저는 요코야마 선생님이 세계에서 가장 행복한 모델러라고 생각하고 있거든요. 그리고 저는 두 번째(쓴웃음).
요코야마 : 자아, 30년 전이었다면 할 수 없었다고 생각해. 이 모든 것들 말이야. 과거로 돌아가 30년 전의 나에게 이걸 알려주고 싶어요. 이런 걸 예측한 사토 코이치라는 양반은 역시 본능적이라고.
MAX : 예, 정말 그렇다고 생각합니다.
요코야마 : 역시 천재라고.
MAX : 모형을 만들고 싶거나 모형에 흥미가 있는 사람들이, 마쉬넨 만들기를 시작하거나 흥미라도 가지게 되는 것은 분명히 현재가 가장 행복한 상태입니다. 이건 틀림없어요.
요코야마 : 그렇지. 「재밌으니까 해보면 어때」라고 일단 말을 한다면, 역시 그로 인해 새로 시작해보려고 하는 사람이 있겠지. 그런 사람들을 말이야 따뜻하게 맞이해서 마쉬넨 중독환자로 만들어서 엮어버리자고(웃음). 마쉬넨 세계정복계획은 아니지만, 정말로 지금 많은 사람들에게 메시지를 전해주고 싶어.
MAX : 지금은 제2차, 아니 제3차 붐이란 느낌인가요?
요코야마 : 그리 말하지만, 그야말로 그게 진정한 시작 같은 게 아닐까요? 지금까지의 규모로 보자면 붐이라고는 해도 좋아하는 사람들끼리 뭉치는 것뿐이니까.
MAX : 마침내 다가올 때가 왔다는 건가요?
요코야마 : 응, 그러니 여기부터가 시도해볼 수 있는 부분이 아닐까. 그리고 난 말이지 자신 있어. 이거 100년 뒤에도 반드시 남아 있을 형태라고 말이야. 그래서 세세한 설정 따위도 사실은 필요 없어. 뭔가 예술이라고 하는 것도 우스운 일이지만, 예술이라고 볼 때는 상업적 목적이 아닌 작가의 정열로 하고 싶은 바를 하는 것이라는 정의가 있지. 그래서 말이야 난 이게 팔리든 안 팔리든 알 바 아니지(웃음).
MAX : 모형회사에서 들으면 하염없이 울 것 같네요(쓴웃음).

요코야마 : 내가 이 모형을 원하니까 만들어달라고 모형회사에 말을 하지. 그럼 그 회사에서는 이게 잘 팔리나요? 라고 물을 테고, 그럼 글쎄, 난 몰라요. 이런 상황인거지(웃음). 팔리지 어떤지 모르겠지만, 내가 원한다는 것이 유일한 콘셉트니까.
MAX : 그건 분명히 틀림없네요. 그렇기 때문에 지금이 있다고 생각합니다.
요코야마 : 그러던 때에 자기도 갖고 싶다고 말해준 제1호가 와타나베 군이기도 하고, 「와타나베 군 이거 원해?」라고 물어보면, 더할 나위 없이 원한다고 대답해줄 거라고 생각하거든요.
MAX : 그러네요. 그러고 보니, 그런 의미에서도, 제가 어떤 의미에서는 "불초한 제자 제1호"이기도 한 셈이니까요.
요코야마 : 맞아. 키트 부품들을 뺏어 놓고는 「어이, 와타나베, 잘 받을게」라고 하는 엄청 말도 안 되는 선배죠, 뭐 그런 존재죠, 선배란 건 말이죠. 이제 진짜 연예인이랄까, 그런 모형 연예인이라면 와타나베 형님이기도 하지만(웃음).
MAX : 다음 순서가 기다리고 있으니 우리는 이쯤에서 마무리하시죠?(웃음)

(2010년 1월 하비재팬에 수록)

주1) 프로모델러. 80년대 초기 하비재팬에서 활약. 드라이브러시 기법과 「개조는 안 됨」 등의 언사로 유명하다.
주2) 「월간 모델그래픽스」 초대 편집장. 현 주식회사 아트박스 사장. 『SF3D』의 프로듀싱과 문예를 담당했다.
주3) 월간 하비재팬 1982년 5월호의 특집기사. 100엔짜리 비행기 키트나 1:76의 전차 작례, 카와쿠치 카츠미 씨(명언)의 「닥터 슬럼프 아라레짱」에 등장하는 리브시고4) 등도 게재되었다.
주4) 하비재팬 창업자로 초대 사장. 전 회장.
주5) 「HOW TO BUILD GUNDAM」의 인기를 얻어 건프라 붐이 최고조인 1982년에 발매. 복각판이 2009년 본사에서 간행되었다.
주6) 1:60 스케일의 자쿠 마인레이어
주7) 타미야의 브라밤 BT465 알파로메오의 부품. 이 엔진 부품은 「마쉬넨 크리거 프로파일 1 팔케」(대일본회화 발간)에 따르면 오스칼(HJ 84년 2월호 게재)에 사용되었다고 한다.
주8) 본사(하비재팬)와 요코야마 씨, 닛토과학교재 간의 『SF3D』에 대한 의장권과 상품화권을 둘러싼 재판. 닛토과학교재의 재고갈로 인해 『SF3D』 재발매의 신청을 둘러싸고 1994년부터 5년간 다툼이 있었으나 1999년에 화해하였다.
주9) 1:6 스케일. 높이 약 40cm의 SAFS, 2009년 11월 발매. 가격 105,000엔.

요코야마 코우 1956년생. 일러스트레이터, 모델러. 『SF3D』『Ma.K.』의 원작자.

MAX 와타나베 1962년생. 프로모델러. 하비메이커 「맥스 팩토리」 대표.

3) 역주: 역주: M-1그랑프리는 일본의 유명한 만담(스탠딩 코미디) 대회. 이 대사는 당시 유명 코미디언이 반드시 우승(=잊은 물건)하겠다는 각오를 밝힌 소감으로서 꽤 유행했었다.
4) 역주: 아라레에 등장하는 바퀴벌레를 모티브로 한 로봇. 바퀴벌레의 일본어인 고키부리를 변형한 명칭.

LUNADIVER STINGRAY

HASEGAWA 1:35 SCALE PLASTIC KIT
MODELED BY MAX WATANABE

| Mar.2010 | No.001 |

기념할 만한 연재 1회. 우선 하세가와의 신제품 1:35 「루나다이버 스팅레이」를 전한다.
HJ본지에 오랜만에 작례를 담당한 MAX 와타나베가 단번에 세 대를 만들어버린 그 의욕을 관람하자.

하세가와 1:35 스케일 플라스틱키트
루나다이버 스팅레이

제작·해설·글 / MAX 와타나베

『Ma.K.』팬들이 기다리고 탐내던 신제품인 1:35 「루나다이버 스팅레이」가 드디어 발매되었습니다. 이제까지 1:20을 중심으로 전개되어 왔던 이 시리즈에 1:35스케일의 인젝션키트는 『Ma.K.』와『SF3D』의 이제까지 역사상 처음 있는 일이군요.

이 루나다이버는 요코야마 씨가 직접 디자인한 후 오리지널 입체작품을 만들고 첫 발표가 2001년의 일이니까 이것은 "8년을 뛰어 넘은 쾌거"입니다.

그런데, 그전에 먼저 충격적이었던 것은 2008년. 어째서 하세가와가『Ma.K.』에 참전했지?!!

게다가 왕년의『SF3D』팬으로서 25년간 목 속 깊이 걸려서 빠지지 않는 생선가시(뭐야 이 표현은?) 같은 영원히 잃어버린(거라고 생각된) 직소퍼즐의 한 조각이 바로 「팔케」!!

흥분은 최고조로 달해서 기쁨을 넘어 눈물이 앞을 가렸습니다. 그리고…… 이것만으로 놀라운 감동은 끝나지 않았습니다.『Ma.K.』역사에 있어서 후기 디자인이라 할 수 있는 루나다이버가 출시됨으로써, 미래가, "그 앞날"이 보이게 되었습니다. 연재 당시 최고 수준의 인기를 자랑했던 팔케가 만반의 준비를 하고 출시되어 일단 과거의『SF3D』를 깔끔하게 정리를 하였습니다. 그리고…….

그렇게 생각해보면 루나다이버의 발매 의미는 매우 큰 것이 아닐까 생각합니다. 그리고 키트는 기대에 어긋나지 않는 멋진 것이었습니다.

제241전대 S중대
"굴 스켈레톤(Ghoul Skeleton)" 기

비행기가 아닙니다.

전차나 자동차는 물론이고 건프라와도 다릅니다.

루나다이버는 누구도 실물을 본 적이 없는 SF적인 탈것입니다. 무엇과도 유사하지 않은 독특하고 개성적인 디자인 형태입니다.

그리고 그것을 꾸미는 글래머스한 곡면의 이어짐은 어느 각도에서 보더라도 질리지 않습니다. 후기 『Ma.K.』디자인의 걸작인 루나다이버는 확실히 "입체물의 즐거움"이 녹아 들어가 있는 명품입니다.

키트로서 루나다이버의 부품 구성과 분할 또한 신선합니다. 조립할 때의 즐거움이란!

입체퍼즐 같은 조립은 물론이고 부품들의 높은 정밀도로 인해 조립하는데 스트레스가 없습니다.

그래서 엉겁결에 3개나 만들게 되었어요(웃음).

또한 여러 도장 패턴 중에서 어느 것도 포기할 것이 없었던 것.

패키지에 있는 투톤 위장무늬의 스컬 마크는 두말할 것 없이 엄청 멋지고 엔사이클로피디아에 게재된 레드헤드도 루어낚시의 미끼처럼 화려해서 매력적입니다. 게다가 도장카드에 있는 블루 그레이에 녹색띠 마저도 눈이 부시기 때문에… 그런 이유로 세 대가 되었어요(쓴웃음). 처음 출시할 때 흰색은 이미 서페이서를 칠해서 마무리까지 해서 개인적으로 조립해두었던 것♪

『Ma.K.』모형 세계에서 요코야마 선생은 물론이고 완성품 샘플을 만든 이하라 겐조 군 등, 왠지 모르게 모두 도장실력이 엄청나게 솜씨가 좋다… 모델링 작가로서 30년의 경력이지만 쓸모없이 경력만 긴 MAX 와타나베는 『Ma.K.』에 있어서는 확실히 초보자.

왜 이리 더욱 긴장되고 두려운 건지…(땀). 그렇다고는 해도 할 수 있는 것은 해보자, 현재 상태의 제가 할 수 있는 것은 모두 우겨넣어 도장해본 것입니다. 어떤가요?

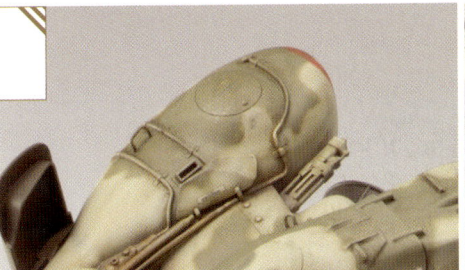
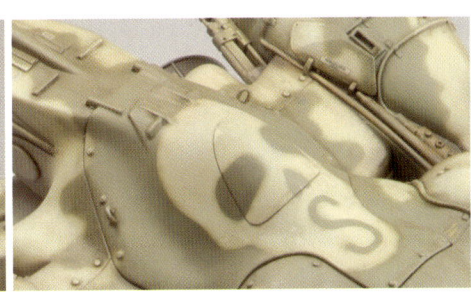

▲도장 중. 주의를 했음에도 불구하고 왠지 자꾸 부러지는 후크. 그것도 몇 번이나 반복해 버렸다…. 자기혐오에 빠졌지만 정신을 가다듬고 황동선으로 모두 교체했습니다. 이렇게 하면 건드려도 부러지지도 않고 없어지지 않음. 추천합니다(웃음).

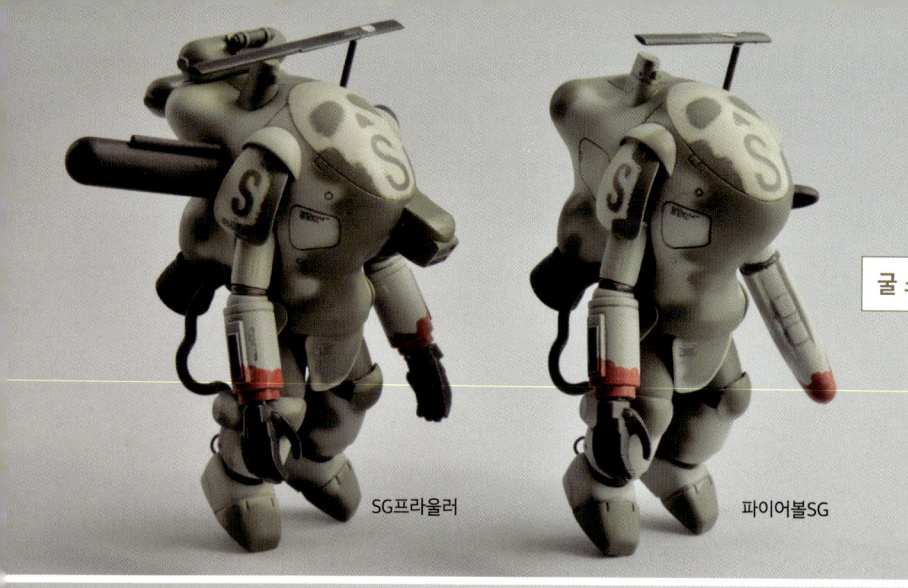

굴 스켈레톤 컬러

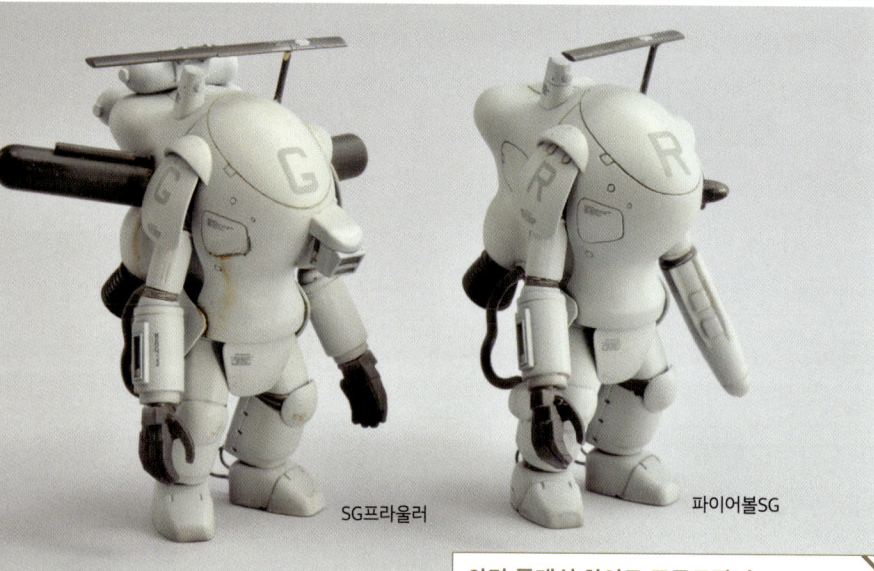

SG프라울러 　　　　파이어볼SG

안티 플래쉬 화이트 표준도장기

▲루나다이버에 포함된 1:35 파이어볼SG와 SG프라울러. 이것 또한 작고 귀여워~♪ 아주 잘 나와서 슥삭슥삭 조립, 매우 즐거운 부록입니다. 1:35 슈트 시리즈화를 열렬히 희망합니다! 굴 스켈레톤 도장의 기체는 패키지 일러스트에 맞추어 발끝을 아래로 내린 상태로 제작했습니다.

■ 루나다이버 도장 과정

　도장은 대단히 간단하게. 맥스 와타나베 바보 하면 떠오르는 맥스도장. 오랜만에 부활입니다(웃음)…. 검정에 가까운 「베이스 그레이」로 전체를 덮고 ❶, 흰색에 노란색, 회색, 녹색, 빨간색 등을 조금씩 혼합한 자칭 "Ma.K.화이트"를 각 면에 도장 ❷❸❹, 그 후 각 기체의 퍼스널컬러를 밝게 조색한 도료로 칠 나누기를 했습니다 [5] ❺. 어째서 밝게 조색했냐 하면 데칼을 붙인 후 클리어로 코팅하고 에나멜 도료로 웨더링, 즉 어두운색으로 필터링을 더하는 과정이 있기 때문에 전체가 지나치게 어두워지지 않기 위한 배려입니다.

　붓질이 좋지 않을까? 라고 자문자답을 해보았는데, 사용자는 반드시 데칼을 이용하고 싶을 거라고 마음대로 결정하고 철두철미하게 데칼을 사용했습니다. 스컬 마크는 너무너무 고생해서 난리였습니다. 연화제를 사용할 때 여기를 잘라주면 좋겠다고 생각하며 작업한 것이 이 정도 상태입니다 ❻, 잘린 곳은 붓이나 에어브러시로 수정 ❼, 칼집을 간간이 넣으며 데칼은 붙입니다. 이대로라면 수축이 되기 때문에 클리어도료를 칠해야 합니다. 데칼이 뜬 상태로 클리어를 뿌리면 수축이 될 수 있으므로 주의하시길. 만약 수축이 되면 세심하게 갈아내고 다시 수정하면 어떻게든 되기 때문에 크게 염려하지 않아도 됩니다. 이런저런 수정이 마무리되면 전체적으로 클리어를 뿌려줍니다 ❽, 최소한 2회나 3회 정도 두껍게 칠하고 그 후, 데칼의 단차가 없어지도록 사포질을 합니다.

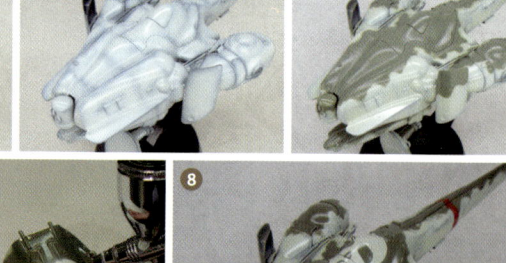

5) 역주 : 원문에는 塗り分け, 이 책에서 저자는 보통 두 개의 색으로 키트를 칠하는데 기본색(1차색)을 칠한 후 위장색(2차색)을 칠한다. 이 때 위장색(2차색)으로 칠을 할 때 색이 나뉘는 것을 이렇게 표현. 특히 색이 나뉜 라인을 처리하는 기법을 소개하고 있다.

제7기병연대 제2지상 습격중대 지오트 위피 대위기

LUNADIVER STINGRAY

Ma.K. in SF3D EXPLANATIONS

용병군 월면 양육지원기 루나다이버 스팅레이

글 / KATOOO (레인보우 에그)

루나다이버 스팅레이는 월면에서 화력지원을 목적으로 개발된 용병군의 대형 대지 지원기(大型対地支援機)입니다. 용병군에는 간이 수송기인 바나나보트에 탑재한 우주용 장갑슈트를 월면에 강습/강하시키는 작전을 많이 사용했지만 침입 전에 격추되기도 하고, 전술 개념을 검토한 결과, 루나다이버라는 대형무기가 개발되었습니다. 추진 장치는 최대속도가 초속 2.4km를 뛰어 넘는 소형 플라즈마 로켓모터를 사용. 급가속으로 달 표면에 다이빙 후, 목표시설이나 무기를 저격/파괴하고 달 궤도까지 급상승하기 때문에 「루나다이버」라는 호칭을 얻게 되었습니다. 무기분류적인 명칭이 「루나다이버」이고 기체명은 「스팅레이(가오리)」입니다. 만약 다른 형상의 신형이 발표되면 「루나다이버 000」이라는 다른 기체명이 붙게 되는데, 어떤 이름일지 두근두근 거립니다.

루나다이버는 순식간에 가속하여 급강하하고 적을 격파하고 급속상승하기 때문에 고속절규머신으로 왕복스카이다이빙하는 것과 같은 물건(웃음). 그렇다면 튼튼한 중장갑과 강력한 무기가 반드시 필요합니다. 설정에 따르면 슈퍼세라믹 표면에 방열성이 높은 모노필라멘트 섬유가 코팅된 장갑과 초장거리 사격이 가능한 대형 레일건을 장비. 속도, 장갑, 무기의 삼박자를 모두 갖춘 루나다이버는 월면의 괴물 메카입니다.

루나다이버의 첫 등장은 「월간 모델그래픽스」의 2001년 3월호. 21세기에 돌입한 2001년 1월 하순에 발표되었습니다. 1:20스케일로 전체길이 약 50cm라는 엄청난 크기로 완전히 새로운 디자인이기 때문에 또 난리(웃음). 지면을 한~참 바라보고 시간이 지나서야 루나다이버의 굉장함을 머리에서 인식하는 듯한 느낌이었습니다. 재미있는 모양인데 위압감과 공포까지도 함께 있는 루나다이버는 정체를 알수 없는 새로운 경지에 도달한 유일무이의 불가사의한 형상입니다. 새로운 디자인의 경위를 요코야마 선생에게 물어보니, 『『미지의 원반 UFO』에서 나올 것 같은 달에 돌입하는 무기를 만들고 싶었어… 그것을 "썬더버드 같은 칠을 하고 싶다"는 생각이 먼저였어. 뭔가 커다란 PKA를 만들고 싶어서 (하비크라프트 제) 1:24의 디펜더를 준비했었지만 이것을 우주선의 탱크로 쓴다면 더 재미있는 모양이 될 것 같아 조금씩 진행했던 거야」라고 합니다.

원형을 만들 때 부품은 헬러[6]의 거대한 1/200 슈미트 로테르담[7]과 「로스트인스페이스」의 로봇, 하세가와의 1/32 스카이호크 연습기 등등 보관하기에도 곤란한 큰 상자들의 모형들을 아낌없이 투입. 부품을 이용하는 방법도 배의 앞과 뒤를 잘라 본체로 재구성하고 비행기의 날개를 접합하고 다른 비행기의 본체를 끼워 넣어 꼬리 형태의 블레이드로 만드는 등 기상천외. 시행착오의 생생한 느낌이 전달되는 듯한 복잡한 입체퍼즐 같지만 전체의 실루엣은 정말 깨끗이 잘 정리되어 있습니다. 요코야마 선생이 말하기를 「외형이 깔끔한 것은 『SF3D』시대보다는 균형을 잘 정리할 수 있게 되었기 때문이다. 그런데 루나다이버는 잘 정리했다고 하지만 10년이 지난 지금에서 보면 좀 신경이 쓰이기도 해. 사치스럽지~. 어른이 되는 것은 슬프구만(웃음). 그리고, 중요한 것은 부품과 부품을 조립하는 각도야. 각도 하나로 여러 가지가 변해버리니까. 게다가 내가 좋다고 생각하는 곡면을 만들 수 있는 재료나 공구 그리고 지식도 비약적으로 좋아지고 있으니, 루나다이버가 가능한 것이었지.」

2009년 말, 하세가와제 1:35 스케일의 루나다이버가 30cm 길이로 모형적으로 적당한 사이즈로 키트화. 오리지널 모형의 볼륨도 충실하고 조종석의 재현이나 파일럿의 승강자세를 선택 가능한 설계, 요코야마 선생이 제안한 USB 커넥터를 참고한 스탠드가 포함되는 등 뛰어난 키트입니다. 키트를 조립하다 보면 다시 한 번 입체 퍼즐인 구성의 대단함을 실감. 또한 같은 스케일의 파이어볼SG와 SG프라울러가 포함되어 있는 것도 기쁜 점. 루나다이버는 강습강하시의 우주용 장갑슈트와 함께 행동. 같은 스케일의 우주용 슈트가 포함되어서 모형의 세계도 넓어집니다. 특히 루나다이버 같은 대형 메카는 피규어나 사람크기의 우주용 슈트를 가까이 두면 무기의 거대함과 특수성이 한층 부각되면서, 마쉬넨 크리거의 우주공간에서의 전투장면이 더욱 드라마틱하게 보입니다.

---

6) 역주 : 프랑스의 모형회사 Heller. 프랑스어 발음은 일레어.
7) 역주 : Smit Rotterdam, 예인선 모형, 완성하면 길이 약 37cm의 대형 키트.

제32장갑엽병연대 제4강습중대 "문 라이더스" 제임스 만셀 대위기

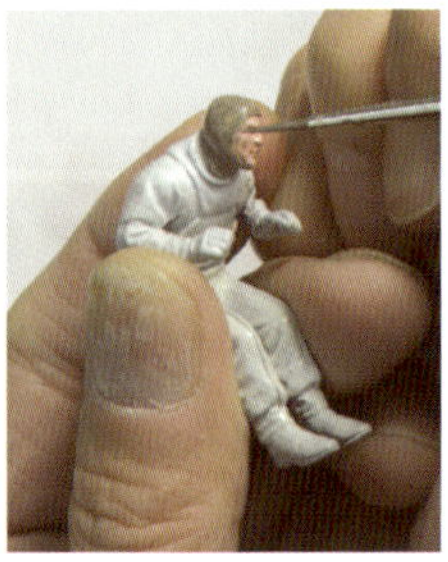

◀그렇습니다. 붓칠입니다 붓칠. 별로 해본 적도 없고 눈은 침침하고(눈물). 「아머 모델링」을 참고하면서 열심히 했습니다. 해보니 이것이 즐거워 웃었습니다. 더 많이 칠해서 능숙해지고 싶다~. 어리석은 맥스 와타나베는 올해 48세가 됩니다아~. 돋보기입니다… 돋보기라니 슬픈 소리네요. 시니어글래스라고 부릅시다(쓴웃음), 요코야마 선생님, 멋있는 시니어 글래스를 디자인해주세요♪ 「Ma.K.시니어 글래스」라고 부르면서 팔아보아요. 바보 팔기네요(웃음).

루나다이버 스팅레이
- 발매원 / 하세가와
- 7,200엔, 2009년 12월 발매
- 1:35, 길이 약 30cm
- 플라스틱 키트

웨이브 1:20 스케일 플라스틱 키트
S.A.F.S.

제작·해설·글 / MAX 와타나베

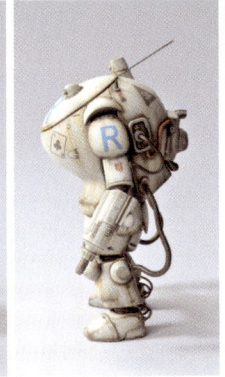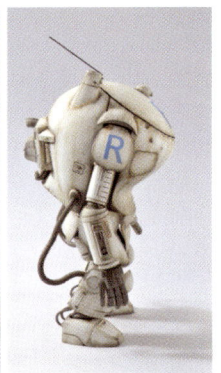

『Ma.K.』라는 레이블로 재판매, 재야에 있는 팬의 손에 의해 만들어진 레진키트, 모델카스텐에서 발매했던 닛토런너 부품과 레진부품의 하이브리드 키트 등등 면면히 이어온 『Ma.K.』의 모형 전개. 최근 수년간은 웨이브의 구 닛토+신규런너로 만든 「파이어볼 SG」와 「랩터」, 그리고 노이스포터와 크뢰테+신규런너로 구성된 「간스」가 기억에 새롭지 않나요? 이와 같이 꾸준하고 착실하게 이어져온 『Ma.K.』의 모형 세계지만 1:20 「AFS」가 완전 신금형으로 리뉴얼된 것을 시작으로 확실히 「제2의 붐이 도래?」라고도 부를 수 있는 양상을 보이고 있습니다.

이렇게 웨이브는 『Ma.K.』의 불을 꺼트리지 않고 여기까지 연결해온 공로자입니다.

SAFS는 요코야마 코우라는 아티스트를 「이 사람 굉장하지 않아?」라는 인상을 준 최강, 최대의 결정타가 아니었을까요? 그 후의 요코야마 디자인의 방향성을 결정짓고 확실히 『SF3D 오리지널』의 길을 걷는 계기가 된 디자인. 그것이 SAFS가 아닐까 하고 저는 생각합니다.

그런데 웨이브의 「S.A.F.S.」 이것은 키트로 보면 먼저 발매된 『Ma.K.』디자인의 차세대 대표작이라고 불리는 걸작인 「스네이크 아이」의 이전 버전이라고 말할 수 있습니다. 하지만 부정적인 퇴보의 느낌은 조금도 없이 훌륭하게 나왔습니다. 이것은 키트의 리뉴얼을 준비할 때 진화하는 무기로서의 디자인 계보를 충분히 숙지한 다음 제대로 만들어진 원형과 시리즈의 생산계획 덕분입니다.

그런데 SAFS에는 놀라운 에피소드가 있습니다. 27년 전 연재 발표 당시, 레진 복제 부품을 독자 선물로 했는데 응모엽서가 무려 2,000통이 도착했다고 합니다. 이것은 당시로서는 경악스러운 숫자. 얼마나 팬들의 주목도가 높았는지를 단적으로 나타내는 이야기입니다. 여기에 당첨되지 못한 사람들은 구 닛토 키트가 발매될 때, 그야말로 기다렸다는 듯이 총알처럼 모형점으로 달려간 것은 물론, SAFS는 기록적인 숫자가 팔렸습니다. 그 상황의 재현이 지금의 웨이브 키트 발매에서도 볼 수 있는데, 키트 주문이 굉장하다고 합니다. 기념할 만한 연재 제1회에 이 SAFS를 다룰 수 있게 된 것은 하늘의 도움이네요.

SAFS
Super Armored Fighting Suit

이번에는 신 연재기념의 더블 헤더, 계속해서 웨이브의 1:20 「S.A.F.S.」를 소개한다. 구 닛토 키트로부터 26년, 드디어 2010년 1월에 완전신규 키트로 등장하는 SAFS를 MAX 와타나베가 단번에 3대를 제작했다.

WAVE 1:20 SCALE PLASTIC KIT
MODELED BY MAX WATANABE

| Mar.2010 | No.001 |

제14장갑엽병연대
"에그 프랜트6" 중대기

▲SAFS의 조립은 아주 편합니다. 1:144의 건프라 HG시리즈를 조립하는 사람이라면 문제없이 콧노래를 부르며 조립할 수 있습니다. 각 관절이 분리되어 있어서 접합선을 없애는 것도 스트레스가 없으며 부품이 잘 맞기 때문에 퍼티도 거의 필요 없습니다.

◀베이스그레이로 몸체를 모두 검게 칠한 후 라이트 그린을 에어브러싱. 은폐력이 높은 탁한 색이라 밑색의 검은 효과는 눈에 띄게 드러나지는 않지만 맥스도장의 기본인 면을 중심으로 뿌리기를 해서 색의 변화가 조금은 남아 있습니다.

▶라이트 그린을 칠한 다음에 클리어를 한 번 도장하고 블루 그레이를 에어브러시 프리핸드로 칠 나누기. 색의 경계선, 특히 에어브러시의 느낌을 줄이기 위해 컴파운드를 묻힌 면봉으로 문질러서 얇게 번진 도료를 제거하고 경계선을 선명하게 했습니다. 패키지 일러스트의 이미지를 목표로 했지만 꽤 어려운 색감이네요.

◀데칼은 제품에 포함되는 것을 받을 시간이 되지 않아서 데이터로 받아 프린터로 출력한 것으로 사용했습니다. 부착한 다음 무광 클리어를 뿌리고 이제부터는 즐거운 작업입니다♪

▶이것은 여러 색의 도료를 혼합한 먹선용 도료. 자칭 '비법 소스[8]'를 신너로 희석해서 전체에 바릅니다. 너무 밝지 않나? 라는 생각이 드는 표면이 완전히 어둡게 가라앉게 됩니다. 이것을 면봉으로 닦거나 남기면서 명암의 농담과 웨더링을 겸해, 면봉이나 붓으로 조금씩 계속 다듬어갑니다. 한 대당 2시간 정도일까? 모형제작에 있어서 행복의 절정 타임입니다.♪(웃음)

Ma.K. in SF3D EXPLANATIONS

용병군 주력장갑전투복
SAFS(Super Armored Fighting Suit)

글 / KATOOO (레인보우 에그)

SAFS는 전황에 따라 구식화한 AFS의 후계기로 개발된 장갑 슈트입니다. Super AFS라는 명칭이 나타내듯이 무장, 장갑, 기동력에 더해서 생산성과 조작성도 향상. 최초로 간접시인 시스템을 탑재하여 AFS와는 전혀 다른 것이라고 할 수 있는 강력한 장갑 슈트가 탄생했습니다. 최초로 출현한 것은 하비재팬 1982년 12월호에서 10m가 넘는 무인 호버전차인 너트로커를 일격에 격파하는 충격적인 데뷔를 장식합니다. SAFS는 그 특이한 디자인도 매우 중요하고 그림을 그리고 입체로 만들어지면서 생겨난 유려한 형태는 독창성과 보편성이 기묘하게 융합된 유래가 없는 걸작입니다. 전 세계에서 지금까지 발표된 로봇 중에서도 SAFS의 디자인은 미래 영원이라는 평가를 받는다고 생각합니다.

마이크로맨[9] 강화 슈트를 개조한 AFS는 머리 부분이 존재하지만 다음의 PKA에서는 이미 머리와 동체의 구분이 없는 장갑슈트가 디자인되었습니다. 캐노피 속에 보이는 병사의 얼굴을 인식할 수 있는 PKA에 비해 전신을 장갑으로 뒤덮은 SAFS는 「머리와 몸체의 구별이 없는 장갑 슈트」라는 컨셉이 훌륭하게 규명된 결실입니다. 요코야마 선생에게 이야기를 들어보니 디자인의 비결을 알려주었습니다. 「로봇이란, 얼굴이 있고 몸체가 있는 것이 약속된 것처럼 되어 있어, 줄기차게 얼굴이 없는 로봇을 만들고 싶었지. 얼굴이라기보다 『머리가 없는』게 멋지지 않을까나. 울트라 괴수로 말하자면 킹죠우 자라브성인, 샤미라 같은 거. 으스스하지만 그게 멋이 있어. 로비 더 로봇도 형태적으로 볼 때는 목 부분이 없잖네요. 『마크로스』의 리가드를 봤을 때도 좋네~라고 생각했지요. 인간과 조금이지만 다른 실루엣이 사람을 겁나게 한다네. SAFS는 그런 걸 감안하여 디자인해서 이런 모양이 된 거지.」

1982년 잡지에서 SAFS복제품을 선물로 증정한다고 하자 2,000통 이상의 응모가 있었기에 SAFS의 절대적 인기가 증명되어 잡지에서 기획한 작품이 인젝션 키트가 되는 것으로 이어지게 되었습니다. 1984년에 닛토 SF3D키트의 제4탄으로 SAFS가 판매되었지만, 대다수의 독자가 제2탄인 PKA의 다음은 SAFS라고 예상하고 있었고, 제3탄은 AFS MK.I이 발매. 애태우기 작전이 주효하여 SAFS키트에 대한 생각은 더없이 쌓여갔습니다. HJ 84년 5월호에서 오다 마사히로 씨가 신제품을 소개하는 '캐릭터키트 먼슬리'라는 흑백페이지에 드디어 SAFS의 테스트 샷을 조립한 것을 게재했습니다. 이 사진은 온몸이 찌릿할 정도로 아주 멋져서, 아이돌의 사진을 보는 것처럼 발매일까지 매일 그 페이지를 바라보고 있었습니다(웃음). 덧붙여서 SAFS는 최초의 기사에서 '슈퍼AFS'라고 쓰여 있어서 나는 「슈퍼 에이 에프 에스」라고 했지만 「Ma.K.」이후 첫 글자만 따서 「사프스」라고 불리게 되었습니다. 새로운 팬이 증가함에 따라 「사프스」라는 약칭을 점점 더 사용하고 있는 것 같습니다.

SAFS는 「SF3D」~「Ma.K.」를 대표하는 아이템으로 다양한 스케일의 상품이 전개됩니다. 이미지로는 2010년 1월에 발매한 웨이브제의 1:20의 SAFS가 표준이고, 1:20 이외에는 1:35, 1:6, 1:16의 도장완성품 등이 각사에서 발매되었습니다. 과거의 아이템을 이것저것 생각해서 앞으로도 충실하게 나아갈 것이라고 생각할 때 요코야마 메카의 상징인 SAFS의 매력은 불변이라는 것을 실감하고 언제나 기쁘게 생각합니다.

---

8) 역주 : 원문에는 秘伝のタレ(비전의 타레). 타레는 간장에 다양한 재료를 섞어 넣고 요리에 사용하는 소스. 여기서는 워싱용 도료를 비유.

9) 역주 : Microman, 타카라에서 전개했던 완구 시리즈. 높이 약 8~9cm의 완성품 피규어를 중심으로 다양한 탈부착 장비를 함께 판매. 영어로 하면 "마이크로맨"이 옳은 표현이지만 이 책에서는 상표로 일본식 발음을 따라 미크로맨으로 칭한다.

SAFS

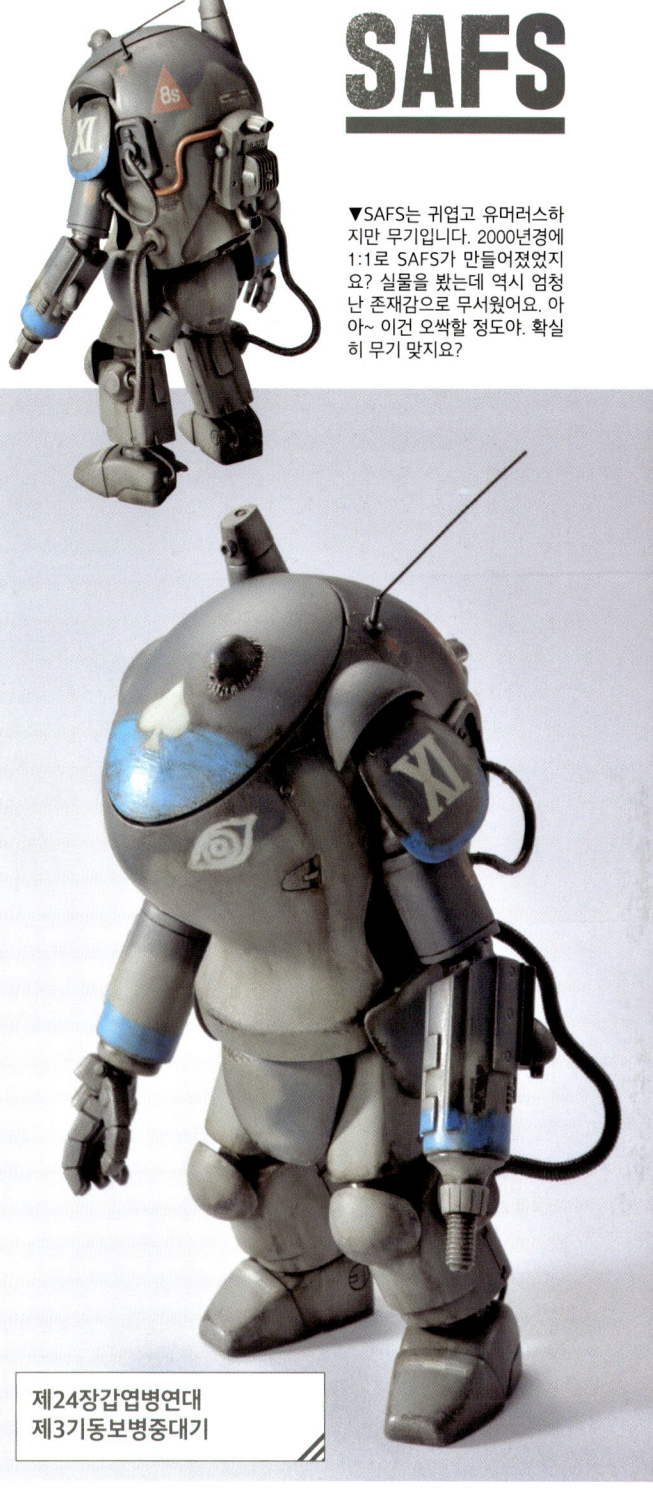

▼SAFS는 귀엽고 유머러스하지만 무기입니다. 2000년경에 1:1로 SAFS가 만들어졌었지요? 실물을 봤는데 역시 엄청난 존재감으로 무서웠어요. 아야~ 이건 오싹할 정도야. 확실히 무기 맞지요?

제113장갑정찰중대
C소대 제1분대
케네스 블루 조장기

▼해치의 센서는 높지 않나? 모양은 각지지 않은가? 라는 요코야마 선생의 지적이 있었기에 그에 따라 가공을 했습니다. 접착 후 거친 사포로 모양을 내고 프라봉으로 돌기를 붙인 후에 구멍을 만들었어요. 해치와의 경계부분은 용접모양이 되도록 퍼티로 착착. 훨씬 좋아지게 되므로 이것도 추천 공작입니다.

▲키트에는 부품이 들어 있지 않은 안테나. 이건 있고 없고가 차이가 크고 간단히 할 수 있어서 추가공작 후보 넘버원입니다. 0.8mm의 황동선(물론 웨이브제)과 스프링으로 만들었습니다. 추천♪

제24장갑엽병연대
제3기동보병중대기

▲발뒤꿈치 부분의 동력 파이프도 키트에 들어 있지 않지만 역시 있는 쪽이 좋아서 추가했습니다. 발뒤꿈치에 구멍을 뚫고 스프링을 접착하는 정도. 초간단. 종아리 쪽에 들어간 스프링은 단지 끼워 넣기만 한 것으로 자유로운 상태입니다.

◀엑시머 레이저 부분의 센서도 해치의 센서와 같은 방법으로 공작했습니다.

▼키트 완성샘플(제작 / 이하라 겐조).

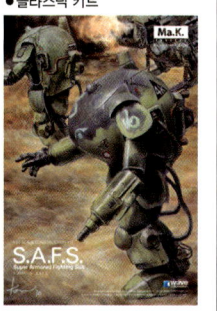

S.A.F.S.
● 발매원 / 웨이브
● 2,400엔, 2010년 1월 발매
● 1:20스케일, 높이 약 10cm
● 플라스틱 키트

015

PLAY BACK NEW ITEM Mar. issue 2010

▲파일럿의 흉상이 신규로 포함되었다.

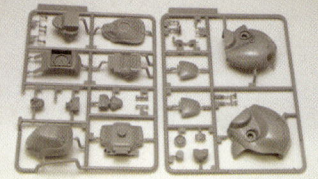
▲이것이 신규로 개발된 멜루진용 부품.

▲사진은 완성품 샘플 (제작 / 이하라 겐조).

"3Q모델" 신제품 멜루진 등장

닛토키트를 요코야마 코우 씨 자신이 기획 재발매하는 '3Q모델'(제조·판매는 웨이브). 그 신작으로 『SF3D』시대에는 키트화되지 않았던 슈트랄군의 신형 PKA 「멜루진」이 등장한다. 키트는 닛토의 「구스타프」를 베이스로 하여 상반신을 중심으로 신규 개발된 부품을 포함. 첫 풀 인젝션키트로 되었다. 단순히 닛토제품의 재발매에 머무는 것이 아닌 「3Q모델」의 향후도 주목된다.

멜루진
- 기획/3Q모델, 제조·판매 / 웨이브
- 3,200엔, 2010년 3월 발매
- 1:20스케일, 높이 약 10cm
- 플라스틱 키트

하세가와 팔케 베리에이션 제1탄

엑시머 레이저 건을 장비한 팔케 후기생산형을 키트화. 기체 중앙의 '엑시머 고출력레이저건', 대형 레이돔, 기수좌측의 판넬 부품이 신규 금형으로 추가되었다. 데칼은 실크스크린 인쇄로 요코야마 코우 씨에 의한 신설정으로 3~4대 분량이 포함예정. 「타카세 하츠엔키(高瀨発煙機)」가 제작한 CG영상 작품을 수록한 특전 DVD가 포함된다.

반중력전투기 Pkf.85 팔케 엑시머 레이저건 장비
- 발매원 / 하세가와 ● 6,400엔, 2010년 2월 발매
- 1:20스케일, 약 28.6cm ● 플라스틱 키트

▲요코야마 씨가 그린 레이저건을 장비한 팔케의 일러스트.

◀이것은 개발 중의 3D CAD 화면. 기체하면의 엑시머 레이저건이 특징적.

용병군 여성 우주 파일럿 레진 키트화

『Ma.K.』피규어의 레진 키트를 전개하는 「브릭웍스」에서 인너슈트를 착용한 용병군 여성우주 파일럿을 발매 중. 본체는 한 부품으로 성형되어 있으며 「Ma.K.B.D.[10]」에 등장하는 형태의 헬멧과 왼손목이 화이트메탈로 재현되었다. 원형은 리얼피규어 조형에 정평이 나있는 하야시 히로키 씨.

용병군 여성 우주 파일럿 (A) 인너슈트 착용
- 발매원 / 브릭웍스 ● 3,320엔, 2009년 12월 발매 ● 1:20스케일, 약 8.5cm
- 원형제작 / 하야시 히로키

『Ma.K.』용 컬러 신제품

IR-J(이리사와[11])가 판매하는 『Ma.K.』용 피니셔즈컬러 신색은 루나다이버와 스네이크 아이용의 기본색상인 「루나틱 플래쉬(회색)」와 위장색 「문그린 그레이(녹회색)」두 가지.

 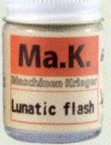

IR-J/피니셔즈 마쉬넨크리거(Ma.K.)용 컬러 루나틱 플래쉬, 문그린 그레이
- 발매원 / 피니셔즈, 판매원 / 이리사와
- 각 5000엔, 2009년 12월 발매 ● 락카계 도료

10) 역주 : Ma.K. Bande Dessinée(대일본회화 2005년 발행). Ma.K.세계를 만화로 표현한 책. 방드 데시네는 프랑스어로 만화라는 뜻. 화보집처럼 구성되어 있다.
11) 역주 : 도쿄의 모형관련 도매상.

| Apr.2010 | No.002 |

WAVE 1:20 SCALE PLASTIC KIT
MODELED BY MAX WATANABE

HAFS F.2
SUPER JERRY

본 키트는 웨이브가 구 닛토의 제리에 신규 부품을 추가하여 2009년 11월에 발매한 베리에이션 아이템의 하나이다.
그러나 이것은 용병군의 이족보행 슈트인「제리」의 강화 발전형인「슈퍼 제리」를 재현할 수 있는 것에 그치지 않고
현존하는 제리계열 슈트의 모든 것을 담고 있어서『SF3D』~『Ma.K.』의 최대 수수께끼 중 하나를 완벽하게 해결하는 획기적인 아이템이다.
「Ma.K. in SF3D」제2회는 MAX 와타나베가 네 가지 타입의 제리를 극적으로 제작, 그 매력에 빠져보자!

웨이브 1:20스케일 플라스틱 키트
H.A.F.S. F.2 슈퍼 제리

제작·해설·글 / MAX 와타나베

안녕하세요. 모형연예인 MAX 와타나베입니다. 요코야마 선생의 형님이에요(웃음). 모형연예인이라는 소리, 묘하게 마음에 들어요. 이제부터는 이것으로 쭉 하겠습니다♪

예. 마침내 스타트를 끊은 하비재팬의『Ma.K.』연재. 요코야마 선생의 귀환은 모형계의 역사적 사건으로 관계가 있는 각 업계와 사람들에게 충격을 던져 주면서도 매우 호의적으로 받아들이고 있어서 더할 나위 없이 기쁩니다. 프라모델 업계는『Ma.K.』가 없으면 안 되는 상황이에요. 라고 진심(진짜)으로 생각하는 MAX 와타나베의 입장에서는 매우 기쁜 일이고, HJ 필진 여러분들로부터『『Ma.K.』를 만들게 된다면 제발 참가하게 해줘!!』라는 뜨거운 러브콜을 많이 전해 듣고 있는 것… 모두들『Ma.K.』를 하고 싶었던 거구나♪

이렇게 급격하게 높아지고 있는『Ma.K.』의 열기, 앞으로도 재미있는 전개를 할 수 있을 것 같으니 여러분 기대해주세요~~.

한바탕 서론을 해봤는데, 이제 본격적으로 본론으로 들어갑시다. 제2회의 제목은 제리입니다. 수많은『Ma.K.』메카 중에서도 뛰어나게 재미있는

형태, 기상천외한 생물입니다♪ 네 대를 함께 세워 놓은 사진은 뭔가 알 수 없는 초현실적인 분위기가 나오고 있지요♪

그런데, 이렇게 작례는 네 대. 무엇이 그렇게나 만들도록 몰아세운 것인지 궁금해하는 독자 분도 많을 것이라고 생각합니다. 왜냐하면 이 키트가 발매된 의미를 생각할 때 이건 최소 네 대죠!! 라는 말의 뜻을 좀 더 읽어 주시면 이해가 되실 거라고 생각합니다. 잠깐 저와 시간을 함께해주세요.

H.A.F.S. F.2
슈퍼 제리
● 발매원 / 웨이브 ● 5,800
엔, 2009년 11월 발매
● 1:20, 높이 약 18cm
● 플라스틱 키트

■ 제리는 어째서 용병군의 무기인가?

제리. 조금이라도 『Ma.K.』를 손대본 분이라면 느낄 수 있는 소박한 의문일 것입니다. 「이 디자인은 아무리 봐도 PKA 같은데 슈트랄 쪽 아닌가?」라고. 그러나 용병군의 무기였군요. 오랜 논쟁. 그러나…….

「2884년 니벨룽겐사는 농경용 2족 트랙터 "엔테"의 시스템을 사용하여 신형의 2족 보행 슈트 무기를 개발했다. 그 회사는 이것을 슈트랄군을 시작으로 많은 다른 고객에게 판매하는 데 성공. 그 때문에 이 2족보행 슈트는 용병군의 무기에서는 "HAFS 제리", 슈트랄군의 무기에서는 "JKA 플로"라는 2개의 이름을 가지게 된 것이다.」(웨이브의 「슈퍼 제리」 패키지에 있는 해설에서 발췌)

뭐야 이건!! 그랬던 거야?!! 꽤 놀랐네요. 이 슈트는 양쪽에 납품되어 사용되고 있었던 것이군요……. 조금 억지스러운 느낌이 없진 않지만, 이걸로 모든 것이 그럴듯하게 연결됩니다. 과연 납득, 만사해결입니다!(웃음)

이런 기구한 운명을 가진 무기인 제리. 이것은 수가 적어선 안 되고 전체흐름의 형태로 해보지 않으면 알 수 없습니다. 그래서 이렇게 네 대인 겁니다. 즉, 용병군:제리, 발전형 슈퍼 제리, 슈트랄군:플로, 발전형 기간트 플로가 되었습니다.

저는 이런 것에 대해서는 문외한이라 그리 자세히 아는 것은 아니지만, 실제 무기시장에서는 같은 무기를 적대적인 여러 나라 군대에 납품하는 것은 흔한 일인 모양입니다. 냉정한 말투로 들릴지 모르겠지만 이것은 매우 흥미롭다고 생각하지 않나요?

「실은 슈트랄로 만든 건데 이치무라군이 크뢰테의 라이벌로 만들어버린 거야.」(요코야마 말씀)

MAX 와타나베 제리 도장의 기본과정

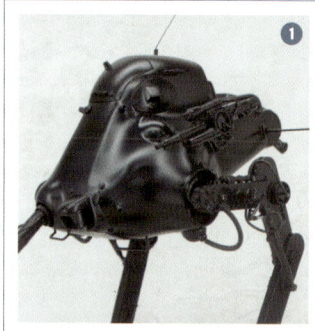  

❶ 전기종 공통의 도장 레시피. 제가 유일하게 내세우는 MAX도장[12]의 밑칠 단계, 베이스 그레이로 새카만 상태입니다. 이것으로 형태가 잘 파악되어 좋은 느낌이네요♪

❷ 기본색으로 면 뿌리기를 하고 있습니다. 튀어나온 곳, 면의 중심에 원을 그리듯 분사합니다. 그림자 부분을 남기자! 라고 의식적으로 할 필요는 없습니다. 어디까지나 자연스러운 농담(濃淡)이 남으면 OK입니다.

❸ 이것은 기본색을 전체에 도장한 상태의 제리입니다. 거의 흰색에 가까운 파란 느낌이 약간 있는 그레이지만, 무거운 느낌으로 곳곳에 짙은 그레이의 색감이 남은 것을 알 수 있나요? 이 도장을 완료하고 약 하루 정도 건조시키고 전체에 클리어를 분사합니다(중요).

❹ 클리어를 뿌리고 하루 후, 위장색인 미디엄 그레이를 에어브러시로 뿌립니다. 위장무늬의 경계는 에어브러시의 노즐을 최대한 가깝게 분사하는 "영거리사격"으로, 경계부분이 최대한 선명해지도록 유의합니다. 그러나…

❺ 상당히 열심히 했는데도 이 정도면 경계선이 흐릿하게 되었습니다…. 이거 나름대로 좋기는 하지만 내가 노리는 것은 붓으로 칠했는지 에어브러시로 했는지를 알 수 없을 정도로 선명한 경계선의 느낌이 되어 마치 손으로 칠한 듯한 느낌을 주는 것입니다.

 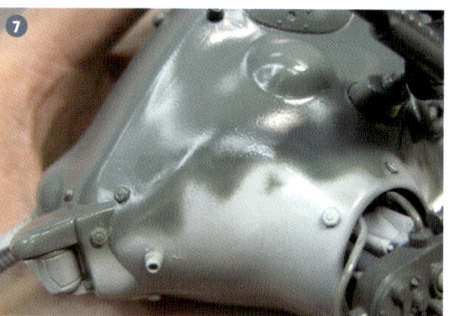

❻ 그래서!! 위장색이 건조한 후, 컴파운드를 묻힌 면봉으로 경계부분을 천천히 문지릅니다.

❼ 그러면 오~신기해. 경계가 느낌 좋게 선명해지네요!! 이것은 기본색이 클리어 도막층에 보호되어 컴파운드에 문질러져 지워지지 않고 위장색의 번진 색만 지워져서 떨어지는 것입니다. 붓으로 경계를 부드럽게 하는 방법도 매우 깊이 있고 좋지만 유감스럽게도 시간이 걸리며 어느 정도의 숙련을 필요로 합니다. 이 방법이라면 어떻게든 빨리 승부가 결정되고, 간혹 컴파운드에 의해 기본색까지 지워지기도 하지만 그건 그대로 좋은 느낌(쓴웃음)이 있기에 『Ma.K.』 모델러는 부디 시도해보시기를 권하는 기법입니다.

❽ 투명부품은 완성되면 이쁘고 멋진데 취급은 조금 신경 쓰입니다. 마스킹하는 것도 귀찮은…(웃음). 하지만 『Ma.K.』 모델링이라면 약간의 까짐이나 웨더링은 그럴듯한 느낌이기 때문에 어디까지나 느긋하고 편안하게 작업을 해봐요. 베이스 그레이 단계에서 투명 부품을 접착하거나 임시로 붙이고 도장과정으로 진행합니다. 투명부품에 몸체의 색을 칠해야 하는 부분이 있는데, 나중에 접착하고 따로 칠을 하면 몸체와 그 부분의 색이 맞지 않게 되어 분위기가 어색하게 되어버립니다.

❾ 다리의 가동부에 도료가 칠해지지 않은 곳이 있군요. 최대한 구부려서 뿌리고 건조한 후에 펴서 다시 뿌립니다. 2번 정도 하면 구석의 미도장을 방지할 수 있습니다. 굵힘은 신경 쓰지 않는 것이 정신건강에 좋아요♪

12) 역주 : MAX 와타나베가 널리 알린 도장법. 짙은 그레이(검은색에 가까운)를 먼저 칠하고 그 위에 모형의 색을 에어브러시로 칠하면서 모서리나 들어가 있는 곳에 짙은 색을 살짝 남겨두고 칠하여 강조하는 기법.

이제 작례마다 컨셉,
주로 도장에 관하여
간단한 해설을 이어갑니다.

HAFS JERRY

■ 제리
『컬러 이미지는 물고기』

귀여운 형태를 감상하던 중, 번쩍 했다! 그래 이 녀석은 어패류, 그중에서 복어로 해보자! 라고(웃음). 기본색을 밝은 그레이, 위장색은 녹색 느낌의 파랑하고 칠 나누기의 선은 직선이 아니라 뱀처럼 구불구불한 사행선. 칠을 진행해감에 따라, 이거는 진짜 복어 같아~라며 즐거웠어요. 앞부분의 하늘색 띠는 작게 오므린 입의 수염 같아 보이지 않나요? 그렇다고 생각하면 진짜 그렇게 보이기 때문에 신기해요(웃음). 노란색의 키위 마킹이 포인트 컬러가 되어서 좋은 악센트가 되었다고 생각하는데 어떠세요?

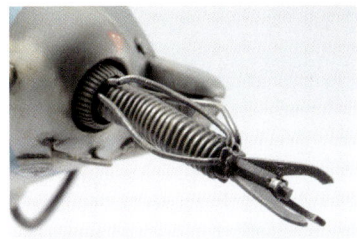

▲이 머니퓰레이터는 무엇을 하는 것일까???… 「잡거나 줍거나, 뭐지 이거」(요코야마 말씀) 제리의 수수께끼는 깊어지고 있을 뿐이었습니다(웃음).

▲간접시인 장치의 개발에는 더 뛰어난 능력이 있는 용병군. 취약한 캐노피는 재빨리 개수해서 장갑판으로 방어력을 높이는군요. 앞부분의 장갑은 구 닛토의 패키지에 있는 마쓰모토 슈헤이 씨가 만든 것을 따라서 일체성형인 것처럼 접합선을 없애보았습니다. 약간 구분이 있는 것이 좋을까? 라는 생각으로 파란색 띠를 넣어 보았는데 좋은 악센트가 되었습니다.

▶상당한 몸집에 비해 무장이 빈약한 제리. 전투용이라기보다 역시 정찰임무가 주요한 용도이기 때문일까나.
「무장은 기관총 한 자루라도 큰일을 할 수 있으니까 상관없어」(요코야마 말씀)

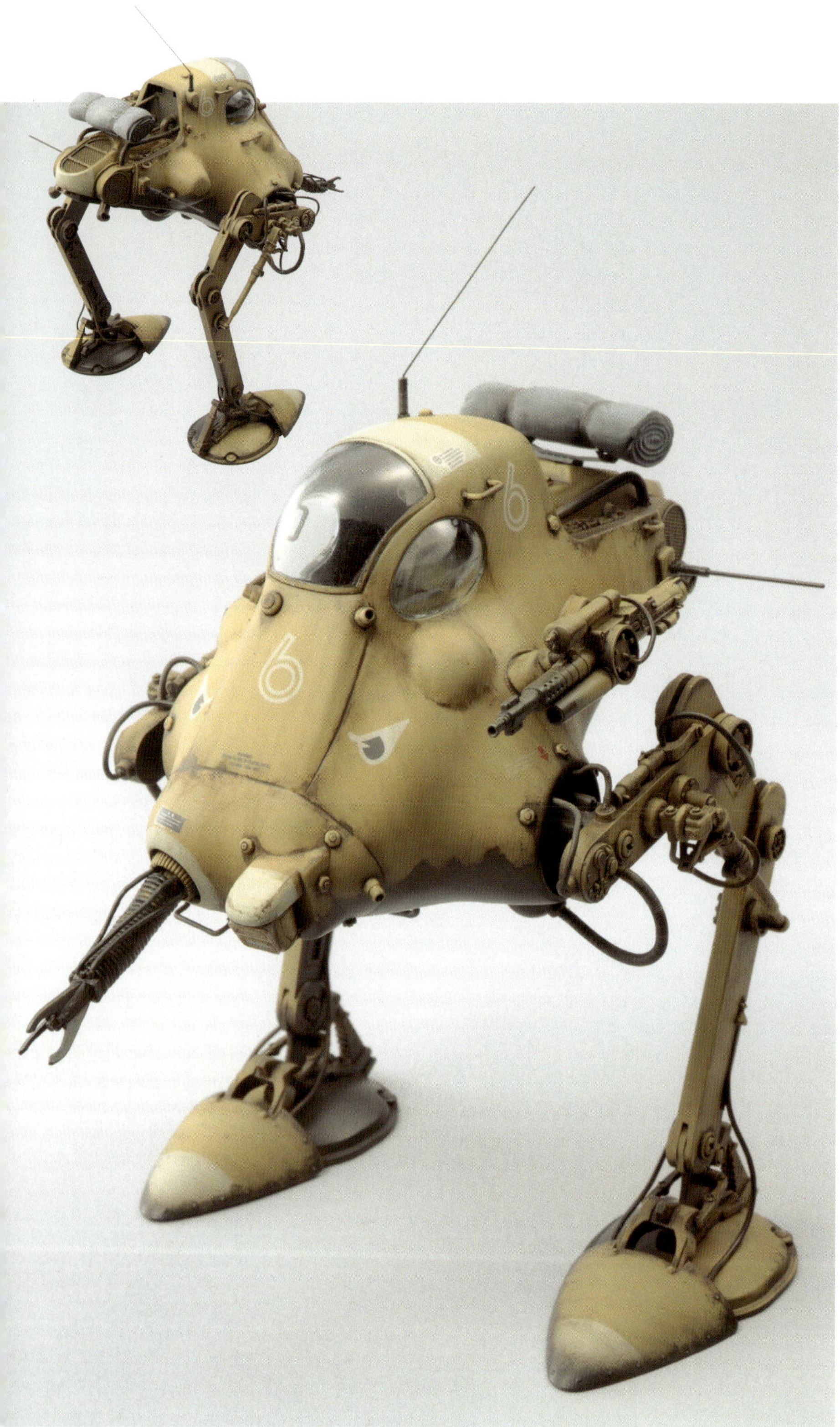

SUPER JERRY

JKA FLOH

■플로
『처음으로 사막색에 도전은……』
이 녀석의 색은 고민했습니다.
저는 샌드 옐로우 도장을 한 적이 없습니다. 그렇지만 마감은 어쩔 수 없이 다가오기 때문에 할 수 없이 반은 포기한 기분으로 비법 소스를 면봉으로 닦아내며 작업 중, 뜻하지 않은 행운이 찾아왔습니다. 윗면을 닦아내고 아랫면을 남겼더니「어라? 아랫면을 어둡게 남겨두니 뭔가 그럴듯한 것 같아 좋은데?!」
「그 사막색 도장은 완전 좋네~. 이것을 중심으로 촬영해줘」(요코야마 말씀)
그야말로 돌을 던지기[13] 직전에 승리를 주운 작품이 된 거죠.

▲사막색 단색으로는 아무래도 단조롭다고 생각해서 여러 가지 시행착오를 하고 있었는데「비법 소스」(=모형회사에서 나오는 에나멜 먹선 넣기 도료)를 아랫면에 남겼더니 괜찮은 느낌의 투톤이 되어서 채용! 꽤 재미있는 컬러링으로 마무리되었습니다.

▲귀여워♪ 뭔가 귀여운 얼굴 아닙니까? 투명한 캐노피로 인해서 더욱 귀여움이 강조되네요. 앞부분의 접합선은 그대로 두고 완성. 앞서 만든 제리와 대비되게 해보았습니다.

▲슈트랄군의 플로는 직접 관측하는 형태가 어울립니다. 볼록하게 튀어나온 형태인 신금형 부품이 단연코 귀여워서 사용합니다.

13) 역주 : 원문에는 投了. 바둑이나 장기 등에서 중간에 포기하고 패배를 인정하는 것.

❶ 이 키트의 몸체를 모두 접착해버리면 인형을 넣지 못하게 됩니다. 그래서 반드시 도장을 먼저하고 조종석에 인형을 조립한 다음 몸체를 접착하는 공작으로 진행하였습니다.
❷ 같은 이유로 조종석 내부도 도장해두는 것이 좋습니다. 조립 후에는 거의 보이지 않으므로 거무스름하면 OK! 검정에 가까운 그레이(베이스 그레이)를 이런 느낌으로 적당히 뿌려주면 문제 NO입니다.♪
❸ 인형을 조립한 다음에는 접착 공작을 진행합니다. 이 사진, 왠지 두근거리지 않나요?
❹ 투명한 캐노피를 사용한 기간트 플로를 만들 때, 투명부품과 몸체의 곡률이 조금 맞지 않아 몸체 윗부분에 소량의 퍼티 공작이 필요합니다. 그렇게 큰 차이도 아니고「폴리퍼티는 손대고 싶지 않다!」는 사람이라면 신경 쓰지 않는 것이 제일. 추천도가 낮은 공작입니다.

■ 슈퍼 제리
『실패도 의미가 있다. 내편으로 하면 좋습니다.』

여러 가지 실험을 실시한 작업입니다. 원래는 도장카드를 따라서 그린으로 도장된 기체이지만 겨울이 된 전쟁터에 눈이 내렸기 때문에 현장에서 동계위장을 실시했다는 설정.

그린의 기체에 데칼, 클리어 코트, 데칼의 단차 연마까지 마친 후 락카 화이트에 타바코 라이언[14]을 섞어 넣고 굵은 붓으로 치덕치덕 붓질을 합니다. 미백제 가루를 너무 넣어서인지 쩍쩍 균열이 생겨 초조했지만 신경 쓰지 않기로. 한참 바르고 이틀 정도 건조한 다음 3M의 스펀지 사포로 전체를 이번에도 적당히 사포질. 거칠거칠한 면, 조금 매끈한 면, 사포질을 너무 해서 밑색이 노출된 곳(쓴웃음) 등 다양한 질감이 생겼습니다.

비법소스를 듬뿍 바른 후 어느 정도 남도록 닦아내고, 코픽[15]을 거칠게 칠해 넣고 닦아내어 완성했습니다. 조금 지저분한 느낌도 용병군의 악전고투가 배어 있는 괜찮은 느낌이 아닐까? 라고 생각합니다만, 어때요?

▲균열이나 거친 도장면 등이 남아있는 표면 상태를 제거하지 않고, 있는 그대로 남겨두는 마무리를 목표로 했던 슈퍼 제리. 이번의 네 대 중에서는 실험작이지만 볼거리는 제일이 아닐까 하고 자화자찬(웃음).

▲녹색으로 칠한 기체에 겨울이 되어 눈이 내려서 급하게 현장에서 수용성도료를 솔로 칠했다, 라는 설정을 하고 그와 같이 겹쳐 칠했던 작례. 우선 녹색으로 칠을 한 다음, 데칼을 붙인 후 클리어를 뿌리고 단차 갈아내기를 마무리한 기체에 타바코 라이온(가루 치아 미백제)를 혼합해 넣은 락카계 백색 도료를 붓으로 치덕치덕 칠했습니다. 그러자 미백제 가루를 너무 넣었기 때문에 균열이 쭉쭉(땀).

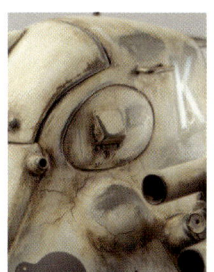

◀하지만 이 균열은 수정하지 않는 편이 좋지 않을까 해서 그대로 남겨 두었습니다. 굉장히 좋은 느낌이 나네요. 비법소스를 사용한 워싱도 보통 때보다 더 남겨지도록 해서「용병군은 자금이 부족해서 충분치 못한 보급으로 버티고 있다」는 것은 아닐까라는 분위기를 내보려고 더 지저분한 느낌으로 마무리했습니다.

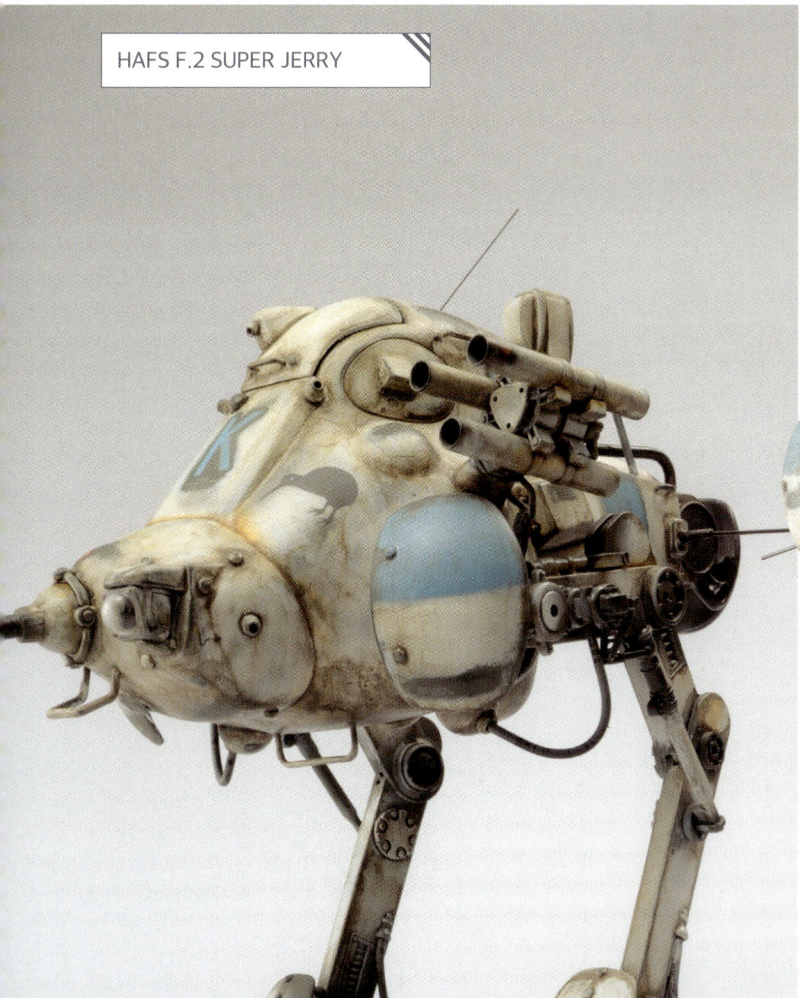

HAFS F.2 SUPER JERRY

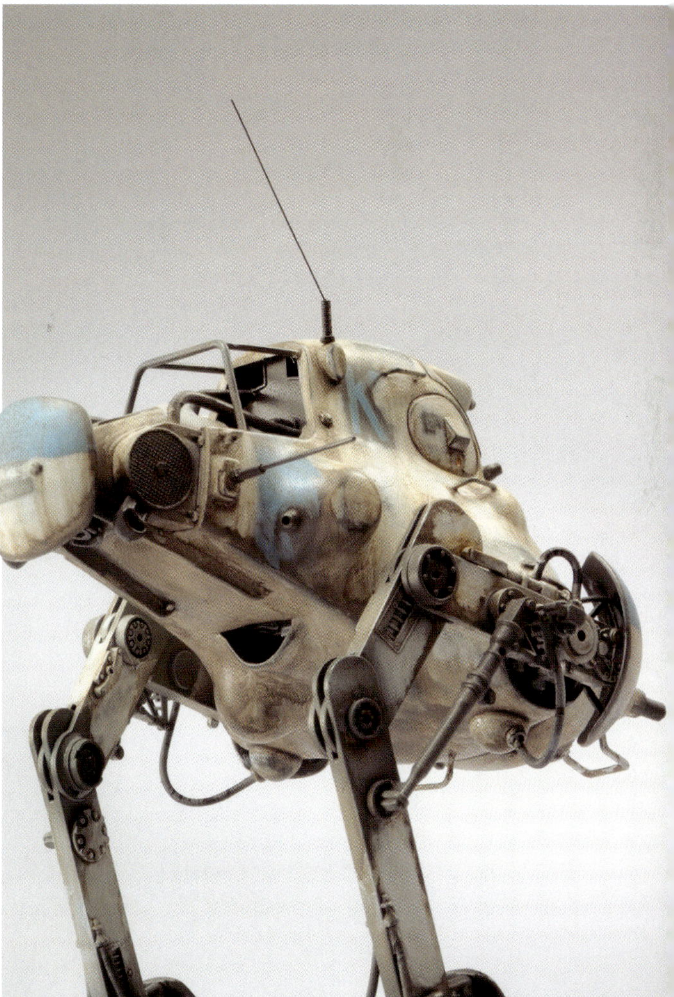

역주 : Tobacco Lion. 담배를 피우는 사람의 치아에 착색된 니코틴을 벗겨내는 미백용 가루. 일본의 약국에서 판매했었다. 오래전부터 요코야마 선생이 락카 등의 도료에 섞어서 무광의 표면을 만들 때 사용한다. Ma.K. 관련의 책에 가끔 등장. 2016년 4월 생산 종료.

역주 : 미술용 마커펜의 한 종류. 모형의 웨더링에 종종 사용.

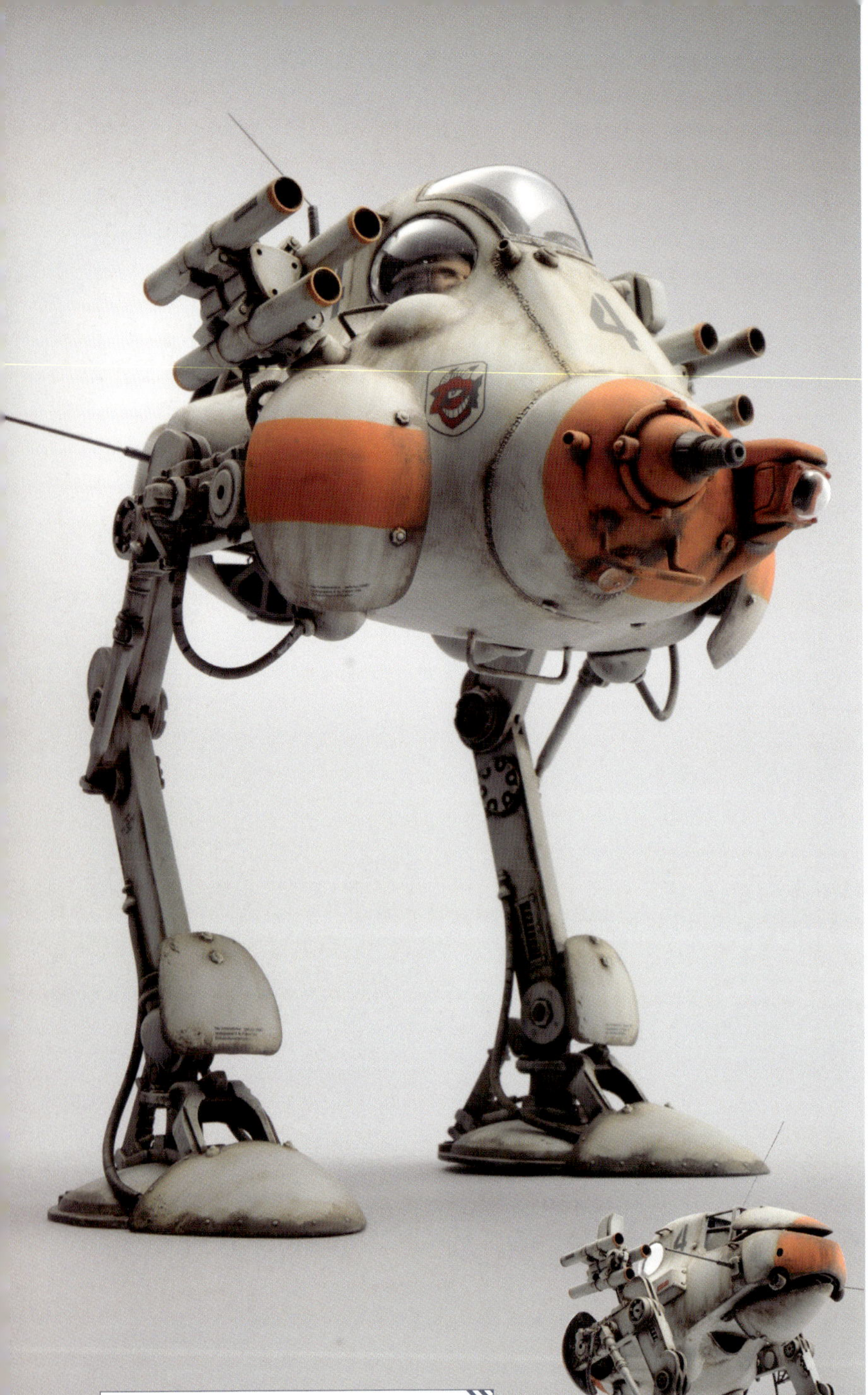

▶웨폰 캐리어답게 충분한 무장이 장착된 기간트 플로. 그러나 씨커[16]류는 구식이라서 믿을 수 있는 것은 직접 보는 것. 흰 바탕에 매우 빛나는 오렌지 컬러링은 최고로 인기 있는 것이 아닐까요?

◀구 닛토의 피규어를 무개조로 탑승시켰습니다. 근래의 놀라운 조형을 한 피규어에 비교한다면 보잘것없는 아저씨이지만 캐노피를 통해 본다면 전혀 신경 쓰이지 않네요.

▲슈퍼 제리의 키트에는 둥그스름한 발끝부품이 신규 런너로 들어 있습니다. 남은 구 닛토 제리의 발끝은 이런 곳에 활용되고 있군요. 실제라면 그야말로 있을 법한 활용. 뭔가 얄미울 정도로 훌륭한 아이디어입니다.

◀너무 좋아서 여러 아이템에 사용하고 싶어지는 3연장 로켓 튜브. 무기세트로 별매해주시길 바랍니다! 제발!

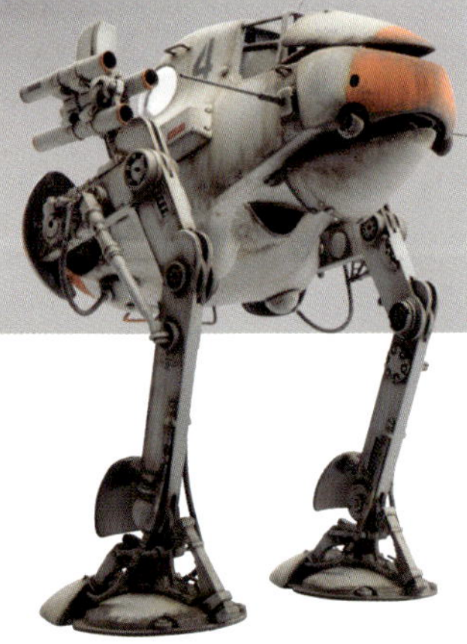

JKA ausf E GIGANT FLOH

■기간트 플로
『흰색에 오렌지. 최고로 매력적입니다. 슈트랄군 컬러입니다.』

키트 패키지의 컬러링입니다. 상품명은 [슈퍼 제리]인데 패키지 일러스트는 슈트랄의 [기간트 플로]라니 자유분방한 『Ma.K.』답습니다(웃음). 이 컬러링은 이하라 겐조 군이 도장샘플로 제작한 것이지만 아무래도 저도 그렇게 하고 싶다는 생각에 도전을 해보았습니다.
이번의 기체는 슈퍼 제리와는 다르게 현지에서 도장한 것이 아니라 원래부터 이런 색이라는 제가 정한 설정으로 진행했습니다. 포인트 컬러도 다르게 했는데, 똑같은 흰색의 기체가 되는 것을 피하고 싶었고, 양쪽 군대가 다르다는 것도 나타내려고 생각했습니다. 오렌지는 붓 도장인데 이것도 웨더링을 고려해서 매우 선명하고 밝은 오렌지입니다♪ 이렇게 웨더링 전에는 「너무 밝은 거 아냐?」라고 불안할 정도가 딱 좋습니다. 이건 장담하는데 만약 한다면 믿고 해보시기 바랍니다.

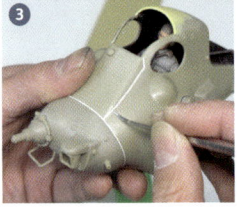
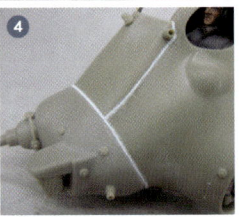

❶ 프론트 주위의 패널라인 표현을 여러 가지로 시도해보았습니다. 접합선을 모두 지워버린 것이 한 대(제리), 보통의 접합선을 남긴 것이 두 대(플로, 슈퍼 제리). 그리고 이 기간트 플로는 용접 표현을 해보았습니다. 우선 가늘게 자른 프라판을 접합선에 접착합니다.
❷ 그 프라판에 무수지 접착제를 바릅니다. 이것은 접착을 위해서가 아니라 붙인 프라판을 부드럽게 녹이기 위해서입니다.
❸ 접착제가 완전히 건조하기 전에 스페툴러(헤라)로 꾹꾹 눌러줍니다. 피치(간격)는 「뭐 가능하다면 일정하게 된다면 좋겠다~」 정도의 느낌으로 적당히(웃음). AFV모형의 입장에서 본다면 「뭐가 이리 적당한 거야!」라고 비웃을 듯하지만, 분위기만 나온다면 OK, 만만세입니다.
❹ 자아~ 이 정도. 뭔가 그럴듯한 정도는 되었지요? 여기에 디테일(=정보)이 들어가면 밀도가 생겨서 좋은 분위기가 된다고 생각합니다♪ "사이비 용접표현"이라고 할까요?(웃음)

16) 역주 : Seeker, 탐색장치.

SUPER JERRY

Ma.K. in SF3D EXPLANATIONS

용병군 중장갑 전투슈트 제리

글 / KATOOO(레인보우 에그)

제리, 슈퍼 제리, 플로, 기간트 플로 네 대가 게재되었는데, 원점이라고 할 수 있는 「제리」를 중심으로 말하고자 합니다.

제리는 HJ 1983년 12월호에 게재된 용병군의 중장갑 전투슈트입니다. AFS에 이어 차기 주력 장갑슈트의 후보로 개발되었기 때문에 중장갑 전투슈트=HAFS(헤비 아머드 파이팅 슈트)라고 불립니다. 1983년 연재 당시, 요코야마 선생은 슈트랄군의 PKA 차세대기를 만들려고 PKA와 같은 콕피트로 하세가와 1:48 디펜더를 사용. 그러나 슈트랄군에게는 크뢰테가 있었기에 당시의 편집자인 이치무라 히로시 씨의 요청에 따라 용병군 무기가 되었습니다. 요코야마 선생은 테스트기라는 이미지로 기체를 붉게 칠했습니다만 촬영 당일, 전투장면에 맞지 않아서 편집부에서 다시 칠했다고 합니다(!)

무인의 크뢰테는 포탑이 선회하지만 제리 같은 유인 2족 기체는 콕피트가 있기 때문에 바디 쉘로부터 가늘고 긴 다리가 나와 있는 실루엣으로 되었습니다. 제리는 부드러운 형태의 몸체와 가는 다리의 언밸런스에 더해 코끼리의 코와 같이 전방으로 튀어나온 머니퓰레이터와 어딘가 고전적 느낌이 있는 대형 레이저캐논도 깊은 멋이 있습니다. 좌우후방의 안테나가 수평방향으로 나와 있는 것도 제리 특유의 디자인. 플라스틱 키트를 제작할 때 이 수평안테나를 좌우에 붙이면 단번에 제리답게 보이니까 신기해요.

슈트랄군의 것이 용병군으로 된 제리는 접수한 무기였다는 설정을 바탕으로 양군에서 여러 가지 베리에이션이 탄생했습니다.

「월간 모델그래픽스」 2000년 9월호에서 슈퍼 제리가 등장. 작업용 머니퓰레이터를 떼어내고 레이저캐논과 3연장 로켓튜브를 장비한 추가 생산형입니다. 요코야마 선생이 조립설명서를 읽지 않고 16년 만에 키트를 마음대로 만든 결과 이전보다 멋있어졌다는 거짓말 같은 진짜 이야기입니다(웃음).

2009년에 웨이브에서 발매된 슈퍼 제리의 패키지 일러스트는 미발표된 「기간트 플로」라는 슈트랄 측의 개량발전형 기체입니다. 닛토제 「제리」의 부품이 기본으로 들어 있고 「슈퍼 제리」「플로」「기간트 플로」 합계 4종 중 하나를 선택해서 조립할 수 있었습니다. 상자에 기재된 해설에 따르면 제리의 기본이 된 것은 「엔테」라는 농경용 2족 트랙터. 엔테에서 갈라져 나와 용병 측이 제리, 슈트랄 측이 플로(독일어로 벼룩)가 되었다고 합니다. 플로와 제리의 서로 다른 점은 앞과 옆을 직접 내다볼 수 있는 투명캐노피의 유무입니다. 26년의 세월을 거쳐 당초의 의도대로 PKA와 유사한 슈트랄군의 무기가 되었습니다.

▲「Ma.K.B.D.」(방드 데시네)(대일본회화 발매)에 등장하는 그라이프를 연상케 하는 슈트랄의 기간트 플로. 이 분위기를 재현하고 싶다는 생각으로 구스타프 2기도 급히 조립해보았습니다. 오오~ 같은 스케일로 세워놓으니 엄청나게 멋지네요~.

◀기본적으로 키트 그대로인 무개조 조립. PKA계 슈트는 좋은 형상을 하고 있는데 치명적으로 팔의 가동이 부자유스럽습니다.[17] 그래서 한 대의 어깨 관절을 시판하는 볼조인트로 바꾸어서 아래팔이 앞으로 향하게 해보았습니다. 확실히 좋아지는군요.

■ SAFS 프론트 아머에 대해……

1월 25일 HJ 3월호 발매 후, 2ch 스레드에 「프론트 아머가 틀렸어!」라는 지적을 받아서 확인했더니, 아이고~~!! 이걸 어째!!(땀) 이건 SAFS에는 불필요 부품이었네… 전혀 신경 안 쓰고 사용해버린 아저씨(쓴웃음). 정신을 가다듬고 런너에 남은 부품을 다시 도장해서 부품을 교체해보았습니다. 웨더링을 해서 그럴싸한 좋은 느낌이 되어 OK인 듯. 과연 SAFS 육전형은 각진 아머가 아니었잖아~. 하지만 전혀 위화감이 없고 이쪽으로 해도 좋을지도~라고 생각했습니다(웃음).

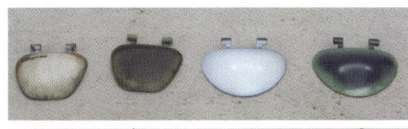

▲연재 제1회 때의 작례. 메이커의 설명서와 다르게 조립한 프론트 아머를 설명서대로 고쳐보았습니다. 과연 다르다는 느낌입니다만, 어느 쪽도 OK라고 생각해요(웃음).

요코야마 코우 : 프론트아머의 부품을 잘못했다며? 난 처음에는 무슨 소리인지 이해를 못했어. 파이어볼이 F런너에 공통이라네. 덧붙여서 그게 언제 발매될지는 몰라. 와타나베 군의 편을 드는 건 아니지만 설명서가 없는 상황에서 조립한 것만으로도 대단해요. 나는 절대 무리라고. 적당히 조립해서 다른 것이 되었다고 생각해. 아무리 SF라지만 실제의 무기처럼 조립할 때 여러 개의 부품이 있으면 그 부품의 수만큼 베리에이션이 나오는 것은 자연스러운 거지. 원래 어떤 계기로 유전자 조합이 변한 생물만이 진화하는 게 가능해서 생명을 이어 갈 수 있어. 프라모델이든 생물이든 「오로지 이것만이 정답이다. 다른 것은 용서할 수 없다」라고 한다면 어떤 것이라도 썩고 망해갈 뿐이에요. 마쉬넨은 『SF3D』 시대부터 키트의 부품을 다르게 조립하는 것을 「축복」이라고 생각해요. 그러니까 말인데 다시 틀린 상태로 되돌려줘. 와타나베 군.

---

17) 역주 : 제작 당시에는 구판 닛토 키트로 만들었기 때문에 이런 개조가 필요했지만 현재 판매중인 웨이브에서 나온 신금형의 구스타프 키트는 볼 조인트로 연결되어 있어서 별도의 개조가 필요 없다.

PLAY BACK NEW ITEM Apr.issue 2010

엑시머 레이저건 장비 팔케 발매 직전!!

하세가와의 1:20 팔케의 베리에이션인 「팔케 엑시머 레이저건 장비」가 2월 하순에 드디어 발매. 요코야마 코우 씨의 새로운 설정의 데칼은 BD판, 사막도장, "나스6", 야간전투사양의 4종류가 포함된다. 「타카세 하츠엔키」 제작의 CG영상이 수록된 특전 DVD 포함.

반중력장갑전투기 Pkf.85 팔케 엑시머 레이저건 장비
- 발매원/하세가와
- 6,400엔, 2010년 2월 발매
- 1:20, 약 28cm
- 플라스틱 키트

크뢰테가 3Q모델의 신작으로 등장

기획·재발매는 요코야마 코우 씨, 제조·판매는 웨이브에서 하고 있는 「3Q모델」, 멜루진에 이어지는 제4탄은 슈트랄군의 2족보행전차 「크뢰테」가 등장. 키트에는 닛토제 「크뢰테」와 「간스」용으로 새로 만든 관절부품을 포함. 패키지도 요코야마 씨가 신규로 그린 것.

▶사진은 요코야마 코우 씨가 제작한 오리지널 모델.

크뢰테
- 기획/3Q모델, 제조·발매원/웨이브 ● 4,725엔, 2010년 5월 발매 ● 1:20, 약 19cm ● 플라스틱 키트

하세가와 신작 1:35 너트로커

지난 2010년 2월 4일(목)~7일(일)에 독일 뉴렌베르크에서 개최된 「뉴렌베르크 토이쇼」에서 하세가와의 「Ma.K.」 신작, 1:35 너트로커가 발표되었다. 1:35로 길이 약 30cm의 대형 모델, 속보가 들어오는 대로 본지에서도 소개할 예정. 또한 토이페어 기간 중에 독일의 모형지인 「Modell Fan」에 의해 선정되는 연간 베스트 키트 「Modelle des Jahres」의 SF 부문에서 하세가와의 1:20 팔케가 선정되었다. 이것도 상세한 내용은 다음 회에.

P.K.H.103 너트로커
- 발매원/하세가와
- 7,200엔, 2010년 12월 발매 ● 1:35, 약 30cm
- 플라스틱 키트

▲사진은 요코야마 씨의 자택에서 촬영한 요코야마 씨가 제작한 1:35 너트로커. 옆의 1:20 크뢰테와 비교하면 그 사이즈가 상상될 것. 크뢰테에 관한 것은 위의 기사도 참조.

▲요코야마 씨가 그린 패키지 이미지.

❶「Drunk Dog & 사루야」에서는 일반판권 상품인 「니제[18]」 개조 키트를 판매. 원형제작과 완성품 샘플제작은 이하라 겐조 씨.
❷ 본사 부스에는 하비재팬에 게재된 MAX 와타나베 씨의 작례를 전시. 이번호에 게재된 제리(실제는 플로이지만)도 재빨리 전시되었다.
❸ 굿스마일컴퍼니 & 맥스팩토리의 「WONDERFUL HOBBYLIFE FOR YOU!! 11」에서는 요코야마 씨, MAX 와타나베 씨, 본지 편집장의 토크쇼가 진행되어 하비재팬의 이후 연재와 무크지 전개 등을 발표하였다.
❹「마쉬넨 크리거 프로파일 1 팔케[19]」에서 모델을 했던 로페즈 타카코 씨. 브릭웍스에서 1:20 피규어가 발매된 것을 기념하여 선행 판매와 로페즈 씨의 사인회가 「아머모델링」 부스에서 개최.

하비재팬 별책 「SF3D 오리지널」 복각

1983년 발매된 『SF3D』 유일의 단행본으로 기나긴 절판 상태였기 때문에 지금은 전설이 된 하비재팬 별책 『SF3D 오리지널』. 원더 페스티벌 2010[겨울] 「WONDERFUL HOBBY LIFE FOR YOU!! 11」 스테이지에서 이 책이 하비재팬에서 복각된다는 발표가 있었다. 발매는 2010년 봄을 예정. 2009년 여름에 발표된 「HOW TO BUILD GUNDAM & 2【복각판】」과 같이 최신 스캐닝 기술에 의해 구판에 비해 손색없는 퀄리티로 선보일 것이다. 상세한 것은 다음 회에 전할 것이므로 기대해주시길.

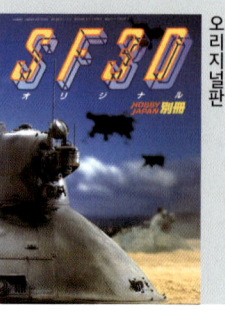
◀이것은 1983년 발매된 오리지널판

Ma.K. in WONDER FESTIVAL

2010년 2월 7일(일)에 개최된 「원더 페스티벌 2010[겨울]」에서는 다수의 딜러가 「Ma.K.」를 출품. 또한 연재중인 「Ma.K. in SF3D」에 관한 토크쇼와 로페즈 타카코 씨의 사인회 등이 진행되었다.

18)역주 : Nixe. 사진의 것은 레진제 개러지 키트, 2018년 웨이브에서 플라스틱 모델로 상품화.
19)역주 : Maschinen Krieger Profile 1 : Falke 대일본회화 2009년 발행.

FALKE

| May 2010 | No.003 |

HASEGAWA 1:20 SCALE PLASTIC KIT
MODELED BY MAX WATANABE

Antigravity Armored Raide Pkf.85

반중력 장갑전투기 Pkf.85 팔케
● 발매원 / 하세가와
● 6,200엔, 2009년 3월 발매 ● 1:20, 길이 약 28cm
● 플라스틱키트

반중력장갑전투기 Pkf.85 팔케 "엑시머 레이저건 장비"
● 발매원 / 하세가와
● 6,400엔, 2010년 2월 발매 ● 1:20, 길이 약 28cm
● 플라스틱키트

1983년 3월호에 게재된『SF3D』에 등장한 이후 25년을 맞이한 2009년, 드디어 긴 침묵을 깨고 하세가와에서 플라스틱키트로 만들어진「팔케」. 2월에 독일에서 개최된「뉴렌베르크 토이 페어」에서 독일의 모형잡지「Modell Fan」선정의「모델 데스 야레스 2010」의 SF 부문을 수상했다. 본 키트로 다시금『Ma.K.』의 매력을 깨달은 팬도 많지 않을까? 속에 숨겨던 "마쉬넨 열기"를 단숨에 타오르게 한 계기가 된 하세가와의 플라스틱 키트「팔케」에 대해, MAX 와타나베 씨는 무려 일곱 대라는 대규모의 작례로 응답하고 있다. 한 번에 모두 살펴봐 주시기를!

하세가와 1:20 스케일 플라스틱 키트
반중력장갑전투기 Pkf.85 팔케

제작·해설·글 / MAX 와타나베

■ 기적의 부활!
팔케가 인젝션키트로

저의 아니 전 세계『Ma.K.』팬의 영혼에 다시, 아니 결정적인 불을 붙인 대사건. 팔케입니다 팔케! 팔케가 프라모델로!! 이렇게 외치지 않았을까요?

『SF3D』시대의 연재를 하고 수년 후에 닛토의 화재사건으로 유일무이의 오리지널 모델이 타버린 팔케. 영원히 잃어버린 직소 퍼즐의 한 조각이라고 생각했었다. 그런데 오리지널 모델은 요코야마 선생의 자택 창고에!!(폭소)라는 뭔가 극적인 에피소드도 매우 훌륭한 팔케.

수많은 키트화 희망의 소리가 있었지만 끝내 발매되지 않았던 팔케. 그것이 25년의 시간을 넘어 드디어 프라모델로! 게다가 아티스트 모델과 같은 1:20 스케일입니다! 게다가, 게다가 어찌 이럴 수가! 자그

마치 하세가와에서 나온다고요. 뭐 이건 말입니다, 모형문화의 역사적 사건인 거지요!!

이렇게 길고도 짧은 전제로 시작하는「Ma.K. in SF3D」제3회. 출발 직전에 탄내가 날 정도로 공회전을 하는 것처럼 마음가짐이 다릅니다.

「이렇게 와타나베 군이 외쳐준 덕분인지 모르겠

지만 독일의 프라모델팬에게 팔케 키트화의 의미가 통한 것 같아요. 잘 아시다피『모델 데스 야레스 2010』SF부문을 수상했습니다. 일본의 모형업계도 무슨 상을 만들어서 줘봐.」(요코야마 말씀)

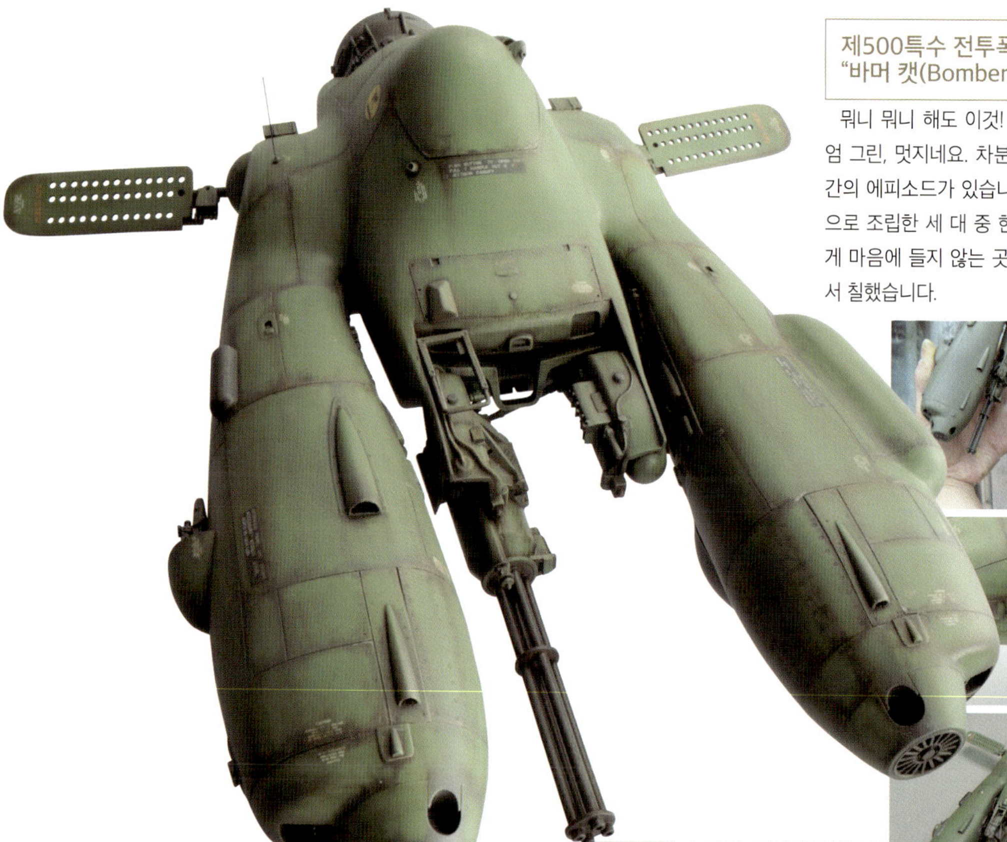

제500특수 전투폭격항공단 "바머 캣(Bomber Cat)" 표준 도장기

뭐니 뭐니 해도 이것! 오리지널 아티스트 모델의 컬러링입니다. 미디엄 그린, 멋지네요. 차분한 색상입니다. 그러나 실은 이 작례에서는 약간의 에피소드가 있습니다. 연재의 낌새나 이야기도 없이 무렵 개인적으로 조립한 세 대 중 한 대를 이 컬러링으로 도장을 했었는데 이상하게 마음에 들지 않는 곳이 있어서 이번에 통째로 한 대를 새로 조립해서 칠했습니다.

▶▼이 작례의 테마는 비행하는 느낌과 속도감. 앞뒤에 오염이 흐르는 것처럼 해서 비행체의 느낌을 강조해보았습니다. 나쁘지 않다고 생각했지만 앞뒤로 세로선이 들어가면 위아래의 폭이 얇게 보인다는 것을 실감. 실제로 칠하면 알게 되는 것이 많이 있네요.

▶도료는 피니셔즈의 「스피니치 그린(시금치 녹색)」. 이 도료를 베이스 그레이 밑칠 위에 그대로 도장했습니다♪ 좋은 색이다~.

"바머 캣" 콜린 그레이 소위기

「Ma.K.B.D.(방드 데시네)」(대일본회화 발매)의 Act.02에 등장하는 기체. 극비의 최신예 기체인데 갑자기 불시착 후 폭발해서 흔적도 없이 사라졌습니다. 뭔가 대단히 멋있는(?) 이야기인 것 같지요?(웃음) 기수의 왼쪽 튀어나온 곳에 엑시머 레이저건을 장비하여 과도기적이면서 그야말로 테스트 타입 같은 것이 넋을 잃을 정도이고 위장무늬 패턴도 멋지기 때문에 망설이지 않고 선택했습니다.

▼팔케의 비밀을 지킬 수 있었던 「보복장치」도 만들어서 행복합니다♪

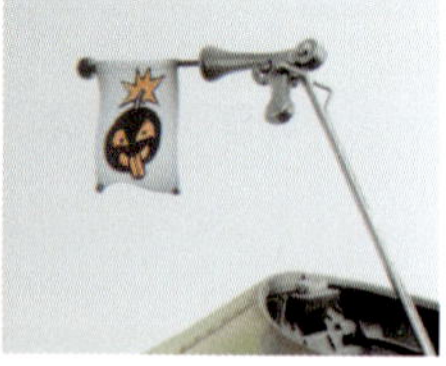

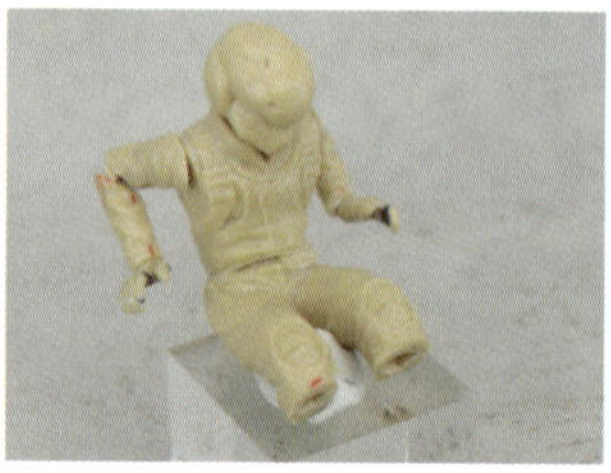

▶탈출 장면을 재현하기 위해 피규어의 포즈를 개조, 심혈을 기울여 특찰 컷을 찍어주셨습니다♪ (혼마쓰 씨, 고~마워요~)

FALKE

"바머 캣"
할페 유틸라이넨 소령기

연재가 시작되기 전, 개인적으로 완성한 바머 캣 제식 컬러의 기체가 있었는데, 농도를 너무 짙게 하는 실수로 과하게 어둡게 되었어요. 기대하지도 않았던 연재라는 좋은 기회를 얻었기에 한 대를 통재로 새롭게 제작, 그것이 이번 작례입니다. 남은 구작은 유틸라이넨기로 다시 칠했습니다. 도장카드에서는 기수 이외에는 빨간 곳이 없지만, 뒤가 조금 심심한 느낌이 들어서 스테빌라이저에도 빨간 띠를 넣었습니다. 망가진 마킹 등은 데칼을 다시 부착. 처음부터 조립하는 것보다 훨씬 짧은 시간에 한 대가 늘어나서 이득 본 기분입니다♪

◀바라보고 있다가 번뜩!「그래! 이것을 기본색으로 취급해서 다른 기체로 만들어버리자!」라고 생각한 후 경계선은 붓으로 칠 나누기를 하고 그 안쪽의 넓은 면은 에어브러시를 사용해서 스플리터 위장무늬를 재현했습니다.

전체 일곱 대의 공통작업은 이것!

「어쨌든 많이 칠하고 싶어, 꾸미고 싶다!」 하지만 시간은 한정되어 있고… 그래서 저는 공작은 적당한 선에서 마무리하고 도장에 최대한의 시간을 사용하고 있습니다. 지금까지의 작례는 모두 이런 생각으로 진행되었고 이번에 소개하는 일곱 대의 작례도 그 예에서 벗어나지 않습니다. 아래는 모든 기체에 공통인 공작 메뉴. 기술과 시간 그리고 취향에 따라 골라서 해주시면 감사하겠습니다.

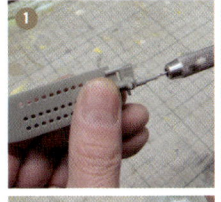   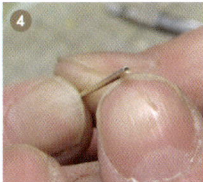

 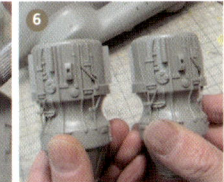  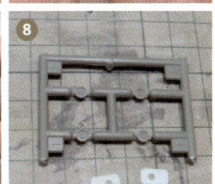

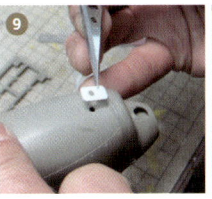 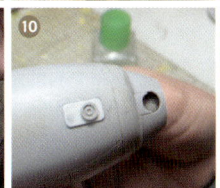  

■스테빌라이저 접속축 강화

❶❷유감스럽게도 덜렁이인 저에게는 필수 공작(쓴웃음). 접속축을 핀바이스로 구멍을 뚫고 1mm의 황동선을 끼워 넣은 후 순간접착제로 고정했습니다. 이것으로 어지간하면 부러지지 않음! 이것은 추천합니다.

■앞부분 주위의 소형 인테이크 구멍 뚫기

❸조립을 마치고도 할 수 있는 손쉬운 공작. 핀바이스로 구멍을 뚫고 디자인 나이프로 넓혀주는 것으로 괜찮은 느낌으로 마무리됩니다.

■리벳 몰드 강조

❹❺사출금형의 특성으로 몰드가 얕은 몸체의 측면, 그리고 조립할 때 생기는 접합선을 제거 작업 할 때 얕아지는 기수주위의 리벳 등을 약간 더 깊게 해주는 공작입니다. 리벳부분에 무수지접착제를 살짝 바르고 잠시 방치. 반쯤 마른 곳을 핀바이스로 고정한 황동파이프로 한 번 빙글 돌립니다. 접착제로 부드러워져 있어서 힘을 주어 빙글빙글 돌릴 필요는 전혀 없고 실패해도 다시 시도할 수 있습니다. 리벳들의 줄이 약간 엇갈리는 것은 나름의 멋이라고 생각합시다(쓴웃음). 난이도가 조금 높아 보이지만 익숙해지면 재미있기 때문에 도전해보는 것은 어떨까요?

■엔진의 후조립 가공

❻❼야쿠르트 엔진과 몸체와의 접합부, 몸체는 손대지 않고 엔진에 있는 튀어나온 부분을 깎아서 제거해줍니다. 그렇지만 몸체와 엔진이 조립된 상태에서 칠을 해도 문제는 없으므로 그다지 추천하지는 않습니다(쓴웃음).

■몸체 측면의 4군데 스러스터?

❽❾❿이것은 무엇일까요? 몸체를 고정하는 후크? 자세제어용 스러스터? 아마 요코야마 선생에게 물어봐도 「으응~ 뭐지?~ 뭐라고 해도 좋아~」라고 언제나 변함없는 답변을 할 것이라고 생각해서 굳이 물어보지 않기로 했습니다(웃음). 이 부분, 몸체의 위아래를 접착하면 다듬기가 귀찮게 되어 과감히 깎아내고, 0.5mm 두께의 프라판을 잘라서 접착합니다. 혹시 패널라인처럼 선파기도 좋지 않을까 생각했지만 부품위치가 굴곡이 있고 선파기 공작은 좋아하지 않기 때문에 잠깐 망설이다 바로 결정했습니다(웃음).

■좌우 노즐 구멍 뚫기

⓫⓬프로파일 책에도 소개된 공작입니다. 핀바이스로 몇 군데 구멍을 뚫고 니퍼로 그 구멍을 잘라버린 후 줄로 깎아서 마무리합니다. 간단하고 효과가 높은 공작이라고 할 수 있지요. 몸체 쪽도 뚫어주면 더 동굴처럼 깊은 구멍이 되어서 좋습니다.

FALKE

제53전투항공단 존 밀러 소위기

엑시머 레이저건 장비 팔케의 패키지 일러스트에도 있고 요코야마 선생이 직접 도장작례를 만든 컬러입니다. 이것은 라인업에서 빠질 수 없다! 하지만 똑같이 따라서 칠하는 것도 괜찮겠지만 어차피 하는 칠이기 때문에 다른 접근을 해보고 싶다는 생각에 이르렀습니다. 저는 채도와 명도를 함께 올리는 컬러 밸런스로 구성해볼 생각입니다. 패키지 일러스트 그림을 구멍이 나도록 계속 쳐다보니 기본색은 매우 밝은 그린이 숨어 있는 느낌의 라이트 그레이. 위장색은 푸른색, 붉은색 느낌이 일러스트보다 강하게 나타나고, 녹색 띠도 상당히 선명하게 되었습니다. 스피니치 그린을 남겨둔다는 설정과는 다르게 되었습니다만, 재미있는 마무리가 되어서 마음에 듭니다.

▼요코야마 선생의 작례에는 손으로 그린 눈동자 마크가 데칼에서는 약간 커져서 귀엽네요♪

◀「보색을 밑색으로 칠해두면 그 위에 칠하는 색의 발색이 더욱 좋게 되지. 그린의 밑에는 오렌지가 좋다네. 속는 셈치고 해봐.」라는 요코야마 선생의 조언. 본 작례의 녹색띠에는 밑색으로 오렌지를 칠해두었습니다. 오호 굉장히 좋은 발색! 형광컬러가 들어 있는 것처럼 빛이 나요.

◀모두가 조종석에 앉아 있다면 재미가 없기 때문에 파일럿의 포즈를 개조. 비행을 마치고 내려오고 있는 것으로 해봤습니다. 그뿐이라면 외로워서 귀여운 누님 피규어의 오른팔을 조금 개조해서 올리고 피규어세트에 있는 커피 컵을 사용했습니다. 전쟁 중이지만 휴우~하고 한숨 돌리는 장면이라고 할까나?

제66전투항공단 "클록 웍스" 폴 에리얼 대위기

다크옐로우와 라이트 브라운의 위장에 백색띠가 짠! 그레이 색상의 마킹도 밸런스가 좋은 마무리로 활용된 컬러링. 달리의 「카망베르의 시계[20]」 아이콘을 사용하는 부대 마킹도 에피소드와 더불어서 얄밉도록 엄청 좋아하는 기체입니다. 전회에 게재했던 플로가 첫 사막색 작례였고 그 감각을 잃지 않고 칠하고 싶은 색이기도 해서 반성을 담아 이번에 기본색을 칠할 때는 꽤 밝게 했습니다.

---

20) 역주 : Salvador Dali, 살바도르 달리의 작품 중 하나인 기억의 지속(La persistencia de la memoria). 카망베르 치즈가 녹아내리는 모습에서 영감을 받은 그림이기 때문에 MAX는 이렇게 불렀다.

『Ma.K.』 위장무늬 도장의 기본 순서

시간은 무한. 하지만 내가 쓸 수 있는 시간은 유한합니다. 「전체 과정 중에서 도장으로 대부분의 시간을 쓰고 싶다.」하지만 꼼짝 없이 마감은 찾아옵니다(땀). 붓 도장의 즐거움을 느긋하게 즐기고 싶지만 어쩔 수 없이 저는 에어브러시를 많이 사용해서 시간 단축을 도모합니다. 하지만 단조롭고 무미건조한 마무리를 하고 싶지는 않기 때문에 여러 가지 시행착오를 거치면서 하나의 반복 패턴을 얻을 수 있게 되었습니다. 앞으로도 변화할 수 있겠지만, 현시점에서 MAX 와타나베식 『Ma.K.』 위장무늬의 기본 순서는 아래와 같습니다. 모든 모형의 마무리에 사용할 수 있는 방법이므로 참고해주시기 바랍니다.

1 표면의 상태를 400~600번 정도[21]로 그럭저럭 마무리하고 서페이스를 뿌린 후 건조한 다음, 베이스 그레이를 전체에 뿌립니다. 베이스 그레이를 뿌리고 한나절 정도 건조한 후 첫 번째 색[기본색]을 뿌립니다. MAX도장법처럼 모서리와 테두리에 의도적으로 검은 색을 남기려는 의식은 별로 하지 않습니다. 오히려 밑색의 검은 느낌이 드러나지 않을 정도로 여러 번 나누어 확실히 뿌려줍니다.

2 첫 번째 색을 뿌리고 역시 한나절 정도 건조시키고 클리어를 전체에 뿌립니다. 골고루 입혀지도록 주의합니다만 역시 그렇게까지 심하게 신경을 쓰지 않고 2~3회 정도. 캔 스프레이도 간편해서 많이 사용합니다만 과하게 뿌리지 않도록 주의해야 합니다. 첫 번째 색과 같이 먼지가 도장면 위에 달라붙어 조금 우울해지지만 여기에서는 신경을 쓰지 않는 것으로(쓴웃음).

3.4 클리어를 뿌린 후, 역시 한나절 정도 건조한 후, 다음색을 뿌립니다. 색이 나뉘는 경계는 에어브러시의 노즐을 아슬아슬할 정도로 모형에 가깝게 하는 이름에서 "영거리사격"으로 가능한 한 분명한 경계선이 나오도록 칠합니다. 색이 나뉘는 라인은 도장도를 참고하면서도 적당히 하는 것이 편하고 재미있습니다♪

5.6 이전과 같이 한나절을 건조하면 컴파운드를 사용할 차례입니다. 색을 나누는 라인의 경계에 컴파운드를 소량 묻힌 면봉으로 문지릅니다. 첫 번째 색은 클리어로 보호되기 때문에 색이 지워지지 않고 두번째 색의 흐릿한 경계를 문질러서 지워버릴 수 있습니다. 경계를 선명하게 하는 효과에 더해 라인 자체도 원하는 대로 바꿀 수 있어서 원하는 형태와 느낌을 추가할 수도 있는 즐거운 작업입니다. 영거리사격을 할 때 실패해서 몇 개나 만들어진 작고 둥글게 퍼진 크라운 모양의 실수도 이 과정을 거치면서 그럴싸한 무늬 같이 무마할 수 있습니다. 컴파운드는 거친 것[22]이 작업을 빨리 할 수 있어서 제게는 궁합이 좋습니다.

7.8 데칼을 부착하고 한나절을 건조 후 클리어를 뿌려줍니다. 데칼과 데칼의 테두리를 중점적으로 뿌리고 반정도 마르면 또 뿌리기를 반복해서 5회 이상. 표면은 매우 진득한 반짝반짝한 상태가 됩니다. 너무 뿌려서 흘러내려도 당황하지 말고 그대로♪ 약 하루 동안 건조하고 연마하는 겁니다! 『Ma.K.』 모형에는 3M의 스펀지 사포가 궁합이 최고! 600~1000번대의 번호인 「울트라파인」이 좋아요. 이것으로 착착 갈아서 평탄한 느낌으로 마무리합니다다. 지나치게 갈아내면 데칼이 노출되어버리므로 일단은 조심스럽게. 하지만 조심한다고 해도 쉽사리 데칼까지 갈아버리기도 합니다만, 물론 이것도 나름대로의 멋입니다♪ 완전 멋진 자동차모형처럼 할 필요는 전혀 없기 때문에 클리어도 적당한 횟수, 두께로 괜찮습니다. 실제로 손으로 데칼의 경계를 문질러보면 살짝 높이가 다른 느낌이 있습니다.

9 클리어를 깎은 가루를 청소하고 전체에 무광 클리어를 뿌려줍니다. 골고루 2회 정도면 충분합니다. 한나절 정도 건조하고 "비법소스"를 전체에 바릅니다. 비법소스는 검정, 하양, 빨강, 갈색, 녹색 등 이것저것 혼합한 에나멜 도료로서, 색을 보면 느낌은 음… 짙~은 올리브 드랍 같은 색상. 밝은 색은 흰색을 듬뿍 넣은 "비법소스2"를 사용합니다. 너무 희석시키지 않고 약간 진득한 느낌. 너무 듬뿍 바르면 얇은 부품이나 가동부분이 파손되어버립니다. 그걸 알면서도 부러질 때는 부러집니다. 그때는 수리를 해줘야 합니다(쓴웃음). 최근에는 이 작업을 빠르게 할 수 있고 건조 시간도 짧아 에어브러시로 뿌리는 경우가 있습니다. 뿌리는 것은 문제가 없지만 에어브러시를 제대로 세척하지 않으면 나중에 곤란해지므로 주의하세요(땀).

10.11 약 한나절 정도 두고 에나멜 신너를 묻힌 면봉으로 비법소스를 지웁니다. 비유하자면 도화지를 연필로 새카맣게 칠하고 지우개로 지우면서 그림을 그리는 그런 느낌입니다. 면봉은 계속 새 것으로 바꾸면서 합니다. 100엔샵에서 300개 들이를 살 수 있으므로 물 쓰듯이 써도 마음도 지갑도 상처받지 않아요♪ 더러워진 면봉은 도장면에 소스를 엷게 펴주는 효과가 있어서 농담을 조절할 때 사용합니다. 이 작업이 또 매우 재미있습니다. 편안한 마음으로 힘차게 죽~죽~ 진행합니다.

12 면봉 작업이 괜찮은 느낌 정도로 마무리가 되면 가볍게 한번 무광 스프레이를 뿌려서 비법 소스를 정착시킵니다. 왜 여기에서 무광 클리어를 뿌리냐 하면 그 다음 작업인 에나멜 도료를 사용하는 웨더링 과정에서 소스과정의 도료가 지워지지 않도록 하기 위한 것입니다. 에나멜 도료와 코픽, 타미야 웨더링 마스터를 사용하여 도장이 벗겨진 효과나 녹 등을 표현하고 마지막으로 클리어 에어브러시를 뿌려 상태를 정리하면 완성입니다!

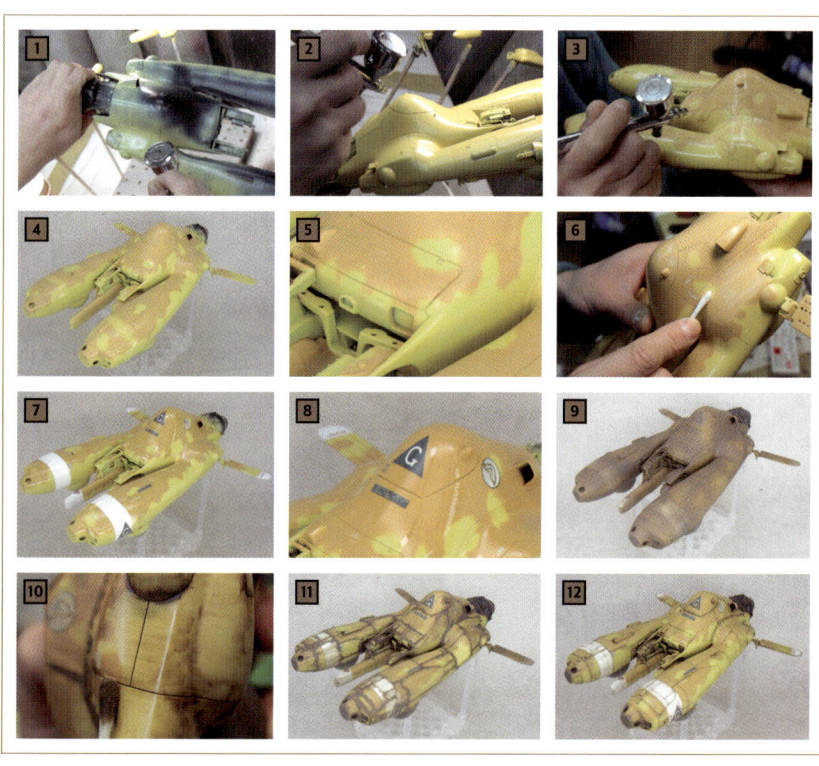

---

21) 역주 : 표면의 완성 정도를 사포의 번호로 비유. 중간 정도의 마무리 느낌. 이에 비해 건담이나 비행기 모델이라면 800번~1,000번 정도의 느낌.
22) 역주 : 컴파운드의 종류에 따라 고운 정도가 다르다. 예를 들어 타미야 컴파운드의 경우 Coarse < Fine < Finish 순서로 고운 정도. 컴파운드가 거칠수록 많이 갈아내기 때문에 거친 것을 사용한다는 의미.

제5전투항공단
웨즐리 "고스트" 스미스 중사기

스컬마크는 멋있다. 언제 어디서나 멋지다. 검은색의 몸체에 흰색의 해골… 마츠모토 레이지 선생의 세례를 받았던 나에게는 이것의 매력에 저항할 길이 없습니다. 거의 반칙기술이네요(웃음). 빨간색도 효과적이어서 좋습니다. 얼굴에 해골을 페인팅한 괴짜 스미스군 피규어도 언젠가는 한번 칠해보고 싶습니다.

▲스컬부분의 데칼은 악전고투하면서 간신히 붙였습니다. 갈라진 부분은 클리어로 코팅한 다음 붓과 에어브러시로 보수했기 때문에 문제없음.

▼기수부분의 해골 손가락은 옆에서도 보이게 하고 싶었기 때문에 남아 있던 데칼을 사용하여 한 개를 추가해 여섯 손가락이 되었습니다. 고스트라서 사신의 이미지가 있기 때문에 OK지요? 손가락의 길이도 데칼을 이어서 길게 했습니다.

Ma.K. in SF3D EXPLANATIONS

용병군 반중력장갑전투기 팔케

글 / KATOOO(레인보우 에그)

팔케는 반중력장치를 탑재한 용병군의 장갑전투기입니다. 첫 출연은 HJ 1983년 3월호. 연재 당시부터 대단히 인기가 높은 걸작 디자인으로 『SF3D』를 말할 때, 없어서는 안 될 상징적인 메카닉입니다.

팔케는 지상부대의 근접지원이 주 임무이지만 호르니세와 프레더마우스를 위시한 적 전투기와의 교전과 요격에도 쓸 수 있습니다. 반중력장치와 긴급용 제트엔진을 장비해서 운동성능은 물론 방어에 걸림돌이 되는 투명 캐노피를 배제하기 위해 SAFS와 같은 간접시인 시스템을 채용. 장갑방어력이 크게 증가하여 슈트랄군의 제공권을 빼앗아오는 데 성공합니다.

팔케는 독일어로 「매」. 용병군은 영어로 이름을 짓는 것이 보통이지만 2009년에 간행된 『마쉬넨 크리거 프로파일 1 팔케』(대일본회화 발매)에 핀란드인과 독일인의 혼혈인 용병군의 유틸라이넨 대위가 별명을 붙였다는 스토리가 게재되어 「팔케」의 유래가 밝혀졌습니다.

형상과 설정상의 매력은 물론이고 팔케에는 모델러의 혼에 불을 지르는 매력이 있습니다. 그것은 기존 키트의 일부를 조합해서 만드는 유용모델링[23]. 레벨 1:32 P-38 라이트닝, 1:24 토요타 스포츠800(소위 "요타하치")와 야쿠르트 병이 있다면 팔케가 간단히 될 수 있는 것은 아닐까 하고 생각됩니다. 간단하지는 않지만 실제로 유용 부품을 사용하여 스크래치하면 요코야마 선생이 부품을 사용하는 방법과 공작법을 충분히 이해할 수 있습니다.

2008년 『Ma.K.』에 새롭게 참가한 하세가와의 팔케 키트화 발표. 이 좋은 소식에 오랜 팬으로서 눈과 귀를 의심했습니다. 당초에는 1:35로 발표될 예정이었으나 요코야마 선생은 1:35의 팔케를 손에 들고 「쪼그만 것은 안돼~」라고 외치는 꿈을 보았다고 하세가와의 담당자에게 직접 호소. 상하 두 부품으로 하면 만들기 쉬워지고 금형비용도 그리 오르지 않는다는 취지를 설명하여 경사스럽게 2009년에 1:20으로 인젝션키트화되는 숙원이 달성되었습니다.

팔케의 키트화는 왕년의 팬에게도 신규의 팬에게도 환영받아 『Ma.K.』가 한층 더 활성화하는 기폭제가 되었습니다. 구성이 간단하며 만들기 쉽고, 프로포션, 디테일 모두 완벽한 이 키트는 기록적인 판매가 되었습니다. 2010년에는 독일의 모형지 『모델팬』으로부터 「모델 데스 야레스 2010」의 SF부문을 수상. 그리고 잡지가 달라서 집계년도는 다르지만 루나다이버도 『키트 매거진』의 「모델 데스 야레스 2010」을 2011년에 수상하였으며, 그런 의미 있는 두 개의 키트가 이 책에 게재된 것은 두 배로 기쁘네요.

제3전투항공단 카즈 야마자키 소위기

마프로책(『마쉬넨 크리거 프로파일』의 애칭)에 게재된 요코야마 선생의 작례를 보고 모델러로서 마음을 빼앗긴 팬도 많이 있지 않을까요? 저도 그중 한사람으로 이것은 반드시 도전하고 싶다고 생각을 하고, 연재 전에 개인적으로 도전했던 기체입니다. 녹색의 몸체에 파란띠를 칠한 기체위에 데칼을 붙이고 연마까지 끝내서 준비. 타바코 라이온을 혼합한 흰색을 붓으로 치덕치덕 칠해주었습니다. 주의마크와 부대마크 등의 주변은 색을 칠하지 않고 밑색이 남아 있게 되었는데, 조금 튀어 보이더라도 전혀 상관하지 말고 분위기를 남기는 것처럼 적당히. 소주를 마시면서 진행한 동계위장은 역시 가장 재미있구나. 붓 자국과 얼룩이 잔뜩 있지만 좋은 느낌입니다. 클리어를 뿌리고 가볍게 연마해서 적당히 조화롭게 된 표면을 에나멜 도료와 코픽으로 꽤 지저분해진 느낌으로 마무리했습니다. 몇 대라도 더 만들고 싶은 즐거운 도장이었습니다♪

---

23) 역주 : 원래부품의 용도와는 다르게 조합해서 새로운 것을 만드는 모델링.

on the rooftop

MAX 와타나베 씨가 혼신의 힘을 다한 일곱 대의 팔케 작례들에 대해 급거 하비재팬 본사 옥상에서 옥외 촬영을 결행하게 되었다.
촬영전날까지 꾸물꾸물한 날씨였지만 이날은 마치 팔케의
「모델 데스 야레스 2010」 SF부문 수상을 축복하는 듯 훌륭한 날씨.
제작자 MAX 와타나베, 원작자 요코야마 코우, 그리고 7대의 팔케의 촬영은 아주 맑고 맑은 하늘 아래에서 기묘하고 유쾌하게 펼쳐졌다.

요코야마 : 음… 몇 년 만인가, 하비재팬 옥상에 올라온 건. 27년 전? 그래, 빌딩이나 장소는 다르지만 하비재팬 옥상에 올라와서 「Ma.K. in SF3D」 관련의 일을 하는 거는 뭔가 데자뷰 같은데?(웃음) 그런 의미도 있고, 때 마침 「모델 데스 야레스」 SF부문 수상 기념을 위한 기획이라니. 좋네, 뭔가 올림픽 같은 느낌이야. 모두들 나의 이 일을 「마오짱24)」 같은 거라고 생각했으면 좋겠어(웃음).

요코야마 : 이것이 와타나베 군이 모험했다고 할 만한 재미있는 색이군. 좋네요. 이 녹색 같은 것도 말이야, 지금까지와는 전혀 다른 녹색으로 칠해서 매우 재미있어요. 형광녹색이라는 것은 독일의 레이싱팀 같은 데서 식별색으로 사용할 것 같아. 원래 이런 자주색과 녹색이 함께하면 뭔가 실감나게 보이는 것은 어지간해서는 안 되지. 정말 대전 말기의 독일기 같기도 하고, 너무 멋져요. 여기에 더 색을 칠하고 싶어요.

요코야마 : 왠지 좋네, 이건 이거대로. 재미있군요. 이상한 느낌이야. 이런 케이블이 있고, 그 위에 메카를 놓는 장면은 오토모 카츠히로 씨가 쓰는 장면 같아. 그렇지? 「AKIRA」에 나오는 메카처럼 보여. 좋네요~. 정말 멋있군(웃음). 이야~ 역시 나는 천재라고(웃음). 정말 이번에 여기 옥상에 올라오자고 한 것은 필연이었네요. 또 날씨가 말이야, 오늘 좋잖아. 이 날을 선택

한 것도 좋았고, 여러 가지 일로 정말 의미가 있어요. 그렇지? 와타나베 군이 그때 제시간을 맞췄다면 빗속에서 촬영했을 거고 이런 사진은 찍을 수 없었겠지. 완전히 다른 상황이 되었겠지. 좋네, 좋아. 기대된다.

요코야마 : 뭐랄까, 대단히 훌륭하게 도장면이 딱 떨어지게 틀이 잡혀 있어서, 거꾸로 뭔가 아쉽다는 생각도 드네. 그러니까 슬쩍 무시하는 듯한 흔적이 있어도 좋아하지. 뭔가 여기는 제대로 마감하지 않은 것 같아 보이는 느낌이 남아 있다면 더 기쁘겠지만. 그저 쓸데없는 참견일 뿐이야.(웃음).
MAX : 그런 느낌이군요, 요코야마 선생님의 작례에서는 느껴지지만, 따라해 보고 싶다고 해도 이게 좀처럼…… 마음이 답답하네요, 저는. 인간이니까요.
요코야마 : 와타나베 군은 진지하니까.
MAX : 그래서 의식적으로 따라 해보거나 놀이로 놀아보기도 한다든가, 여러 가지 시도를 하고 있습니다.

요코야마 : 물론이지, 노는 시간에도 무의식적으로 노는 게 아니라 의식적으로 노는 부분이 많기 때문이지. 그 의식하고 논다는 것은, 보는 사람도 마찬가지로 분명히 즐겁게 볼 수 있을 거라고 생각해서 잘 전달해주고 싶은 거지.
MAX : 그렇군요. 아니 그렇지만요, 완전히 즐거웠어요♪
요코야마 : 그래그래, 그게 가장 중요한 거야. 그러고 보니 말이야, 하세가와 고쿠분 씨(「Ma.K.」 개발담당)에게 일곱 대를 만든 이야기를 전해주니까 「은하 최고의 팔케를 만드는 사람이네요.」라고 하더라고. 하세가와에서 공식 인정한 팔케 최다 양산 사나이라는 거지.
MAX : 은하 최대 바보 팔케 놈이라는 뜻인가요(웃음).
요코야마 : 아니, 아니, 가장 위대한 사나이라고 하자고.

24) 역주 : 淺田真央, 아사다 마오, 일본의 유명한 피규어스케이팅 선수.

PLAY BACK NEW ITEM May. issue 2010

하세가와 팔케 모델 데스 야레스 2010 수상!!

지난회에서도 전한 것과 같이 하세가와의 1:20 팔케가 뉴렌베르크 토이 페어에서 발표되고, 독일의 모형지에서 선정한 연간 베스트 키트 「모델 데스 야레스」를 수상. 이것을 기념하여 3월 13일에 「Ma.K.」팬의 주도에 의한 오프모임이 도내 모처에서 행해진 것과 함께 본지와 「월간 모델 그래픽스」의 합동 모형 콘테스트 개최를 요코야마 씨가 발표했다.

▲뉴렌베르크 토이페어에 팔케의 수상을 전시한 모습.

◀이것은 당일 회장에 들여온 요코야마 씨가 25년 전에 직접 제작한 팔케 아티스트 모델.

▲요코야마 씨, MAX 와타나베 씨, 하세가와의 하세가와전무(당시) 등의 관계자도 이벤트에 참가. 팬들과 함께 수상을 축하했다.

신형 PKA 「멜루진」 드디어 발매

마침내 발매된, 팬들이 갈망하던 슈트랄군 신형 PKA 「멜루진」. 최초 풀인젝션 키트인 본 제품의 패키지 일러스트는 「3Q MODEL」을 제조, 기획하고 있는 원작자 요코야마 코우 씨가 새로 그린 그림을 사용했다.

●기획 / 3Q MODEL, 제조·발매원 / 웨이브 ●3,200엔, 2010년 3월 발매 ●1:20, 높이 약 10cm ●플라스틱 키트

하비재팬 별책 「SF3D 오리지널」 복각판, 5월 발매 결정!!

1983년 발매된, 『Ma.K.』의 원점인 『SF3D』의 처음이자 유일한 단행본인 하비재팬 별책 「SF3D 오리지널」. 본 책은 HJ 본지연재의 제1회 AFS부터 제15회 크로테까지의 내용을 재구성, 콘라드 암젤을 주인공으로 하는 「SF3D 오리지널 배경설정 소설」과 요코야마 씨가 묘사한 전투극화 등이 게재되어 있다. 오랫동안 절판되어 현재는 입수가 어렵게 된 이 책을 마침내 복각한다. 복각판에는 「SF3D 오리지널」의 모든 페이지를 고해상도로 스캔하여 오리지널과 손색없는 퀄리티로 현대에 되살린다. 정가는 세금포함 2,000엔(당시), 발매는 5월 31일을 예정하고 있다. 원본을 가지고 있었지만 이미 너덜너덜해진 올드 팬도, 『Ma.K.』 이후의 팬으로 본 책이 없었던 분도 이 기회에 손에 넣어보는 것은 어떨까. 확실한 구매를 위해 가까운 서점에서 예약해주시기를.

SD3D 오리지널 [복각판]
●발매원/하비재팬 ●1,905엔, 2010년 5월 발매 ●B5판, 총 140페이지

MAX WATANABE × KOW YOKOYAMA

MAX 와타나베 × 요코야마 코우

2010→2018 이제 곧 연재 100회!!
「Ma.K. in SF3D ARCHIVE」 간행 기념 대담

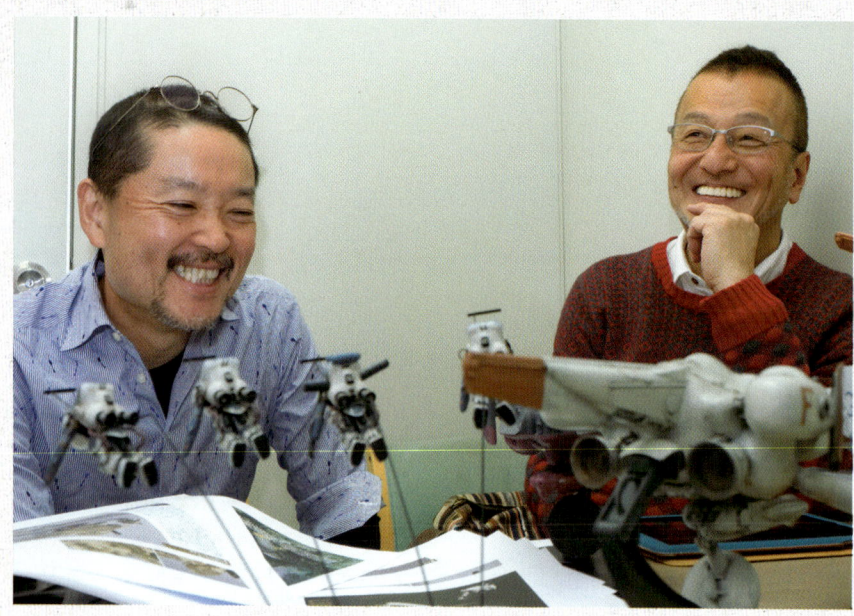

100AX 와타나베 씨에게

어느새 이제 곧
연재 100회째가 됩니다.
이렇게 수많은
마쉬넨 키트를
만들어줘서 감사하고 있습니다.
정말로 고마워.

2018년 3월
요코야마 햣카이
(100회)로부터

이렇게 연재가 계속될 지는 생각도 못했다.

MAX : 감사합니다!! 백스입니까?!(웃음)
요코야마 : 100회째의 연재는 100AX라고 쓰고 「백스 와타나베」라고 이름을 대면 좋을 듯. 나는 「요코야마 햣카이」라는 필명으로 하고.
MAX : 아하하하. 100회라니 감동입니다.
요코야마 : 감동이지. SAFS를 100개 만들었을 때도 놀랐지만, 연재 100회가 되다니. 놀랐다. 시작한 게 8년 전이네.
MAX : 연재 시작한 때가…… 요코야마 선생님이 53세이고 제가 47. 그러고 보니 두 사람이 합해서 100세라고 말했었죠.
요코야마 : 8년이 지났으니 지금은 116세네(웃음).
MAX : 요코야마 선생님, 지금의 저(55세)보다 젊으셨었군요….
요코야마 : 8년이라니 순식간이군. 아카이브책도 마침내 정리되었군요.
MAX : 기다리고 기다리던 등장의 차례가 온 느낌입니다. 용케도 다툼 없이 8년이나 이어왔습니다(웃음).
요코야마 : 어느 쪽도 쓰러지지 않아서 다행이야. 다툴 힘도 없는 나이가 되었으니까. 젊었다면 다퉜을지도 모르겠지만, 영감과 아저씨니까.
MAX : 정말로 장수연재입니다.
요코야마 : 이야, 영화화 이야기가 하나도 없을 때부터 쭉 이어지는 것은 마쉬넨이 순수하게 프라모델이 되기 위해 만들어진 형태였으니까. 최근에는 내가 만든 작례가 실리는 일도 있지만, 처음에는 대부분 MAX 씨가 했었지.
MAX : 처음에는 쭉 그렇게 했었죠.
요코야마 : 매회 많이 만들어주다니, 철인3종 경기를 하는 운동선수다운 발상이야. 먼저 숫자를 정해서 하는 스쿼드 같다니까. 그런데 처음 무렵에는 운동선수는 아니었지. 담배도 피웠고. 뭐하는 짓인지(웃음).
MAX : 아 하하하.
요코야마 : 정말 신기한 일이지. 몇 번이나 말하지만, 「SF3D」를 연재할 때부터 MAX 씨는 내게 놀러 와서 일도 도와줬던 맨 처음 손님이에요. 비유하자면 내가 포장마차를 끌고 막 장사를 시작할 무렵부터라고나 할까.
MAX : 지금은 거대한 상점이 되었지요.
요코야마 : 역사와 전통이 있는 가게가 되었지요. MAX 씨가 맨 처음의 손님이었다는 것에 큰 의의가 있었던 거죠. 이 연재를 시작하기 전부터 키트도 잔뜩 가지고 있었고, MAX 씨에게 놀러갔을 때 받은 부품으로 인해『SF3D』를 만들 수 있었지요. 많은 손님들에게 상품을 내놓기 전에 미리 모니터를 받은 것 같지요. 「이걸 만든다면 MAX 씨가 멋지다고 말해주겠지」라는 든든함이 확실하게 있었으니까 다른 것들도 부드럽게 진행되었어요.
MAX : 감사합니다. 솔직히 말하자면 이렇게까지 계속될 줄은 생각도 못했어요. 뭐라고 해야 할까, 그만두고 싶은 마음은 들지 않아요. 저희 쪽 매니저가 「1년쯤 되면 그만두지 않을까 생각했어요」라고 말했죠(웃음). 이 연재 때문에 상당히 많은 시간을 할애하고 있거든요.
요코야마 : 「이런 일을 하고 있으면 회사가 망한다.」라고 줄곧 말을 했지.
MAX : 시간적으로도 맥스 팩토리의 업무에 얼마간의 영향은 있었죠. 그래서 저 스스로도 「2년은 안 할 거야」라고 생각했는데…….
요코야마 : 8년이 지나 9년째에 돌입해버렸어! 유치원의 아이가 중학생이 되어버렸어. 아무것도 변하지 않는 나로서는 큰일이야.

즐거운 일을 하면 즐거움은 전해진다.

MAX : 이 연재를 하면서 저는 확실히 능숙해졌다고 생각합니다만….
요코야마 : 하지만, 너무 능숙해져도 곤란해요(웃음). 「MAX 씨 정도니까 만들 수 있는 거지…」와 같은 작례는 좋지 않아요. 지나치게 뛰어난 작례는 「우리는 만들 수 없으니까 이제 그만두자」라고 몰아가 버릴 수 있습니다.
MAX : 역시나, 그런 측면은 분명히 있지요. 갑자기 진지한 이야기가 돼버렸네요.
요코야마 : 즐거움이란 것을 전하지 못하면 안 되죠. 어떻게 하면 전할 수 있는가에 대해 간단히 말하자면, 우리가 즐겁다고 생각하는 것을 하면 즐거움은 전달됩니다.
MAX : 「즐거운 것 같은 느낌이 잘 전해집니다.」라고 많이들 말하지요.
요코야마 : 그렇죠. 힘들게 없죠. 자료랑 비교되어 「여기가 틀렸잖아!」 같은 것도 없고.
MAX : 「이걸 하라고!」 같은 소리를 한 적도 없고요.
요코야마 : 그래 그래.
MAX : 「몇 개를 만들어!」 같은 말도 들은 적이 없죠. 촬영일에는 아무튼 「대단하네~」라든가 「와~!!」 같은 소리를 듣고 싶으니까요. 그것만을 위해 하는 겁니다.
요코야마 : 나도 그래. 「괜찮죠?」라고 어린애가 뭔가를 보여주면 「굉장해~」라는 말을 듣는 것과 같은 기분. 그 연장선상에서 작업하고 있지요. 그렇다고 해도 이제까지 오래 해오면서 대단한 것이 뭐냐 하면, 100회분이라도 그에 상응하는 소재거리가 꽤 있었다는 것이지.
MAX : 원작자가 그런 말씀을 하시는 겁니까(웃음). 연재 개시 무렵에는 한 달에 일곱 대나 열두 대 정도를 만들었으니까요(웃음).
요코야마 : 잔뜩 만들어준 덕분에 알게 된 점이 상당히 많이 있습니다. 실제로 칠해보면 이런 방식이 좋았다던가 말이죠. 혼자서는 할 수 없으니 회사(맥스 팩토리)의 사람들에게 협력을 구해 작업하는 게 대단해요. 회사규모로 마쉬넨을 만드는 셈이니.

하비재팬 2010년 3월호부터 연재를 개시한 「Ma.K. in SF3D」는, 한 번의 휴재도 없이 2018년 6월호(2018년 4월 25일 발행)에서 100회를 맞이한다. 영광스런 100회를 앞두고, 연재내용을 게재순으로 재편집하는 「Ma.K. in SF3D ARCHIVE」의 간행 작업이 시작. 본 연재에서 수많은 작례를 직접 다뤄온 MAX 와타나베, 매회 촬영을 감수하고 현재는 작례도 발표하는 원작자 요코야마 코우 두 분이, 9년째에 돌입하여 지금도 이어지고 있는 장수연재가 된 「Ma.K. in SF3D」에 관해 이야기를 나눴다.

MAX : 사실 첫 번째 단행본에 실린 작례는 저 혼자서 만들고 색칠한 거예요.
요코야마 : 정말입니까? 그랬나요?
MAX : 네. 그 무렵엔 아직 보조원의 도움을 받지 않았습니다. 피규어의 원형을 부탁해서 만들었던 경우가 있긴 하지만(044페이지 참조), 기본적으론 제가 전부 키트를 조립하고 색칠했습니다.
요코야마 : 용케도 쓰러지지 않았네요. 보통이라면 무리일 텐데.
MAX : 예. 정말로 잘도 해냈네~라고 생각합니다. 보조원이 조립해주고 나서부터는, 보다 안정적으로 작업할 수 있게 됐습니다.

조립시간은 일초라도 짧은 편이 좋다.

요코야마 : 하세가와의 팔케 같은 게 그렇지만, MAX 씨와 같은 사람들을 위해, 본체를 상하 2개의 부품으로 분할하여 가급적 조립을 쉽게 할 수 있도록 한 게 좋았죠.
MAX : 팔케 키트는 상하 2개의 부품 분할이라 튼튼해요. 최고입니다. 팔케도 몇 개나 칠해도 즐거운 키트 중 하나입니다.
요코야마 : 조립하는 시간은 일초라도 짧은 편이 좋다는 생각은 옳았군요.
MAX : 틀림없이 그렇습니다. 마쉬넨 전시회에서 자기 혼자 많은 수의 같은 키트를 칠하는 사람들이 늘어났죠.
요코야마 : 모두들 빠져 들었군요.
MAX : 뭔가에 사로잡힌 것 같은 사람들은 있는 법이니까요. 그러고 보니, 연재는 소재거리가 떨어지지 않는다는 그 얘기 말인데, 두 바퀴쯤 돌면 그렇지도 않아요. 연재 제1회인 1:35 루나다이버가 드디어 다시 나오는데 (HJ 2018년 5월호 게재), 아직도 칠하지 않은 기체도 있습니다. 「어째서 질리지 않는 걸까」라고 생각합니다.
요코야마 : 곡면 같은 게 여성의 몸을 연상시키는 것 같은 형태여서일까? 키트도 몇 번이나 만들어도 재미있어. 「멋지구나」라고 자화자찬하며 프라

모델을 칠하기도 하고 그림을 그리기도 합니다.
MAX : 이유는 한 가지가 아니라고 생각해요. 마쉬넨은 아무리 만들어도 끝이 없습니다만, 매번의 연재로 달마다 한 번씩은 일단 끝이 찾아오니까 리셋할 수 있죠. 그것도 즐겁습니다.
요코야마 : 마쉬넨이 없어지지 않는 것은 성인용 영상이 영원히 없어지지 않는 것과 닮아 있을지도 (웃음).
MAX : 마쉬넨은 상당히 성(性)적이죠. 개성적으로 올록볼록 튀어나온 부분 등을 칠하면 재미있고요.

싫은 일은 하지 않아도 괜찮다.

요코야마 : 마쉬넨의 여성 파일럿은 리얼한 아가씨를 옆에 세워두고 싶어서, 하야시 히로키 씨에게 원형을 부탁했습니다. 리얼한 아가씨를 슈트 같은 것의 옆에 세워두면, 이건 현실이라고 생각해주는 사람이 있으니까. 애니메이션이라면 그린 사람에 따라 취향이 나뉘겠지만, 리얼한 피규어라면 자신의 취향을 투영할 수 있는 거니까요. 역시나 성(性)적이네.
MAX : 마쉬넨을 즐기는 사람 중엔 재미있는 사람이 많아요. 그들이 만든 작품 중엔 「좋잖아!」라고 저도 요코야마 선생님도 생각하게 만드는 수준의 것들이 많이 있죠. 이런 건 좀처럼 없는 일이라고 생각합니다.
요코야마 : 역시 사람들과의 유대가 재미있어요. 마쉬넨은 고객들이 재미있지.
MAX : 상당히 재미있습니다. 그런 건 대단하죠.
요코야마 : 그렇지. 아까도 말했지만, 마쉬넨은 프라모델이 되기 위해 탄생한 형태이니까 고객들도 즐겁게 만들어주시는 거지요. 전함 야마토라던가 제로 전투기 같은 건 모형을 위해 디자인된 게 아니잖아요. 8년이 지나 나이를 먹으면 같은 소리 되풀이하게 되지(웃음). 이 연재에서 내가 자꾸 같은 소리 한다고 생각한다면, 그건 중요한 것이라고 생각하는 게 좋아.
MAX : 마쉬넨은 싫은 건 하지 않아도 괜찮으니까요. 즐거운 점이 많죠.
요코야마 : 싫은 거 정도는 아니지만, 가장 최신호 하비재팬(2018년 5월호)에 실린 1:35 루나다이버의 플라스틱 후크 부품이 부러지기 쉬워서 금속으로 교체했지만, 연재 제1회를 보면, 여기는 우선 금속으로 교체합시다 라고 쓰여 있죠(009페이지 참조). 그걸 기억하고 있었구나 생각했지(웃음).
MAX : 그렇죠. 연재 제1회 루나다이버 때 그렇게 적었죠. 연재가 시작될 무렵의 얘기입니다만, 제가 편집부와 연계하여 요코야마 선생님께 연재개시를 타진했을 때, 「와타나베 군이 해준다면 좋아요.」라고 말씀해주셔서 시작됐잖아요. 시작해보니, 저로선 할 수 없는 일이 산더미처럼 있다는 것을 깨닫게 되었죠. 한 대 얻어맞은 기분이 들어 맨

처음엔 속상한 마음이 들었지만, 점점 재미있어지면서 정신을 차려보니 상당히 능숙해지고 즐거워져서 지금에 이르렀다고 할까요.
요코야마 : 붓으로 칠하는 기술은 내게 있으니까, 그것을 약간 나이차가 있는 사람에게 가르친다는 것이 재미있었지. 가르친다는 건 내 자신이 하는 일을 재확인하고 정리하는 셈이고, 그럼 붓을 사러 가는 것부터 시작하게 되는 것이니, 그건 한다면 반드시 재미있는 것이지요. MAX 씨도 연재하는 중에 여러 가지 실험을 하고 있고.
MAX : 지금도 실험장입니다.
요코야마 : 마쉬넨 말인데, 「내가 이렇게 해도 괜찮은 걸까?」라는 망설임이 모두의 마음속에 있었잖아요. 「선생의 옆에 서는 것은 함부로 하기가」라는 의식이 있었다고 생각합니다. 이 연재를 통해 MAX 씨가 매회 만드는 상황에서 키트를 쭉쭉 만들어냈잖아요. MAX 씨가 처음으로 스타트 라인에 서는 것으로 모두의 선두가 된 것은 아니었을까.
MAX : 그렇다고 생각합니다.
요코야마 : 요 근래 전국의 마쉬넨 전시회가 성황인 것은 이 연재가 시작된 영향이 크다고 생각해요.
MAX : 그리 말씀해주시다니 감사합니다. 아마도 연재의 영향은 있을 거라 생각합니다.
요코야마 : MAX 씨의 팬이 마쉬넨을 만들게 되었죠. 「MAX 씨가 한다면 나도 만들어볼까」라고. 분명히 「건담」에서 넘어오는 팬이 있는 거예요.
MAX : 많이 있어요. 8년이나 연재가 이어지고 있는 의의가 있구나, 지금 얘길 나누며 새삼 떠올렸습니다. 이 아카이브 단행본을 통해 연재 초기 무렵부터 다시 읽어보신다면, 대단히 솜씨가 좋아지는 사람들이 늘어날 거라 생각합니다.
요코야마 : 그렇지. 아무튼 모형은 만들거나 칠하거나 하는 것만으로도 즐거워. 이 책을 읽고 모형을 즐기게 되는 사람이 분명히 늘어날 거예요.

웨이브 1:20 스케일 플라스틱 키트
멜루진

제작·해설·글 / MAX 와타나베
협력 / 아사이 마사키, 치에리, 맥스 팩토리

■ 슈트랄 최신 육전 슈트 · 멜루진

 안녕하십니까? 모형연예인 MAX 와타나베입니다♪

 벚꽃이 피었지만 하루 종일 틀어박혀서 도장을 하고 있었기 때문에 아직 제대로 구경하지 못했어요(눈물). 그런 이유로 이번 달에도 힘차게 달린 아저씨(웃음). 잠깐 시간을 내어주시기를 부탁드립니다♪

 그나저나, 슈트랄의 슈트 디자인 계보는 매우 흥미롭습니다. 가장 초기 슈트인 PKA는 왠지 사랑스러운 느낌이 드는 둥글둥글한 형태를 하고 있습니다. 조금 믿음이 가지 않는 듯한 인상이지만 강화형인 구스타프, 하인리히, 콘라드, 구커 등등처럼 더욱 강인한 무기로 진화해서 투박해지고 귀여운 모습은 없어져 갔습니다. 우주용 슈트로 개발된 플리게는 매끈한 형태와 파일럿이 보이는 캐노피가 어우러져 다시 사랑스러운 느낌으로 돌아가서 잠시 긴장이 풀렸지만, 다음에 등장한 카우츠를 보면…… 이건 말도 안 되잖아요!?(땀)라고 할 만큼 그 속을 알 수 없을 정도의 무서움이 서린 디자인으로 되어 있습니다.

 유머러스하고 애교까지 느껴지는 형태를 지닌 용병군의 SAFS와 비교한 카우츠군이라면 더욱. 그런 카우츠를 지상용으로 개수한 것이 이 멜루진이군요. 육전용이니까 도장은 흰색이 기본인 우주용과 다르게 더 어둡게 되어 한층 더 공포가 배가됩니다. 이런 녀석을 숲 속에서 마주치면 공포에 움찔하게 될 것이 틀림없습니다.

 그런 멜루진 씨, 인젝션키트가 되었군요. 오래 살고 볼일입니다♪ 새롭게 제시된 도장자료가 그야말로 굉장히 매력적. 팔케를 만들 때도 색상 선택에 고생했지만 지금 상황에서는 그 이상. 말하자면 어느 하나라도 빼버릴 수 없었던 것입니다. 게다가 여섯 종류라는 절묘한 수…(쓴웃음). 전부 하지 않으면 안 되잖아! 라고 생각해 버림으로 해서 운을 다해버린(걸까나?!).

 이런 이유로 전부 도장해보자~! 라고 된 것입니다. 게다가! 앞으로 전개할 기사를 고려해서 대형 무인기와 관련된 양산무기 같은 집단전을 보여줘야겠다. 그렇다면 한 대로는 심심하지 않을까 하고. 두 대가 있으면 많이 있는 것 같은 장면을 찍을 수 있지 않을까? 그래서 두 대씩(두 대는 제외) 합계 열두 대를 동시에 진행하기로 했습니다. 열두 대를 한 번에 조립이라니 자쿠나 스코프 독에서도 해본 적이 없는 미체험의 영역입니다(쓴웃음).

 두 대씩 칠한다. 그렇게 결정했지만 똑같은 기법으로 두 대를 도장하는 기사라면 재미가 없다. 그래서 몇 가지 선택의 폭을 갖도록 하는 것이 더욱 독자 분들이 참고하기에 좋지 않을까 생각을

MELUSINE
Panzer Kampf Anzug Ausf M

WAVE 1:20 SCALE PLASTIC KIT
MODELED BY MAX WATANABE

| Jun.2010 | No.004 |

3Q모델 브랜드에서 발매된 1:20 멜루진. 과거에 모델카스텐에서 레진 키트는 발매되었지만 인젝션키트로 만들어진 것은 이번이 처음이다. 이번 회는 멜루진의 신 설정 컬러링 여섯 종을 모두 재현할 뿐 아니라 색다른 접근의 표현법도 소개해서 작례는 무려 열두 대. 무엇이 이렇게까지 MAX 와타나베를 이끌었을까!? 그리고 이번 회는 스페셜 게스트도 참가! 내용을 살펴보자!

하고, 각각의 컬러링에 다른 방법을 사용해보았습니다. 이런 이유 때문에 이번 회의 작례들은 나름히 실험적인 시도를 하고 있습니다.

■본체
　기본적으로는 프로포션 등에 일체 손을 대지 않고 스트레이트 조립으로 진행했습니다. 바디 쉘과 콕피트 해치의 접합은 조금 조정이 필요해서 바디를 조립 후, 해치의 일부분을 깎아서 잘 맞도록 했습니다. 그 후 해치를 순간접착제로 임시고정을

▲사진의 부분을 깎아서 본체에 쉽게 들어가게 합니다.

하고 접합부 주변의 단차를 없애기 위해 거친 사포로 처리했습니다. 귀찮다면 해치를 접착해버리는 방법도 있지만 파일럿이 타고 있는 쪽이 단연 재미있으니 도전해보십시오.

■다리
　다리는 구스타프와는 다르게 허리에 연결하는 방법이 개량되어, 분리해서 별도의 부품 상태에서 도장할 수 있어서 안심, 완전 스트레이트 조립입니다. 고관절 블록이 약간 넓은 느낌이 있어서 열두 대 중 다섯 대는 접착면을 약 1mm 정도 깎아주었습니다. 간단하기 때문에 해보시기 바랍니다. 아 그리고, 요코야마 선생은 「발목(부츠 부분)을 일단 수평방향으로 잘라낸 후 발을 벌리고 있는 자세로 다시 접착하면 좋아요~[25]」라고 조언해주셨습니다, 촬영당일에(웃음). 이것은 비교적 난이도는 낮고 효과는 높은 추천공작이라고 생각하므로 작례가 반환되면 전부 해볼 생각입니다♪

■팔
　아무래도 팔은 옛날 키트이기 때문에 부품구성의 한계로 팔꿈치를 앞으로 구부릴 수 없습니다. 그래서 시판하는 볼 조인트 등을 사용해서 어깨에 가동부를 넣어보았습니다. …그렇다고는 해도, 열두 대나 만들어야 하고 역시 시간은 없어서 이 개조는 한 대만 하고 편법을 사용하기로 했습니다(땀). 편법이란, 키트의 부품을 사용해서 팔꿈치를 구부리고 관절의 모양을 만든 두 팔을 실리콘 복제, 양산한 것이에요.

멜루진
●기획 / 3Q MODEL, 제조·발매원 / 웨이브 ●3,200엔, 2010년 3월 발매 ●1:20, 높이 약 10cm ●플라스틱 키트

▲본 키트에는 구스타프의 바디, 클리어 파트도 동봉되어 있다. 지금까지 구스타프가 없었던 사람에게는 기쁜 배려.

▶작례에서는 열두 대 중 열 대에 이것을 채용. 비교를 위해 스트레이트로 조립한 팔을 붙인 기체도 두 대 만들었습니다. 생각했던 것보다 스트레이트도 나쁘지 않아서 맥이 빠졌지만 제작해야 할 숫자가 많기 때문에 레진부품을 사용하는 쪽이 단연 편하고 시간단축이 되었습니다. 고마워요 Max Factory(웃음)

무개조

개조 후

원형

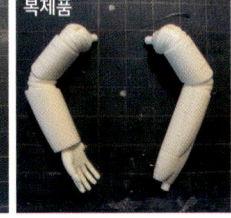
복제품

25) 역주 : 당시 발매된 3Q모델의 멜루진(그리고 그 외 구스타프 계열은 모두)의 발목과 고관절은 폴리캡 방식이 아니기 때문에 조립을 하면 차렷자세가 된다. 발목을 잘라서 두 발이 V형태가 되도록 재접착하는 방법을 말하고 있다.

MELUSINE

제401장갑엽병대대
제1중대 추커 소대기

이것은 마쉬넨의 전형적인 동계위장이네요. 밑색으로 그린이 있고 그 위에 흰색이 칠해져 있습니다. 긁혀서 벗겨진 부분에 그린이 살짝살짝 보이는 것이 좋은 악센트가 된 컬러링입니다.

37번기는 실험작. 이하라 겐조 씨가 제안한 「Mr.실리콘 배리어[26]」를 사용하여 까짐 표현에 도전했습니다. 멘텀이나 마스킹졸을 사용하는 등 과거의 다양한 방법이 소개되어 있지만 이것은 현재 최신 기법일지도 모릅니다. 이하라 씨가 이름 붙인 「배리어 공법」. 뭔가 건축용어 같아서 재고해봐야 한다고 생각합니다(쓴웃음). 원래 실리콘 배리어 공법은 실리콘 이형제를 붓으로 살짝 바르는 것인데 나는 귀찮기도 하고 시간도 없어서 에어브러시로 뿌려버렸습니다(웃음). 그 위에 다크 스노우를 뿌리고 인식띠도 도장. 건조 후 이쑤시개로 긁어보면… 벗겨지지 않아!!(폭소)

그런 생각을 했지만 마음을 다잡고 다시 아트 나이프로 살짝 긁어보면… 오오?? 벗겨진다. 벗겨져! 이거 편해♪ 재미가 있어서 나도 모르게 지나치게 해버리는 것을 주의해야 하는 기법이네요.

이하라 씨가 말하길 「한 층마다 실리콘 배리어를 발라주면 각각의 도막이 벗겨지기 쉬운 상태가 되어서 깊이 있는 표현을 할 수 있어서 좋아요」라고. 머지않아 뭔가에 실험해볼 생각입니다. 이것은 지금까지 체험하지 못했던 느낌으로 매우 신선했습니다. 꼭 도전해보시기를 바랍니다♪

▲모든 기체에 서페이서를 칠한 후에 실버를 뿌리고 여기에 클리어로 코팅한 다음 베이스 그레이를 전면에 도포.

▼우선은 두 대 모두 베이스 그레이 위에 「스피니치 그린」을 전체에 도장한 후 기체번호가 들어가는 곳에만 「다크 스노우」를 뿌리고 데칼을 붙입니다. 여기에 클리어 코트를 뿌려서 보호한 후 데칼의 여백이 눈에 띄지 않도록 3M 스펀지 사포로 연마했습니다.

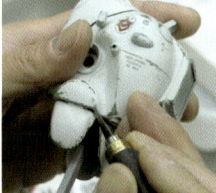

▲실리콘 배리어를 도포한 37번기는 디자인나이프로 살살 긁으면 그린 기본색만 드러나지만 더 세게 긁어서 베이스 그레이와 실버와 플라스틱 등도 노출시켜주었습니다.

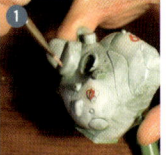

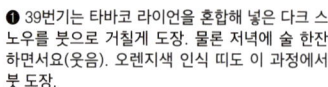
❶ 39번기는 타바코 라이언을 혼합해 넣은 다크 스노우를 붓으로 거칠게 도장. 물론 저녁에 술 한잔 하면서요(웃음). 오렌지색 인식 띠도 이 과정에서 붓 도장.
❷ 다음날, 스펀지 사포로 적당히 연마해서 밑색인 그린을 곳곳에 노출시켜서 그럴듯하게 마무리되면 아트나이프나 컷터로 모서리와 주변을 까줍니다.
❸ 그린→베이스 그레이→실버의 순서로 살짝 노출되어 뭔가 괜찮은 분위기의 데미지 표현. 물론 너무 과해서 플라스틱의 갈색까지 나오기도 하지만 이것도 좋은 악센트가 되니까 대환영입니다(웃음).

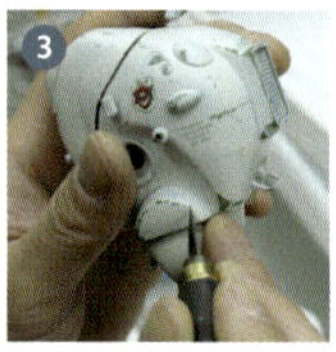

[26] 역주 : 다목적 이형제. 실리콘 틀로 레진을 복제할 때 틀에서 부품을 쉽게 빼내기 위해 사용.

◀20번기는 밑색인 스피니치 그린 위에 베이스 그레이에 백색을 더한 밝은 다크 그레이를 전면에 뿌렸고 인식띠를 붓 도장으로.

▶건조 후 디자인 나이프와 커터칼, 바늘 등으로 모서리와 주변을 중심으로 톡톡 벗겨내는 전통적인 스타일로 마무리 했습니다.

제1장갑 척탄병연대 "해골전투단" 제8중대기

검고 묵직한 몸체에 오렌지색 인식띠와 빨간색배경의 해골마크가 빛나는 차분함이 엄청 멋진 컬러링입니다. 동계 위장과 같은 방법으로 밑색인 그린이 살짝살짝 노출되도록 하기 위해서, 베이스 그레이 위에 「스피니치 그린」으로 전체를 도장하고 클리어 코팅. 그 후 데칼을 붙이고 클리어로 코트한 다음 연마해서 두 대의 밑색 준비를 마쳤습니다.

21번기는 동계위장을 했던 37번기와 같은 「배리어 공법」으로 도전했습니다. 밑색 위에 「Mr.실리콘 배리어」를 에어브러시로 전체를 뿌리고 20번기에 칠한 것과 같은 그레이를 뿌려줍니다. 이것을 칼로… 아. 뭔가 이상하다. 칼은커녕 손톱으로 조금만 긁어도 까지네요?! 그래서 이하라 씨에게 질문 같은 항의 메일을(웃음). 그러자 「에어브러시라면 도막이 얇아서 당연히 벗겨지기 쉬워요」라는 회신. 하지만 분명히 흰색을 작업할 때와는 벗겨지는 상태, 도료의 정착상태가 다릅니다. 동계위장을 했던 백색은 발색이 어렵기 때문에 도막을 두껍게 했던 것에 비해서 그레이는 발색이 좋기 때문에 도막도 그만큼 얇았던 것, 또한 백색 안료의 점도가 강하다는 것이 그 이유이지 않을까 생각합니다.

이리하여 손톱으로 문질러도 떨어지는 그레이는 백색을 작업할 때보다 섬세한 터치로 벗기기로 했습니다. 이야~미체험의 영역! 재미있는 기법입니다.

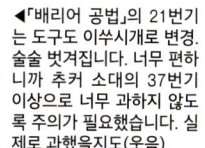

◀「배리어 공법」의 21번기는 도구도 이쑤시개로 변경. 술술 벗겨집니다. 너무 편하니까 추커 소대의 37번기 이상으로 너무 과하지 않도록 주의가 필요했습니다. 실제로 과했을지도(웃음).

◀한바탕 벗기기에 만족한 후에, 에어브러시로 클리어를 몇 번 코팅. 이렇게 해도 보통보다 도막이 더 약한 느낌이 있기 때문에 완성 후에도 신경이 쓰이는 사람은 주의하세요. 물론 나는 전혀 신경 쓰지 않지만(웃음).

제44장갑전투단 제22강행정찰중대기

이번 컬러링은 이하라 겐조 씨의 손에 의해 완성된 도장참고 작례로 소개되었던 것입니다. 오오 훌륭하다! 만만치 않아!(웃음) 그의 절묘한 붓 놀림은 팬들에게 널리 알려진 사실이지만 그것은 그것, MAX 와타나베 수준으로 낮추어보자!는 느낌으로 도전합니다.

두 대 모두 피니셔즈의 「루나틱 플래쉬」를 전체에 잘 뿌리고 클리어로 코팅. 17번기는 연필로 경계선을 그린 후 에어브러시만으로 도장했습니다.

19번기는 황토색을 영거리사격으로 하고, 최종적으로 붓으로 마무리했습니다. 처음에는 감을 잡을 수 없어서 실패를 많이 하기 때문에 우선은 눈에 띄지 않는 곳에 연습하는 것이 좋다고 생각합니다(웃음).

▲키트에 포함된 파일럿 흉상은 새로 조형한 것으로 매우 훌륭. 아무것도 하지 않고 칠하는 것만으로 멋지게 마무리가 됩니다.

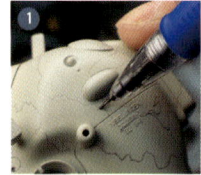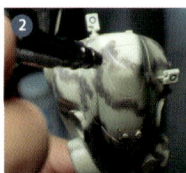

❶ 17번기는 루나틱 플래쉬 위에 클리어 코팅을 한 후, 우선 연필로 짙은 녹색 위장무늬의 라인을 표시합니다.
❷ 프리핸드 영거리사격으로 짙은 녹색 뿌리기→컴파운드로 경계를 선명하게 한 후 다시 클리어를 뿌립니다.
❸ 두 번째로 짙은 황토색을 뿌리고 컴파운드로 경계를 뚜렷하게. 그렇게 하면 칠로 나눈 라인이 에어브러시 특유의 유연하고 부드러운 마무리가 됩니다. 이렇게 밝은 색→짙은색→중간색의 순서로 한 이유는 「전혀 할 수 없는 것은 아니지만 이렇게 가는 선을 에어브러시로 그리는 것은 힘들어! 하지만 이 순서라면 어떻게든 칠로 나누는 라인을 완성할 수 있다」라고 생각해서 입니다.

▼건조한 후, 색이 나뉜 경계를 소량의 신너를 묻힌 가는 면상필로 테두리에 부드럽게 블랜딩[27]을 넣어줍니다. 붓을 자주 씻고 깨끗한 신너를 사용하는 것이 중요합니다. 신너가 도막 위에 있으면 잠시 후 도료가 녹으니까 그때 붓으로 살짝 살짝 문질러주는 것입니다.

▲19번기는 황토색을 영거리사격→컴파운드→경계선의 짙은 녹색을 붓으로 칠했습니다.

▲몸 전체의 곳곳에 있는 반점(모틀링?)의 경우 17번기는 에어브러시로 작업. 참고로 걸린 시간은 분명히 에어브러시를 주로 사용한 17번기가 빠르게 끝났지만 손이 피곤해집니다(쓴웃음). 에어브러시로 한 마무리는 조금 명품 같은 인상이 적을지도 모릅니다. 에어브러시를 한 후에 붓으로 터치를 넣는 것도 좋겠네요.

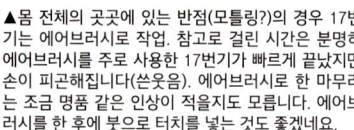

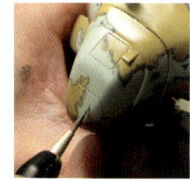

◀작례에서는 산소마스크의 파이프를 추가해주었습니다. 마스크가 벗겨진 상태를 재현하고 싶었기에, 키트의 부품을 잘라낸 후 벨트부분을 추가한 것을 복제했습니다. 전투공간의 현장감으로 괜찮은 느낌♪

◀19번기의 모틀링은 붓도장. 이것도 칠하는 방법을 바꿔보 았는데 각각 장단점이 있다고 생각합니다. 취향과 자신의 기량으로 선택하면 됩니다. 개인적인 느낌으로는 붓으로 하는 쪽이 다양한 변화가 더 표현되어서 마음에 듭니다.

Ma.K. in SF3D EXPLANATIONS

슈트랄군 장갑전투복 M형 멜루진

글 / KATOOO (레인보우에그)

멜루진은 간접시인 시스템을 탑재한 슈트랄군의 신형장갑슈트입니다. 슈트랄군 장갑슈트로는 최초로 간접시인시스템을 탑재한 우주용 카우츠를 육전형 무기로 개조하는 방식으로 개발이 진행되고 있었습니다. 그러나 우주용의 카우츠를 육전형으로 바꾸는 것이 쉽지 않아 기간단축을 위해 G형 구스타프와 K형 콘라드의 바디 프레임과 기관을 공통으로 사용하는 방식을 채용. 이렇게 해서 카우츠와 거의 같은 형상의 바디 쉘로 간접시인시스템을 탑재하고 팔과 다리는 구스타프인 신형 육전형 슈트가 탄생합니다. 카우츠와 구스타프의 특성을 지닌 이 신형슈트는 상반신은 아름다운 미녀이고 하반신은 뱀이라는 프랑스의 요정 Melusine라는 이름을 붙였습니다.

멜루진의 첫 출현은 HJ 1985년 10월호. 요코야마 선생이 닛토제 1:20 카우츠와 구스타프를 가지고 멜루진을 제작했습니다. 『SF3D』연재 당시에 용병군 SAFS의 대항무기가 구스타프였고, 멜루진은 현재의 랩터에 대항하는 위치의 슈트가 되었습니다(랩터도 우주용 스네이크 아이를 육전형으로 개조한 것이라 흥미롭네요). 『SF3D』끝 무렵에 등장했지만 강인한 실루엣의 강력한 신무기라는 인상으로 인해 인기가 높아 모델카스텐에서 전개되었던 닛토 플라스틱 키트+레진부품의 『Ma.K.』키트 시리즈 제1탄이 되었고, 닛토에서는 1:6의 대형 소프트비닐 키트도 판매되었습니다.

요코야마 선생이 제품을 기획하고 웨이브가 판매하는 3Q모델의 제3탄인 1:20 멜루진이 발매되었을 때 키트의 시리즈 No.는 22이었습니다. 모델카스텐 제품 때에도 제1탄은 No.22였는데, 그 이유는 닛토의 플라스틱키트 시리즈가 No.21의 카우츠에서 끝났기 때문. 멜루진 키트는 『SF3D』와 『Ma.K.』를 잇는 가교와 같은 존재입니다.

27) 역주 : 원문에는 ぼかし (보카시). 붓으로 색을 번지게 하거나 섞어서 자연스러운 색변화를 만드는 것.

MELUSINE

▲1번기의 위장무늬는 붓으로 했습니다. 우선 적당히 그려 넣은 후 시너로 점의 주변에 블랜딩을 넣어서 그럴듯하게.

▲3번기는 에어브러시로 했습니다. 에어브러시를 뿌린 후 흐릿한 테두리를 컴파운드로 선명하게 합니다. 갈색 위장무늬도 붓으로 칠했다면 느낌이 바뀌어서 재미있었을지도, 라고 반성하고 있습니다.

제5장갑엽병대대 제3중대기

차분하고 멋진 위장무늬입니다. 이것은 피니셔즈의 「스피니치 그린」을 전체에 도장하고 클리어 코트를 한 후, 레드 브라운에 소량의 백색을 섞은 갈색을 컬러가이드를 참고하여 적당히 영거리사격(웃음). 컴파운드로 경계를 선명하게 해주고 노란 느낌이 약간 들어간 라이트 그레이로 반점을 칠합니다.

▶이 두 대의 파일럿은 두 명 모두 여성으로 했습니다. 미인형과 풍만형 콤비, 재미있지 않나요? 아사이 군은 풍만한 쪽을 남성으로 만들었을지 모르지만 칠하고 보니 사랑스러워서 여성으로 성전환!(웃음)

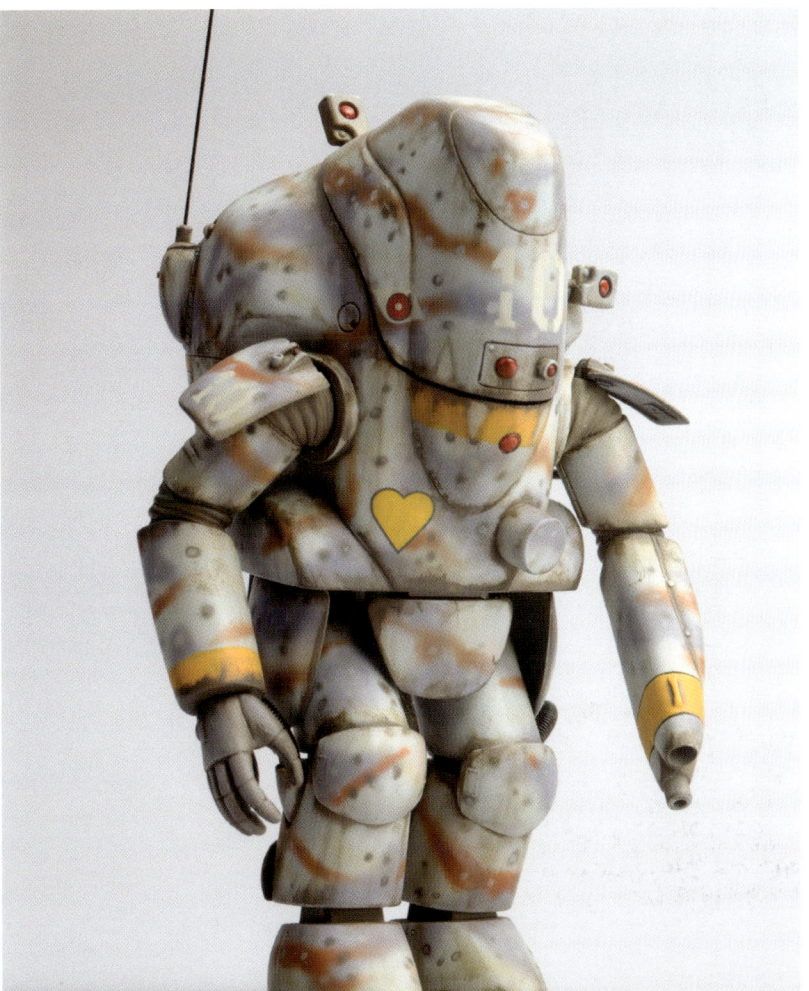

제110전투단
브레슈코 베라 중사기

컬러가이드를 본 첫인상은 「뭐야 이건!?」(웃음),이었습니다. 그래서 한 대뿐입니다.
하지만 하루에 한 색씩 색을 칠해가면서 「어라? 이거 의외로 재미있는데」라는 생각이 들었습니다. 덧붙여서 그렇게 생각하기 시작한 것은 네 번째 색(4 작업째) 무렵이었습니다. 그러니 여러분도 이 위장무늬에 도전한다면 도중에 포기하기 마세요! 그나저나 이 아이 점점 좋아지지 않나요?

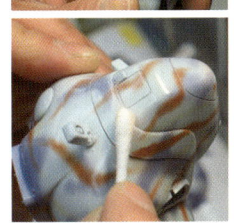 

▲컬러링은 밝은 블루→짙은 블루→갈색→살색→핑크의 순서로 하고 마지막에 밝은 그레이와 흰색의 반점을 넣었습니다. 각각의 색을 칠하기 전에는 반드시 클리어를. 다음의 색 도장 후에는 반드시 컴파운드로 조정을 했습니다. 황색의 인식띠 이외에는 전부 에어브러시!!라고 고집을 부려본 작례입니다. 내 에어브러시 상당히 능수능란(웃음).

MELUSINE

제11강하엽병단 제5중대 DAF 부대기

　이번 회의 메인이벤트. 패키지일러스트에도 사용한 위장무늬 패턴입니다. 이거 뭐라고 부르면 좋을까요? 「동그라미 위장」? 죄송해요. 센스가 너무 없네요(웃음).

　그런데 이 컬러링, 엄청나게 돋보여서 멋지기는 하지만 어떻게 칠하지… 어떻게 진행하면 단시간 내에 많이 만들 수 있을까 하고 며칠이나 생각을 계속했습니다. 말도 되지 않는 멜루진의, 묻고 답할 것도 없이 그 속을 알 수 없는 소름끼치는 이 컬러링을 한 기체. 세 대씩이나 세워놓으면 짜릿하게 멋지지 않을까요? 그런 이유로 이 세 대가 각각 다른 접근으로 실험해 보았습니다.

　밑색은 세 대 모두 같은 과정으로 진행했습니다. 베이스 그레이 밑칠 위에 루나틱 플래쉬로 전체 도장을 하고 클리어 뿌리기. 거기에 세 대 공통용으로 조합한 라이트 그린 그레이(이건 뭐야)로 색을 나누었습니다.

　그런데 이 뒤가 문제 또는 과제. 이 ◎가 엄청 많이 있네요(쓴웃음). 프리핸드로 붓으로 그리는 것도 좋은 느낌이 될 것 같지만 유감스럽게도 시간이 없는(땀). 한참 고민한 후에 ◎를 데칼로 만들어 붙이는 것으로 결정. 제대로 의도와 맞아 떨어졌습니다.

　색 경계선은 컬러가이드에 꽤 충실하게…는 하지 않았기 때문에 ◎의 위치도 이 라인에 맞추어 바뀝니다. 실제의 군대나 무기에서도 색상 구성을 아주 정확히 똑같은 것처럼 하는지는 모르겠지만 너무 그렇게 완고한 것은 별로여서 되는 대로 적당히. 하지만 이 정도라도 밸런스는 괜찮게 되도록 노력했었습니다(쓴웃음).

　◎데칼을 클리어로 코트한 후, 오로지 붓으로 데칼의 선을 가이드로 삼아서 그려 넣었습니다.

▲5번기는 붓도장. 라이트 그레이로 위장무늬 라인을 칠해서 나누었습니다. 집에서 한잔하며…너무 장황한가요?(웃음)

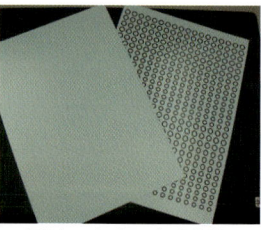 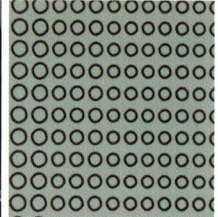

▲데칼의 ◎가 너무 딱 떨어지는 모양이면 재미가 없어서 프리핸드 터치로 미묘하게 일그러진 것도 데이터로 만들고 크기도 5종류 정도로 준비해서 대량으로 인쇄했습니다. 그리고 이것을 5번기, 8번기 두 대의 여기저기에 부착. 일러스트와 컬러가이드를 보며 와인까지 마시면서 즐겁게 진행했습니다. 마침 후쿠오카에서 치에리 군이 와 있어서 도움을 받아 더욱 술자리가 풍성해지고…… 무슨 말을 하는 거지?(웃음)

▼하얀 ◎가 몸 전체에 들어가니 으스스한 느낌이 늘어났고 색이 지나치게 산만해지는 인상도 있네요. 이 데칼은 가이드로 사용될 뿐이므로 클리어로 코트해주고 단차를 없애주기 위해 가볍게 연마한 후 그 위에 가볍게 클리어를 뿌려 표면을 평평하게 해줍니다.

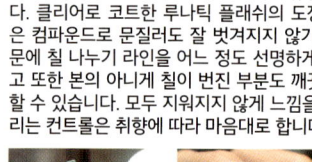

▼8번기는 칠 나누기를 에어브러쉬로 했습니다. 클리어로 코트한 루나틱 플래쉬의 도장면은 컴파운드로 문질러도 잘 벗겨지지 않기 때문에 칠 나누기 라인을 어느 정도 선명하게 하고 또한 본의 아니게 칠이 번진 부분도 깨끗이 할 수 있습니다. 모두 지워지지 않게 느낌을 살리는 컨트롤은 취향에 따라 마음대로 합니다.

 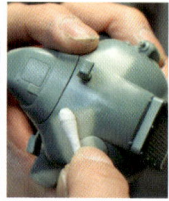

▼◎데칼을 그대로 하면 단조롭기 때문에 건조 후 신너로 블랜딩을 하거나 조색한 도료로 테두리를 세밀하게 그려 넣거나 하는 등 시간이 허락하는 한 그럴듯하게 만들어갑니다. 어려운 것이라도 점점 익숙해지면서 능숙하게 되는 것입죠(웃음). 처음 그려 넣은 것이 뻔해보여서 몸 전체를 한번 작업한 후 다시 수정…. 그리고 어느 정도 납득이 될 때까지 몇 번이라도 돌려가며 작업을 반복해서 종료했습니다.

◀인식띠는 다른 열 대와 마찬가지로 오렌지를 넣어봤는데 색의 밸런스가 살짝 맞지 않는 느낌이 들어서 노란색을 덧칠. 덧바르는 쪽이 괜찮은 느낌의 붓 자국이 생기고 합쳐지며 나오는 미묘한 색의 변화도 나타나 멋지게 마무리. 라고 생각하는 것은 자기만족일 뿐인가요?

그리고 마지막 한 대, 7번기는 확실히 실험적인 시도입니다. 동계위장, 야간위장에서 시험했던 「배리어 공법」을 진행하면서 「이렇게 까진다면 위장무늬 도장의 칠 나누기에 사용해보는 것도?!」라는 생각을 하게 되었습니다. 칼로 긁으면 표면을 상하게 하고(그건 그거대로 재미있는 느낌이 될 수도 있지만), 무엇보다 시간이 걸린다! 그렇지만 혹시 이쑤시개로 가능하다면!?이라는 생각을 한 럭키데이였습니다. 다행히 동일한 위장무늬를 한 기체는 이미 두 대가 있기 때문에 실패한다면 없었던 것이라고 하면 되잖아!(웃음)라는 가벼운 마음으로 시작했습니다.

루나틱 플래쉬를 칠한 다음 「Mr.실리콘 배리어」를 에어브러시로 뿌리고 라이트 그린 그레이를 전체에 에어브러시합니다. 제 색깔이 빨리 나오는 은폐력이 높은 색이기 때문에 도막도 얇음. 이것이라면 벗길 만하다. 이쑤시개를 대보면 예상한 것처럼 술술 벗겨집니다♪ 이렇게 하면 칠로 나누기한 선도 문질러서 모양을 잡을 수 있고 ◎도 얇게 떼어내어 표현할 수 있는, 말하자면 진짜 벗겨낼 수 있는 정말 기묘한 도장방법입니다. ◎를 문지를 때 약간의 실패를 해도 이것 또한 분위기!라고 해버리고, 너무 지나치다...싶은 실패를 하면 연상필로 덧칠해주었습니다. 뭐랄까, 판화 같은? 정말 재미있는 마무리가 되었다고 생각합니다만 어때요? 붓으로 칠하는 것과는 또 다른 감각과 감촉으로 진행할 수 있고 마무리 또한 독특합니다. 처음이었고 아직 실험의 범위를 벗어나지 않았지만 앞으로는 더욱 다양하게 해보고 싶은 방법이라고 생각합니다. 흥미가 있는 분이라면 꼭 시도해보십시오.

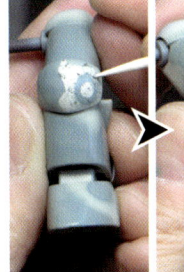
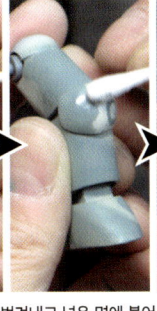

▲이쑤시개로 도막을 벗겨내고 넓은 면에 붙어 있는 찌꺼기는 면봉으로 닦아주면 깨끗해집니다. 야간 위장과 마찬가지로 색이 쉽게 까지기 때문에 클리어를 여러 번 겹쳐 코팅을 해서 도장면을 보호합니다.

◀위부터 5번기, 7번기, 8번기. 같은 위장색을 기준으로 하고 있지만 칠하는 방법이 달라 서로 다른 느낌이 나타나고 있습니다. 칠 나누기 경계선의 터치가 다른 것도 알 수 있을 것이라 생각합니다.

멜루진 촬영당일, 편집부에서 작례를 마지막으로 마무리하던 MAX 와타나베 씨에게 사고가 발생했다. 그런 위기를 구해준 것은 여러분도 이미 잘 알고 있는 그분. 이번 회에도 웃음이 있고 눈물도 있고? 놀라움도 있는 촬영장 분위기를 전해드린다.

MAX : 편집부에 1mm 직경의 스프링이 있어? 두고 왔어.
요코야마 : 아니 스프링보다 늘인 런너로 만들어줄까? 내가 말이야 런너 늘이기는 꽤 능숙해요. 라이터 가지고 있어?
MAX : 가지고 있어요.
요코야마 : 담배 피우니까~(웃음). 니퍼 좀 줘봐.
MAX : 이번 회에도 또 다른 분위기가 되어버렸네요.

요코야마 : 언제나 와타나베 군은 말이야, 엄청나게 여러 개 만들고 나는 이렇게 지켜보면서 즐기는 것이라서, 도와줄 일이 있다면 「거기를 이렇게 해라!」 같은 것이 제일 재미있어(웃음).
MAX : 명령 같은 것은 하지 않지만 말이죠(웃음).
요코야마 : 런너를 늘이거나 불룩하게 만들면서 양쪽에서 꾹 누르면 굵어지잖아요. 이런 걸 디테일로 살려서 말이지. 런너만 있으면 뭐든지 만들 수 있다고. '런너를 불로 달구세요'라는 말이 나와서 말인데, 옛날 하비재팬에서 식자오류로 말이야, '신너를 불로 달구세요'라고 해버렸지 뭐야(웃음). 큰일이었다고. 이치무라 군 등이 담당하고 있던 무렵에 말이지. '집 태워먹는다고요'라고 말했지(웃음).
MAX : 확실히 파이프를 그대로 붙이는 것보다 좋은 느낌이 나오니 그렇게 하는 게 멋지네요.
요코야마 : 그렇지. 재미있지? 와타나베 군, 그 수리해야 할 녀석 말이야, 어느 거야?
MAX : 음.. 하얀 녀석이요.
요코야마 : 맞을지 어떨지 맞춰볼까.. 안되겠군. 조금 더 앞을 가늘게 할까. 커터 좀 줘봐.
MAX : 오늘은 또 다른 모습이 되었네요(웃음).
요코야마 : 이거 코드가 꽤 괜찮은 형태가 되었다고 생각하지 않아?
MAX : 오~!

요코야마 : 매직으로 상자에다가 뭔가 넣어볼까, 나는 그림을 그리지 반드시. 멜루진의 그림을 그리면 좋을 거야.
MAX : 그려주세요(웃음).
요코야마 : 그리는 것은 좋은데 매직 있어?
MAX : 그려주시는 거죠? 우와~!
요코야마 : 멜루진 외에는 넣을 수 없는 상자가 되어버렸네. 난 이미 전부 이렇게 하고 있어요. 편집부에 가더라도 다른 사람에게 케이스만 뺏겨버릴 일도 없을 테고(웃음).

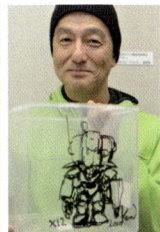

MAX : 여기서 보니 좋은 느낌인데요. 와아~, 미즈모리 아도[28] 같아요(폭소)
요코야마 : 그거 좋네. 10년은 더 오래 살겠어(웃음). 사인도 하지.
MAX : 525엔이라고 쓰여 있는 것도 좋네요(웃음).
요코야마 선생님 앞으로도 매번 포상으로 제게 이런 케이스에 그려주시죠?
요코야마 : 좋아요 물론. 포상이랄까 게다가 수납하기도 좋고, 또 즐겁기도 하고.
MAX : 좋아요~.
요코야마 : 뭔가 할 때는 두근두근 하네요.
MAX : 뭔가 매회 이상한 일이 되어 버리네요(폭소), 엄청 재미있긴 하지만(웃음).

28) 역주 : 일본의 여성가수 1939년생. 그 외에도 배우, 작가, 일러스트레이터 등. 1970년대, NHK의 '즐거운 교실'이란 TV 아동교육 프로그램에서 노래를 부르며 투명 아크릴 보드 위에 양손으로 그림을 그리는 퍼포먼스로 일약 유명세를 탔다. TV애니메이션 "닥터슬럼프 아라레짱"의 주제가도 불렀다.

MELUSINE

❶ 실리콘으로 틀을 만들고 레진 부품으로 복제. 레진 특유의 투명한 느낌의 피부를 살리고 싶었기 때문에 서페이서는 뿌리지 않고 메탈프라이머로 표면을 코트했습니다.

❷ Max factory에서 하는 멜라닌 색소 도장법으로 착색. 이것은 곧 소개할 예정이므로 여기에서는 생략합니다. 아사이 군에게 대충 어느 나라 사람인지를 듣고 피부색을 결정했습니다. 흑인들은 마이클 잭슨 피그마에 사용했던 도료이고 다른 분들은 모두 스즈미야 하루히의 피부색입니다 (웃음).

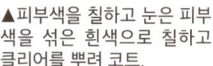

▲ 피부색을 칠하고 눈은 피부색을 섞은 흰색으로 칠하고 클리어를 뿌려 코트.

◀ 눈동자는 숨을 멈추고 단번에! 그 외는 좀처럼 한방에는 못하니까 신나를 더하거나 지워버리기도 하면서 이래저래… 이 크기라면 갈색의 라인 한 줄도 그런대로 보이죠? 보이지 않나요? 죄송합니다. 더욱 정진하겠습니다. 아사이 군 고마워 또 부탁할게~♪

◀ 피부 부분만 마스킹하고 헬멧과 옷을 칠하고 마스킹을 벗긴 얼굴입니다. 얼굴은 에나멜로 레드브라운한 색만으로 마무리합니다. 그림자를 만들고 싶은 곳에 적당하게 브라운을 얇게 칠하고 에나멜 신나를 묻힌 붓으로 닦아내거나 번지게 해서 음영을 묘사해주었습니다. '휙'하고 한 번에 해버리는 테크닉 등은 아쉽게도 가지고 있지 않기 때문에 이 방법이 가장 잘 맞는 것 같네요.

멜루진 12인방

「그들은 멜루진 12인방이라고 부릅시다~♪」라는 요코야마 선생. 그 말 그대로네요 (웃음). 이런 이유로 12인의 파일럿들입니다. figma 업무로 자주 공방에 들어가서 아사이 마사키 군과 이야기하던 중, 그가『SF3D』시대부터『Ma.K.』의 팬인 것이 서서히 밝혀짐. 그것도 꽤 깊이가 있는 팬이라 이야기가 술술 풀려서『「Ma.K.」피규어라든가 만들고 싶어요』라는 언제나처럼 말실수하는 경솔한 그에게 (웃음) 기회를 잡은 듯 지체없이 「그래 그럼 이번 회의 멜루진 열두 대에 사용할 12인분의 얼굴 만들어줘!」라고 주문 (웃음). 쾌히 승낙한 그는 몇일 만에 납품해주었습니다. 훌륭해!! 박수!! 과연 실로 다국적군 같은 다양한 나라의 사람들이 탑승하게 된 것입니다♪ 이야~ 뭔가 멋진 콜라보네요~♪

그런 이유로 폭풍과 같이 멜루진 열두 대를 단번에 게재했습니다. 이야~ 조금 힘들 때도 있었지만 최고로 재미있었어요. 다음 회는 아무래도 열두 대는 하지 않겠지만, 그래도 여러 개는 칠하고 싶습니다. 그럼 여러분 안녕~~. 비바『Ma.K.』♪

멜루진 12인방 제작기

글 / 아사이 마사키

조형사로 일하고 있는 아사이 마사키라고 합니다.

설마 초등학교 때부터 동경하던 마쉬넨 크리거의, 아니 HJ에 게재되는『SF3D』의 기사에 직접 만든 조형물이 실릴 날이 오리라고는 생각하지 않았습니다.

이제까지 저의 업무를 알고 있는 분이 본다고 해도, 애니메이션계의 피규어 원형과 가동설계를 주로 해 온 저와 마쉬넨은 별로 인연도 없고 의외의 만남이라고 생각했을지도 모릅니다. 실제로 늘 업무에서 공구들과 재료들에 파묻힌 날들을 보내는 저에게 굳이 취미로서 프라모델을 조립하는 일은 거의 없어져 버렸습니다. 그중에서 깨끗하게 만들자, 깔끔하게 만들자는 생각을 버리고「조립하고, 개조하고, 칠한다」라는 프라모델의 참 맛을 마음대로 즐길 수 있는 몇 안 되는 아이템이 마쉬넨 크리거이기도 합니다.

이번에 만든 멜루진의 파일럿들도 마음대로 망상을 펼치며 스컬피를 주물렀습니다. 흔히 보는 백인 같은 조형이나 히스토리컬 피규어 같은 조형이 아닙니다. 그렇다고 완전히 애니메이션 느낌이라고도 할 수 없습니다. 대신 저만의 취향으로 표정과 캐릭터성이 알아보기 쉽게 느낄 수 있는 적당한 수준으로 해봤습니다.

원형은 3Q 모델의 멜루진에 포함된 파일럿의 얼굴을 잘라낸 것을 복제해서 사용했습니다만 슈트랄쪽 키트의 전통인지, 용병군보다 파일럿의 사이즈가 미묘하게 작아서 직접 만든 물건이지만 예쁜 형태의 작은 얼굴 캐릭터는 SAFS에 포함된 파일럿보다 꽤 작아져 버렸습니다. 작업 중에도「어라? 이렇게 작았나…?」라고 생각했습니다만 조금 지나쳤을지도 모릅니다. 이번 회에서는 시간과의 싸움이기도 합니다. 열두 명의 얼굴을 만드는 데 사용할 수 있는 시간은 단 며칠. 그중 일곱 명은 마지막 하루에 단번에 만들었습니다. 작업 시간이 부족하다기보다 마음의 여유가 없어서 후반에 가서는 소재가 떨어져 버렸습니다. 다음에 기회가 있다면 그때는 각각의 캐릭터에 얽힌 이야기도 포함시키고 싶습니다.

실은 이번 회에서는 도장을 하지 않았기 때문에 이 원고를 쓰는 시점에서는 어떻게 마무리가 되었는지 아직 모르고 있습니다. 이 두근두근 거리는 느낌은 뭐랄까, 모형잡지의 발매를 이렇게나 긴장감과 즐거움 속에서 기다리는 것도 오랜만이네요.

학생시절처럼 가슴 설레면서 페이지를 넘기며 마음대로 이런 저런 소리를 말해볼 생각입니다!

PLAY BACK NEW ITEM Jun.issue 2010

이리사와 유통 한정아이템 아이템 제2탄!!

「A.F.S. G-POWN」에 이어 웨이브와 모형 도매상 이리사와의 콜라보레이션 아이템 제2탄으로 「S.A.F.S. 스노우맨」의 발매가 결정되었다. 코 부분은 신금형의 부품으로 재현하고 데칼도 한랭지용인 본 기체에 맞게 새로 만들어졌다. 완성 샘플과 함께 요코야마 코우 씨가 그린 패키지 일러스트도 봐주시기를.

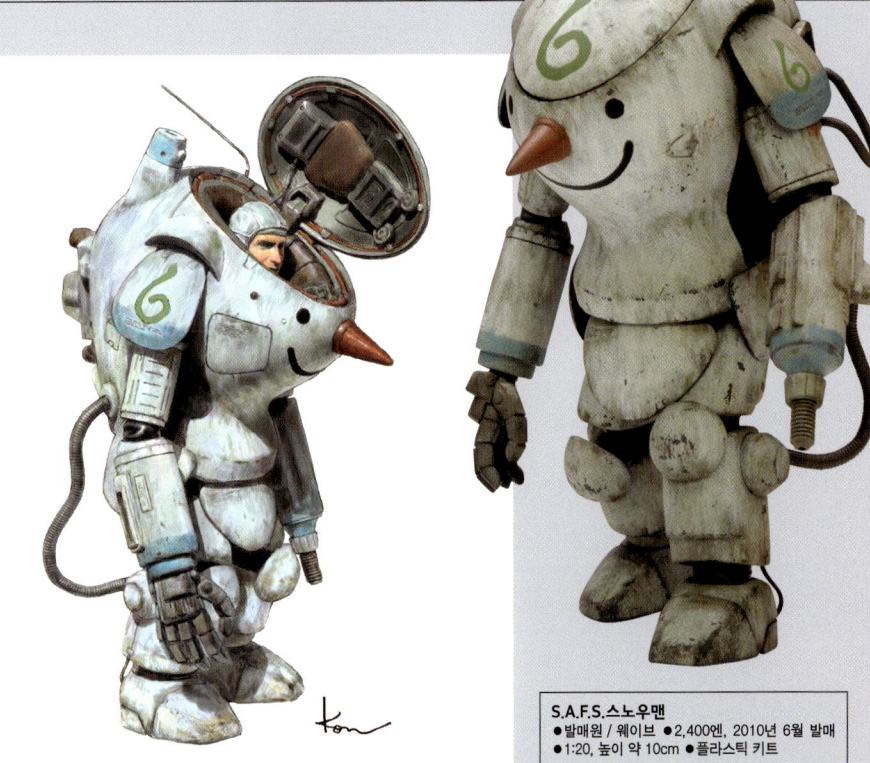

S.A.F.S.스노우맨
● 발매원 / 웨이브 ● 2,400엔, 2010년 6월 발매
● 1:20, 높이 약 10cm ● 플라스틱 키트

하비재팬·모델그래픽스 합동 마쉬넨 크리거 모형 콘테스트 응모요강!!

지난 달에 첫 소식을 전한 「Ma.K.」 모형 콘테스트. 하비재팬과 「Ma.K.」 연재지인 「월간 모델그래픽스」의 합동 개최라는 것으로 벌써부터 화제가 되고 있다.

이번 달에는 응모요강을 발표. 이번 콘테스트는 사진심사로서 마감은 여름휴가 다음날인 9월 15일. 심사결과는 가을에 있을 전일본 모형하비쇼 회장에서 발표 예정이다. 작품모집은 다음호부터 개시하지만 아직 제작시간은 충분히 있으므로 부디 분발해서 응모해주시기를 부탁드린다.

■응모작품
「SF3D」, 「Ma.K.」를 다룬 작품 전반. 그러나 모형콘테스트이므로 입체작품에 한합니다. 한명이 여러 작품을 응모할 수 있습니다.
·사진
콘테스트 참가는 사진으로 응모됩니다. 디지털 카메라도 참가 가능하지만 데이터로는 응모할 수 없습니다. 반드시 DTP 전문점이나 프린터로 출력한 것으로 응모해주십시오.
·참가방법
다음 달에 발매되는 하비재팬 7월호 및 모델그래픽스 7월호에 게재되는 응모용지에 필수사항을 기입하여 응모. 덧붙여서 응모 시에 보내주신 사진은 반환하지 않으므로 미리 양해 바랍니다.
·접수마감:
2010년 9월 15일 (수) 소인유효

하비재팬 별책 「SF3D 오리지널」 복각판 5월 31일 발매 예정

「Ma.K.」의 원점. 「월간 하비재팬」에서 1982년부터 85년까지 연재한 「SF3D」. 그 유일한 단행본이 1983년 발매한 하비재팬 별책「SF3D 오리지널」이다. 영원히 입수가 어려웠던 그 책이 드디어 이번 5월에 복각된다. 복각판에는 구판의 전 페이지를 고해상도로 스캐닝, 원본과 비교해 손색없는 퀄리티로 「SF3D 오리지널」을 현대에 소생시킨다.

또한 이 책은 한정 부수 상품이기 때문에 확실하게 구하려면 주문서에 기입하여 가까운 서점에서 예약해주실 것을 추천한다.

SF3D오리지널[복각판]
● 발매원 / 하비재팬 ● 1,905엔, 2010년 5월 발매 ● B5판, 총 140페이지

옐로우 서브마린 아키하바라 스케일샵 멜루진 한정 프라모델 콘테스트 개최!

멜루진의 첫 플라스틱 키트화에 따라 모형점 옐로우 서브마린 아키하바라 스케일샵에서 멜루진만 응모 가능한 프라모델 콘테스트가 개최된다. 이번에 소개한 MAX 와타나베 씨가 만든 다양한 작례들을 참고하여 참가해보는 것은 어떨지.

참가규정
·3Q모델제의 1:20 멜루진을 사용하면 단품, 디오라마도 가능.
·작품 크기는 깊이 200mm×폭 150mm×높이 250mm 이내.
·작품은 반드시 베이스에 고정해주세요.(고정하지 않은 작품은 접수받지 않습니다)

「멜루진 12인방」 독자 선물!!

왼쪽 페이지에서 소개하고 있는 아사이 마사키 원형의 1:20 멜루진의 파일럿 흉상인「멜루진 12인방」. 그 레진복제품을 독자선물로 제공합니다. 모두 12종에서 2종을 세트로 하여 총 12명에게 선물합니다. 2종은 서로 다른 것이지만 얼굴 종류는 선택할 수 없습니다. 선물을 희망하는 분은 우편엽서에 주소, 이름, 연령, 성별, 직업, 전화번호, 본지 연재 중인 「Ma.K. in SF3D」에 대한 의견, 감상을 기입한 후 아래의 주소로 응모해주십시오. 마감일은 2010년 5월 20일(목). 당첨은 발송으로 대신하여 알려드리겠습니다.

SAFS VARIATION FIRST PART

WAVE 1:20 SCALE PLASTIC KIT S.A.F.S. CONVERSION
MODELED BY MAX WATANABE

| Jul.2010 | No.005 |

SAFS type R RACCOON

S.A.F.S.
● 발매원 / 웨이브 ● 2,400엔, 2010년 1월 발매 ●1:20, 높이 약 10cm ●플라스틱키트

2010년 1월 웨이브에서 발매된 1:20 스케일 「S.A.F.S.」. 요코야마 코우 씨의 최고걸작이라고 높은 칭송을 받고 있는 최고의 디자인을 재현하는 동시에, 현재의 프라모델 수준에 맞추어 리뉴얼된 걸작키트이다. 감격해 눈물을 흘리는 기존의 모델러뿐만 아니라, 신규 유저도 많이 동참하며 매출도 절정, 최근 『Ma.K.』 무브먼트의 견인차로서도 큰 역할을 하고 있는 아이템이다.
이번 회에는(도) MAX 와타나베가 최선을 다해 전회의 멜루진과 같은 열두 대의 작례를 완성했다.
이번 회는 그 전편으로 SAFS 컬러 베리에이션과 구판 NITTO키트에서 가져온 부품으로 개조한 「라쿤」을 중심으로 소개한다.

웨이브 1:20 스케일 플라스틱 키트 S.A.F.S. 개조

지휘정찰용 장갑전투복
라쿤

제작·해설·글 / MAX 와타나베
협력 / 아사이 마사키, 맥스 팩토리

■작례가 너무 많아!(땀)

안녕하세요. 모형연예인 MAX 와타나베입니다. 이 호칭, 나 자신에게 상당히 잘 어울립니다(웃음).
그건 그렇고, 이번 6월 예정인 이리사와유통 한정 「S.A.F.S.스노우맨」 발매를 기념하여 먼저 SAFS에서 꼭 하고 싶은 베리에이션을 잔뜩 만들었습니다♪ 작례는 열두 대!! 바보 입니까? 예, 그런데 뭐가?(웃음)
팔케는 일곱 대, 멜루진은 열두 대로 회를 거듭할수록 작례의 수가 증가함에 따라 과연 지면에 모두 소개나 해설을 할 수 없는 것은 아닐까? 사진이 너무 작아지면 줄이는 데도 정도가 있는 것이라는 반성으로, SAFS 베리에이션은 전, 후편으로 나누어 게재하는 것으로. 납품할 때 결정(쓴웃음).

■발매까지 기다릴 수 없어!!

최신 SAFS, 이미 만들어보셨나요? 스트레스 없이 척척 만들 수 있어서 최고 아닌가요? 연재 제1회에서 세 대를 만들어보니 이거 좋아~. 더욱 많이 칠하고 싶어서 틈틈이 조립을 하고 있었어요. 그러다가 그대로의 SAFS 뿐만 아니라 우주용 「파이어볼」과 정찰용인 「라쿤」도 만들고 싶어졌습니다. 그렇지만 이 아이템의 발매 소식은 들려오지 않고… 하지만 얼른 만들고 싶다…!! 그렇다면 만들어버리면 되잖아! 이렇게 된 것. 다행히 구 닛토의 키트를 가지고 있어서 분명히 그리 큰 힘 들이지 않고 조합할 수 있지 않을까? 라는 생각을 하고 즉시 행동. 이건 딱 들어맞네!! 거의 가공 없어도 잘 맞아요~♪ 역시나 대단한 『Ma.K.』입니다.
키트를 소장하고 있는 분들도 많이 계실 테니 이 옛날키트의 사용은 "있는 것"을 재료로 하는 것으로 결정했습니다. 이렇게 베리에이션용 부품으로 구판 키트의 부품을 사용한다고 해도 구판 키트를 SAFS로 조립하는 것에는 전혀 문제가 없으므로 헛되이 낭비되는 것은 아니라서 만사 OK!? 다만 저의 경우는 여러 대를 만들고 싶기 때문에 베리에이션 부품을 조립하고 서로 잘 맞도록 수정을 마친 후 실리콘으로 복제를 해서 사용했어요. 웨이브의 새로운 SAFS에 컨버전 레진키트를 사용한 작례라는 형태가 되었습니다. 주제는 『Ma.K.』나 『SF3D』에 있어서 대표적인 SAFS 베리에이션인 「라쿤」과 「파이어볼」, 그리고 「프라울러」입니다.
이번 달은 라쿤으로 합니다♪

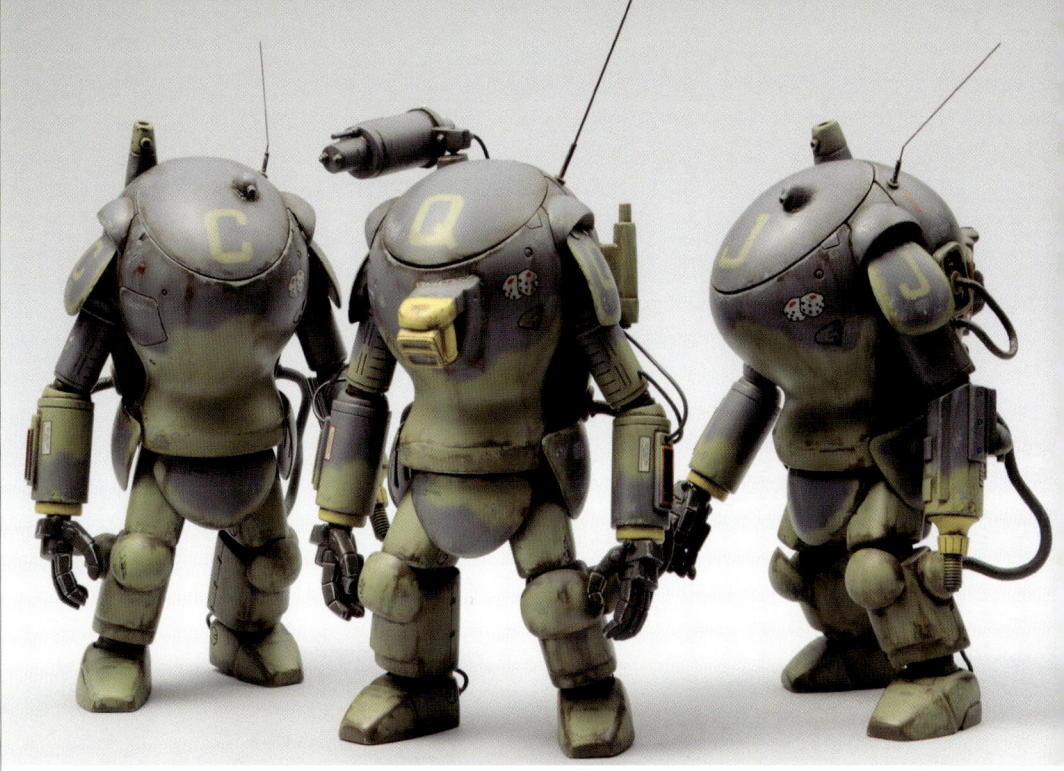

SAFS/라쿤 공통공작

SAFS 본체는 프로포션 개조 등은 전혀 없이 거의 그대로 스트레이트 조립입니다. SAFS와 라쿤 모두에 실시한 공통공작은 다음의 두 가지.

1 안테나 장착

SAFS는 이번에는 가늘게 해보려고 0.3mm 황동선에 파이프 스프링을 조합해서 자작. 라쿤의 경우 0.5mm로 조금 힘찬 느낌. 굵은 쪽이 좋을 듯.

2 발목 파이프 추가

이것은 핀바이스로 구멍을 뚫고 비닐피복이 있는 철사(단선)를 끼워 넣는 것으로 마무리. 정강이쪽의 구멍은 깊기 때문에 발목의 움직임을 따라 같이 움직이지만 빠지지는 않게 되어 있습니다. 물론 속이 빈 비닐파이프라도 문제는 없지만, 전선을 사용하면 원하는 모양을 만들어 고정할 수 있어서 선택을 했습니다.

SAFS개조한 곳

SAFS는 연재 제1회와 같이 2개 부분입니다.

왼쪽 : 해치 윗부분의 센서를 깎아서 낮추었고 사이트 부품을 추가.
오른쪽 : 왼팔 엑시머 레이저의 사이트를 추가.

전 기체 공통도장 과정

공통도장의 도장과정은 서페이서 밑칠 위에 실버를 뿌린 후, 치핑을 할 때 약한 실버의 도막을 보호하기 위해 클리어로 코트. 그 후 베이스 그레이를 칠했습니다.

구 닛토 키트의 부품 가공

구판닛토의 SF3D키트는 현재 시각에서 보면 조립하기 힘든 부분이 있지만 디테일은 매우 샤프해서 기본 형태는 문제가 없습니다. 그래서 스트레이트로 조립하여 비늘[29] 등만 수정한 후 새 키트와 맞추어 줄 뿐이었습니다. 대부분 깎지 않고 맞추어지지만 그건 그것. 작례를 양산할 때 스트레스를 줄이기 위해 틈새가 생기지 않도록 만들었습니다. 이 부품을 형틀로 복제해서 사용하기 때문에 원하는 만큼 라쿤을 만들 수 있게 되었어요(웃음).

▶오른쪽 뒤에 붙은 대형센서 포드는 받침을 잘라버리고 뚜껑을 덮은 후 설치를 위한 구멍을 뚫어주었을 뿐입니다. 앞부분은 성형사출의 특성으로 인해 크게 수축되어 있어서[30] 평평하게 깎은 후 육각 볼트를 부착했습니다.

블루&그린 위장무늬 기체

구판 「BD (방드 데시네)」의 띠지에 실려 있는 컬러링이 마음에 들어서 이것으로 부대를 편성해보았습니다. 라이트그린을 기본색으로 하고, 또 하나의 위장색은 보라색감을 더한 블루 그레이. 『Ma.K.』 같은 컬러링의 기체를 여러 대 세워두면 갑자기 기분이 고조됩니다! 이것은 어째서일까요?

데칼을 부착한 후 클리어 코트와 연마를 한 후 붓으로 라이트그린을 덧칠. 경계선은 강하게 블랜딩을 해서 손으로 그린 느낌을 강조했습니다. 칠 나누기는 「BD」의 띠의 것을 따랐고, 요즘 『Ma.K.』 컬러구성의 정석처럼 된 선명한 포인트 색은 크림옐로우를 선택. 제대로 꽉 찬 느낌으로 마무리되어 좋아졌다고 자화자찬입니다.

▲본체에 멘텀(근육통완화제)을 바른 다음, 소량의 폴리퍼티를 붙인 베리에이션 부품을 그 위에 놓고 경화시킨 후 떼어내어 형태 다듬기. 전면의 시커와 등의 유닛에 해주었습니다.

▶조금 번거로운 것은 왼팔입니다. 그렇다고는 해도 새 키트의 부품을 자르고 돌려 다시 접착했을 뿐입니다(쓴웃음). 머니퓰레이터는 오른손의 엄지와 새끼손가락을 바꾸어 끼울 수 있도록 가공. 구판 키트의 부품을 보았더니 새 키트와는 맞지 않아서 개조한 손을 선택했습니다.

---

29) 역주: 정식명칭은 버(Burr), 플라스틱금형에 틈이 발생해서 생기는 작은 비늘모양의 불필요 부분. 일본어로 흔히 바리라고 부른다. 구형키트에서 가끔 볼 수 있다.
30) 역주: 당시 맥스는 수축으로 생각했으나 이후에 신규금형으로 라쿤이 제작, 발매되었을 때 이 부분을 보면 원래 움푹 패여 있는 디자인. 그러므로 라쿤에서 이 공작은 불필요한 가공.

카이○도[31] 부대(웃음)

콘트라스트가 강한 녀석을 하나 만들어보고 싶어서 루나틱 플래쉬를 기본색으로 하고 클리어코트를 한 다음 블루 그레이를 위장무늬로 하고 경계선을 컴파운드. 포인트 색으로는 오렌지도 나쁘지 않지만 여기에서는 팔케 작례의 느낌을 내고 싶어서 밝은 그린을 배색. 전례를 모방한 형태이므로 모험은 하지 않았으나 재미있는 컬러링으로 마무리되었다고 생각합니다.

▶ 마킹은 기본적인 로고를 자작 데칼로 해준 후에 클리어 코트 한 다음 연마. 그 위에 루나틱 플래쉬를 도장했습니다. 경계는 블랜딩 느낌이 되도록 손으로 그렸습니다.

삼림위장무늬의 마다가스칼 기

① 뭔가 재미있는 컬러링을 다시 한 번!! 「루나틱 플래쉬」라는 색을 노려보면서 며칠을 고민한 끝에 서서히 스피니치 그린을 뿌려주었습니다.
② 음, 색의 궁합이 나쁘지 않아… 그런데, 그 다음에는 어떻게 하지?!(땀) 잠시 고민하다가 전회의 멜루진에서 했던 것처럼 칠 나누기 경계선에 갈색을 붓 칠.
③ 이렇게 하면 위장패턴은 다르지만 멜루진의 그것과 같고 밝은 곳에는 그레이 반점, 녹색부분에는 밝은 그레이 반점을. 오오 그럴싸한데!
④ 하지만 왠지 이것만으로는 아직 부족한 느낌이라서 스네이크 아이의 데칼인 샤크마우스를!(웃음) 붙여보니 빨간색이 녹색부분의 보색이 되어 더욱 악센트가 됨. 채용~.
⑤ 하지만 아직이야… 고민에 고민을 하여 다양한 색을 시험적으로 도장. 어떤 것도 나쁘지 않지만 너무 쉽게 마무리되는 듯해서 시시하다. 화가 나서 Max Factory 도장부의 사람들에게 도움을 요청했습니다.(쓴웃음)

MAX : 「어떤 색이 좋다고 생각해?」
도장부 무타 주임 : 「네에? 황색계열인가요?」
MAX : 「시험한 거야. 조금 부족해서.」
무타 : 「청색계열은 어때요? 이런 것들」이라고 도장부에서 사용하고 있는 드라이어를 가리킨다.
MAX : 「응… 이런거~? 녹색에 청색이라고?」
신인K : 「좋다고 생각해요」
MAX : 「…해봐야겠다…」

물어볼 만하네요(웃음). 그리고 뭐라도 실행합니다. 좋은 느낌 아닌가요? 마음에 들어요♪

▲ 이 엑시머 레이저는 1:16 스네이크 아이 개발 시에 세도 마키 씨가 만들어준 원형을 3D 스캐닝하여 축소, 출력 후 부품을 다듬어서 복제한 럭셔리한 명품! 이 레이저의 형태가 가장 좋아요~(왼쪽). 일반 SAFS와 동일한 블록을 몸체의 옆면에 붙이고 팔에서 나와 있는 파이프를 연결하여 손쉽게 해결. 호화장비를 한 SAFS가 되었네요.(오른쪽)

---
31) 역주 : 원문에서는 海○堂. 일본의 모형회사 카이요도를 의미.

피규어 헤드

이번의 작례에는 전회에 이어서 아사이 마사키 군이 만든 헤드를 사용하게 되었습니다. 음~~, 닮았어!!

훌륭해!! 멋져~♪ 조형이 좋은 것에 비해서 나의 칠이 못 미치는 것이 죄송할 따름입니다. 곧 다시 도전하고 싶습니다. 네에? 다시 이 녀석들을 보고 싶지 않다고요?! 그런 말씀은 하지 말아주세요(쓴웃음).

▲파일럿은 MOX ○○나베와 하비업계의 그분[32] 얼굴입니다. 아주 많이 닮았네요(웃음)

▲전무와 나의 헤드 이외는 브릭웍스의 피규어에서 가져와서 사용했습니다. 볼륨이 있는 조형이 멋지고 칠하기가 너무 좋습니다.

「역시 머리가 들어가 있으니 좋네. 특히 와타나베 군과 전무의 모습은 얄미울 정도로 최고예요. 여러분도 자신이나 좋아하는 캐릭터의 머리를 넣어봅시다.」(요코야마)

나이트 스토커

정찰용→야간작전 행동이라는 연상으로 검정색 무광을 도장해보고 싶었기에 이런 색으로 해보았습니다. 이미지 소스는 AFS의 「나이트 스토커」에서 빌려왔습니다. 「이런 빨간색을 사용하면 눈에 띄어서 안 되잖아!」라고 순간 자문자답을 했지만 밋밋하게 마무리하는 것보다 멋진 쪽이 단연코 좋다고! 라고 즉시 결정(웃음). 푸른 느낌이 들어간 다크 그레이를 전체에 뿌리고 클리어 코트 후 레드를 에어브러시. 컴파운드로 경계선을 선명하게 만들고 거기에 더해 다크 그레이를 터치해서 위장 무늬의 근처를 재미있게 변화시켰습니다. 꽤 멋지지 않습니까?

납품과 촬영하는 날, 요코야마 선생이 말씀하기를 「빨갛군, 검정 다음으로 어두운 곳에서 눈에 띄지 않아요. 그래서 나도 나이트 스토커에 빨강을 쓴 거야. 그래서 이게 확실한 정답이지」라고. 뭐야 ~ 이걸로 괜찮은 거네(웃음).

■마무리

시간을 절약하기 위해 에어브러시를 많이 사용하고 있지만 에어브러시의 도장면은 얼룩이나 무늬가 거의 남지 않는 만큼 볼거리가 부족한 느낌입니다. 깊이 있는 맛을 즐기는 『Ma.K.』 도장으로는 별로이기 때문에 나는 「비법소스2」를 전체에 뿌리고 면봉으로 문지르고, 지우고, 그리고, 터치를 넣는 「비법소스 과정」으로 얼룩이나 변화를 의도적으로 했습니다. 밝은 색을 더 할 수 없다는 단점이 있지만 분위기는 꽤 낼 수 있다고 생각합니다. 어떤가요?

▲데칼은 SAFS의 키트 것을 사용. 해치 끝의 외눈이 귀엽습니다. 마녀 데칼도 빌려온 것.

그리고 이번에는 여기에 더해 디자인나이프와 엑스액토의 곡선 칼날을 써서 도장면을 톡톡 긁어주는 리얼 치핑을 몸 전체의 여러 부분에 해주었습니다. 밑색인 베이스 그레이, 실버, 서페이서, 그리고 플라스틱(쓴웃음), 그것들이 살짝살짝 드러나도록 표면의 변화와 높낮이를 조절하는 것입니다. 이것은 아주 재미있는 작업이라 무심코 열중해서 지나치게 될 수도 있음. 힘 조절이나 부위마다 도막의 상태에 따라 무엇이 나오게 될지 해보지 않으면 알 수 없는 생동감이 아주 자극적이에요.

SAFS FIRST PART

32) 역주 : 카이요도의 전무

촬영 당일, 이번에는 요코야마 선생이 완성품을 손봐주었습니다.

요코야마 : 요거 발끝의 윗부분 같은 데도 까지면 멋질 거예요. 그리고 대충 볼 때 이 모서리도 까진다면…

MAX : 해주세요(웃음).

요코야마 : 아냐, 아니, 아니(웃음).

MAX : 이번엔 이것을 바래서 마무리 안하고 가져왔거든요(폭소). 매번 도움을 받다 보니, 왠지 어중간하게 가지고 온다는 느낌.

요코야마 : 다른 사람의 완성품은 어떤 색을 밑에 칠했는지 알 수 없어서 그런 모형 벗기기는 재미있지요.

MAX : 재미있죠~. 위에 칠해진 에나멜 도료가 없어져서 조금 하얗게 되잖아요. 그게 꽤나 좋은 느낌이 돼요.

요코야마 : 긁힌 느낌 말이지, 좋지요.

MAX : 하는 사람이 다르면 전혀 다른 패턴이 들어가니까 재미있어요.

요코야마 : 그래, 그래, 그래. 모든 것이 예상처럼 되지는 않으니까.

MAX : 아무리 엄청난 테크닉이라도 그린 것은 그린 것이니까요. 안에서 나오는 것과는 다르지요.

요코야마 : 이 검정색 말인데, 야간전투형도 벗겨질까? 그거 해봐도 돼?

MAX : 물론이죠. 검정색은 도료가 약하니까 톡톡 잘 됩니다.

요코야마 : 아, 정말 잘되네. 어두운 곳이 갑자기 은색으로, 상당히 명도차가 큰 콘트라스트라서 눈에 띄는군. 흰머리난 사람의 머리가 벗겨지면 눈에 잘 띄지 않는다고나 할까.

MAX : 아~… 그건 다른 거라고 생각해요 (폭소).

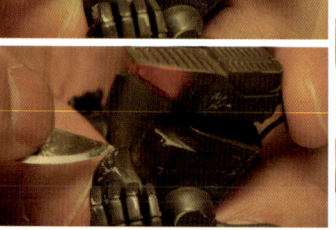

해치의 개폐에 대해

SAFS나 스네이크 아이의 해치는 꽤 강하게 끼워집니다. 핀을 조금 깎아서 부드럽게 하는 방법도 있지만 끼우는 감을 잘못하면 제대로 닫히지 않을 가능성이 있기 때문에 키트 상태에서 제대로 닫히고 열리는 것을 잠깐 연구.

❶ 이 상태에서 억지로 밀어 넣으면 틈이 생기거나 본체를 상하게 할 가능성이.
❷ 그래서 이렇게 분해해버립시다. 분해하면 힘을 더 쉽게 줄 수 있기 때문에 이 상태에서 꾹꾹 누르기.
❸ 이렇게 딱 기분 좋게 맞습니다♪ 분해할 때는 칼이나 이쑤시개를 끼워 서서히 넓혀주어도 손상도 없이 잘 됩니다.
❹ 해치 옆의 수직라인은 원래의 디자인에서는 접합선을 지워버리는 것이 필요한 부분. 하지만 이렇게 분해하는 쪽이 나중의 상황에도 좋고 별로 신경 쓰지 않기 때문에 나는 이곳을 지우지 않기로 했습니다♪

◀웨더링 도장의 실연까지 받게 되어서 팬1호는 감격의 눈물을 흘릴 정도였습니다♪

■마치는 말

SAFS 베리에이션 전편 어땠습니까? 이번에는 복제에 3D 스캐너, 직원에게 상담하는 등, 보통의 모델러분이라면 할 수 없는 물량작전을 전개하게 되었습니다. 「사장님 모델링」이라고 이름 붙여요~!!(웃음)

이번의 작례를 하고 있을 때에 새 키트와 구 키트의 믹싱 빌드는 추천할 만하다는 것을 실감. 쌓아놓은 키트를 가지고 있고 어느 정도의 경험이 있는 모델러라면 그다지 난이도가 높은 공작은 없습니다. 라쿤이나 프라울러도 신규 금형으로 판매되는 것이 예정된 일이지만 나처럼 그때까지 기다리지 못하는 사람은 도전해주시기를 바랍니다~♪ 다음은 우주용 SAFS파이어볼과 프라울러로♪

▼하지만 사실은 스스로의 신기록을 목표로 열다섯 대를 하고 있었습니다… 골든위크[33] 기간 동안 진행해온 놈들인데 도저히 납득이 되는 마무리가 되지 않았다고 판단해서 눈물을 흘리며 세 대는 중도에 포기. 안타깝고 아쉽다.

---

33) 역주 : 황금연휴. 일본에서 4월말, 5월초 여러 공휴일이 모여 있는 일주일 정도의 기간.

Ma.K. in SF3D EXPLANATIONS

용병군 지휘정찰용 장갑전투복 라쿤

글 / KATOOO (레인보우 에그)

완성도가 높은 장갑슈트로 양산된 SAFS에는 전투지역과 작전에 맞추어 파생형=베리에이션 기체가 많이 생겼습니다.

HJ 1983년 10월호에 SAFS 정찰형인 라쿤이 발표되었습니다. 슈트랄 군에서는 무인무기가 정찰임무를 담당하는 것에 비해 용병군에서는 일반 슈트에 일정한 비율로 정찰형을 생산, 배치하고 있습니다. 정찰용 슈트에 대해서 요코야마 선생에게 이야기를 들어보니 「컴뱃[34]」 같은 것을 보면 대개는 정찰임무예요. 군대의 임무는 정보수집, 정찰, 수색, 공격이 있고 그것의 반복이기 때문에 정찰은 중요한 임무예요. 게다가 닌자 같아서 멋지지 않나?(웃음) 「건담」이라면 그다지 정찰이 없기 때문에, 그럼 『SF3D』에서는 정찰임무를 메인으로 하자고 자연스럽게 정해지게 된 거지요. 전쟁과 정찰이 만나게 되면 우연히 적을 만나 아주 가까운 거리에서 치고받는 경우도 있겠지. 지상전에서는 그런 긴장감이 가장 무서운 거예요. 귀신의 집 같지요. 언제 나올지 모르는 곳에 가는 것이기 때문에」라고 탄생의 경위를 알려주셨습니다.

라쿤은 정찰, 지휘, 선도가 주임무로서 무장이 없는 대신에 통신기능, 탐사능력, 기동성이 향상되었고, 은밀성을 높이기 위해 기관부에 소음(消音)장치와 방열분산장치가 부착되어 있습니다. 요코야마 선생에 따르면 「디자인 요소로서의 상징이 필요했기 때문에 의도적으로 그런 정찰용 기기를 달았어요. 일반형에 비해 그다지 변화가 없는 외형을 한 정찰형을 만드는 것보다는 소품 등을 붙임으로 해서 「모습을 보고 알아채지 못하면 안 된다」는 연출을 중시했어요」라고 합니다. 비무장형의 라쿤은 고정무장을 지닌 SAFS와 짝으로 행동하고 있지만 개발 당초의 설계개념에서 보면 공격은 함께 있는 SAFS에게 맡기고 파일럿은 정찰기기의 조작을 우선시키고 싶었던 것이라고 생각합니다.

라쿤의 오리지널 모델은 요코야마 선생이 직접 레진 복제한 SAFS에 하세가와의 1:48 디펜더와 포케[35] 1:8 롤스로이스 등의 부품을 사용, 조합하여 다양한 변화가 생긴 형태로 완성. 정찰유닛을 장착한 상반신의 실루엣이 변화되었기 때문에 어깨와 허리의 장갑을 소형화. SAFS와는 달리 곧게 뻗은 안테나와 양팔의 코드, 헤비급이 된 상반신에 맞추어 대형화된 무릎 장갑 등의 밸런스 조절도 정교합니다.

연재할 때의 포토스토리에서는 조명에 따라 색이 카키 계열로 보이거나 그린 계열로도 보이기도 하는 라쿤. 오리지널 모델은 소재가 불명하기 때문에 잘 모르지만 아마도 첫 출시했던 SAFS와 같은 색으로 칠해진 것은 아닐까요? 닛토에서 발매된 1:20 키트의 패키지 바닥면과 도장 카드에는 야간행동용으로 다크블루 그레이의 기본도장색이 실려 있는데 이 다크블루 그레이와 에그 플랜트6 마킹의 인상이 강하게 남아 있는 분도 많지 않을까요?

PLAY BACK NEW ITEM Jul.issue 2010

레인보우 에그의 페르켈 일반판매결정!

『Ma.K.』 레진 키트를 다수 발매하는 GK딜러로, 3Q모델의 패키지 디자인도 참여하고 있는 「레인보우 에그」. 원더 페스티벌 회장 한정으로 판매되었던 슈트랄군 우주전투 포드 「페르켈」의 일반 판매가 이번에 결정되었다. Arpeggio제의 알루미늄 버니어, 파이프용의 코드 4종, 본지 등장 시의 모습을 재현할 수 있는 실크스크린 인쇄의 데칼에 더해 신규 디자인의 데칼, 도장카드도 포함된 호화 세트. 레인보우 에그의 사이트(http://www.rainbow-egg.net/)에서 구입가능.

슈트랄군 우주용 전투 포드 페르켈
- 발매원 / 레인보우 에그 ● 22,800엔, 2010년 5월 발매 ● 1:35, 약 25cm ● 레진키트
- 원형제작 / KATOOO

하비재팬·모델그래픽스 합동 마쉬넨크리거 모형 콘테스트 모집개시!!

본지와 『Ma.K.』 연재지 『월간 모델 그래픽스』가 합동 개최하는 『Ma.K.』모형콘테스트. 이번 회에서 참가용지를 게재하여 드디어 모집이 개시되었다. 콘테스트는 사진심사로 마감은 여름휴가가 끝나는 2010년 9월 15일, 심사결과는 올해 가을의 전일본 모형하비쇼 회장에서 발표된다.

하비재팬·모델그래픽스 합동 마쉬넨 크리거 모형 콘테스트

■응모작품 『SF3D』, 『Ma.K.』를 다룬 작품 전반. 다만 모형콘테스트이기 때문에 입체작품에 한합니다. 일인당 몇 작품이라도 응모 가능합니다. 다른 콘테스트나 전시회, 웹상에 발표한 작품이라도 응모가 가능하지만, 그때는 과거의 발표장소를 참가용지의 해당부분에 표시해주시고, 이번 콘테스트에 응모하며 수정한 부분이 있다면 그것도 표기해주시기 바랍니다.
■사진 콘테스트의 참가는 사진으로 응모합니다. 디지털카메라도 참가가 가능합니다만, 데이터로는 응모할 수 없습니다. 반드시 DTP샵이나 프린터로 출력한 것으로 응모해주십시오.
■참가방법 작품사진을 봉투에 넣어서 참가용지에 필요한 사항을 표기하여 아래의 주소로 보내주십시오. 또한 응모 시에 보내신 사진은 반환하지 않기 때문에 미리 양해해주시기 바랍니다.

■마감 2010년 9월 15일(수) 소인유효
■보내는곳 〒151-0053 도쿄도 시부야구 요요기2-15-8 신주쿠Hobby빌딩
하비재팬 편집부 Ma.K.콘테스트 HJ계
혹은 〒101-0054 도쿄도 치요다구 칸다니시키쵸 1-7
모델그래픽스 편집부 Ma.K. 콘테스트 MG계
[개인정보취급에 대하여] 콘테스트에 응모해주신 개인정보에 대해서는 본지 및 월간 모델그래픽스 지면기사에 이름(또는 별명), 사는 곳의 지역명과 연령을 게재하겠습니다. 또한 응모작품에 대한 문의 등의 연락을 하는 경우가 있습니다. 보내주신 개인정보는 주식회사 하비재팬, 주식회사 아트박스, 요코야마 코우 씨만 이용하며 제3자의 이용을 허가하지는 않습니다. (법령에 의거하여 공개가 필요한 경우는 제외)

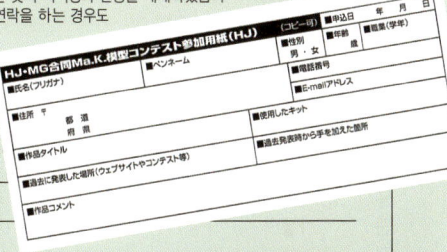

「SF3D 오리지널[복각판]」 5월 31일 발매!!

1983년에 발매된 『SF3D』 단행본 『하비재팬 별책 SF3D 오리지널』이 27년의 시간을 넘어 『SF3D 오리지널[복각판]』으로 2010년 5월 31일에 발매.

표지에는 복각판을 표시하는 로고를 추가. 판형은 예전 그대로이지만 이번에는 종이의 질을 새롭게 하여 오리지널판보다도 약간 두꺼운 것을 사용했다. 구판인 닛토의 플라스틱 키트와 같은 느낌으로 한 권 한 권 비닐로 수축포장을 하여 복각판으로서의 특별한 느낌도 만점. 기본적으로 각 페이지는 오리지널의 초판본을 고해상도로 스캐닝했지만 일부 페이지는 이번 복각판에 맞추어 새로운 사양이 되었다. 내용에 관련된 부분은 아니지만, 부디 어디가 바뀌었는지를 본서를 구입해 확인해주시기를 바란다.

SF3D 오리지널[복각판]
- 발행원 / 하비재팬 ● 1,905엔 2010년 5월 발매 ● B5판, 총140페이지

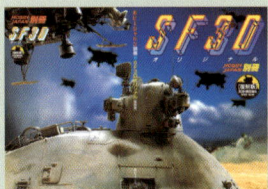

---

[34] 역주: "Combat!" 미국 TV 드라마, 1962년부터 67년까지 방영. 2차 세계대전 당시 미군의 활약을 그린 인기 드라마.
[35] 역주: Pocher, 이탈리아 모형 회사.

SAFS VARIATION FIRST PART

WAVE 1:20 SCALE PLASTIC KIT S.A.F.S. CONVERSION
MODELED BY MAX WATANABE

| Aug.2010 | No.006 |

SAFS Space type FIREBALL & SAFS R Space type PROWLER

전회의 라쿤에 이어 웨이브의 「S.A.F.S.」에 구판 닛토의 부품을 조합한 SAFS 베리에이션을 전해드린다. 용병군 우주용슈트인 파이어볼, 그리고 프라울러는 모두 높은 인기를 자랑하는 아이템이지만 현재는 구할 수 없는 상태이다. 머지않아 발표될 웨이브의 새로운 SAFS 베리에이션을 갈망하며, 재고를 가지고 계신 분은 부디 이번회의 기사를 참고하여 도전해주시기를 바란다.

웨이브 1:20 스케일 플라스틱키트 S.A.F.S.개조
우주용 장갑전투복 파이어볼
우주용 지휘정찰형 장갑전투복 프라울러

제작·해설·글 / MAX 와타나베

■축! 『SF3D』 별책복각!!
모형연예인 MAX 와타나베입니다.
『SF3D』 별책, 마침내 재판되었네요~, 기뻐요~. HJ에 연재 재개를 이은 대사건이네요~. 이제 다음은 HJ에 연재했던 전체 기사를 정리한 책입니다!! 이건 어떻게든 이루고 싶어요!! 그리고 모델 그래픽스의 전체기사를 모은 책도 만들어준다면 갖고 싶어요. 마쉬넨! 더욱더 『Ma.K.』의 세계가 풍성해질 것이 분명합니다!! 아직 입수하지 않는 분은 서점으로 GO!!

■SAFS베리에이션 파트 2입니다.
그건 그렇고, 이번 달은 SAFS 베리에이션 파트2를 보내드립니다. 그런데, 1개월이 지나면서 이것저것 잊어버렸어요(땀). 라고 생각하며 작례를 늘어놓고 찬찬히 살펴보니… 멋져어~(웃음). 역시 파이어볼과 프라울러는 『Ma.K.』나 『SF3D』에 있어서 현격하게 엄청 멋진 존재네요. 활약장소가 우주이고 건담을 좋아하는 사람들도 불현듯이 찾아올 것입니다. 오겠죠?! 이 우주 SAFS 2종은 먼저 발매된 스네이크 아이의 말하자면 구형기체에 해당하는 것이지만 노출되어 있는 등쪽의 메카는 SF영화 같은 느낌이어서

▲이달의 포상~♪ 게다가 세 개~♪!! 데헤헤

메카를 좋아하는 사람이라면 견딜 수가 없을 겁니다. 『SF3D』 당시는 그냥 하얗던 도장 역시 『Ma.K.』시대에 들어와서 많은 컬러 레시피가 발표되어 갑자기 재미있어지고 있습니다. 만드는 재미가 있는 대상이라고 말할 수 있지요.

굴 스켈레톤 기

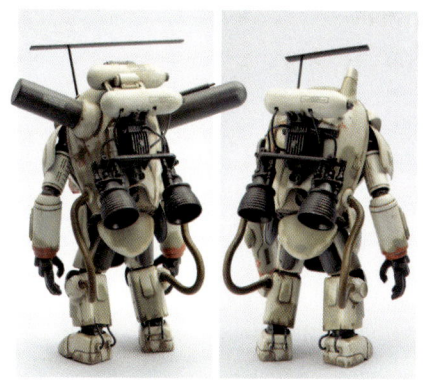

현재까지의 『Ma.K.』 세계에서 넘버원으로 멋지다고 마음대로 생각하는 컬러링이 스컬마크를 해치에 콱하고 그려 넣은 이것!! 이라고 생각하고 있어요. 정말 마음대로 생각이지만 분명히 이 글을 읽고 수긍하는 사람이 전 세계에서 오만 명 정도는 있지 않을까 생각합니다!(웃음) 이 색상조합은 루나다이버에 포함되어 있던 파이어볼 SG의 모습을 가져온 것입니다. 아아~멋져~! 이 컬러는 파이어볼, 프라울러는 물론이고 SG가 나올 때에도 반드시 하겠다고 결정했습니다. 스네이크 아이에도 어울릴까? 해치가 볼록해서 어떨까요? 가까운 시일 내에 시험해보고 싶습니다♪

이 작례에서의 포인트는 그린의 색감이 아닐까요. 기본색인 흰색은 3종 모두 공통 색 구성인데 명도가 꽤 높아요. 지금까지 발표된 우주 SAFS 작례 중에서도 꽤 밝은 것. 그러므로 그린이 너무 짙으면 콘트라스트가 너무 강해져서 그다지 좋지 않게 된다고 생각했기 때문에 주의했습니다. 투톤 컬러의 짙은 쪽을 엷게 마무리하는 것은 어려워요. 왠지 진하게 되어버린다. 뭔가 심리적으로 그런 건지도 모르겠네요.

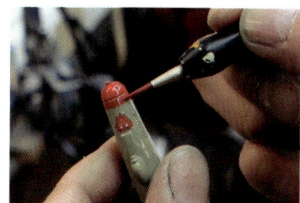

▲두 기체의 양팔과 프라울러의 코에 넣은 빨강도 느낌 좋지요♪

▲몸체의 칠 나누기는 기본색인 백색에 클리어 코트를 한 후에 그린을 에어브러시하고 컴파운드로 경계선을 선명하게 합니다.

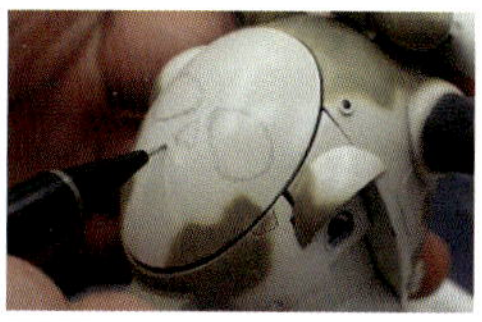

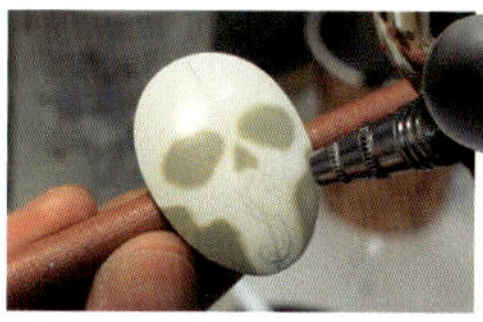

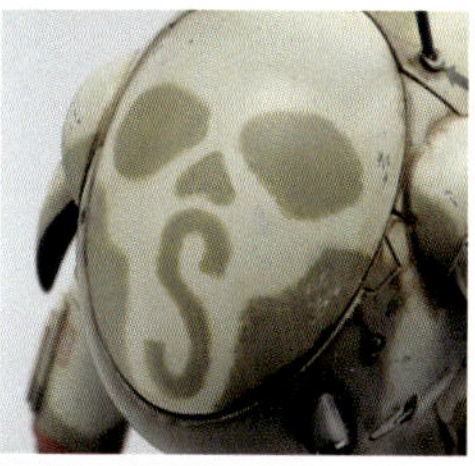

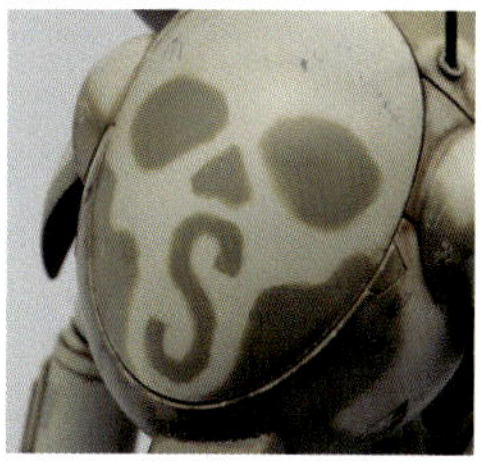

◀전 기체에 『비법 소스3』을 실시한 후에는 칼을 사용해서 리얼 치핑(긁어내기). 많은 것이 있으면 여러 가지를 다양하게 시험할 수 있어서 재미가 넘칩니다. 좋은 의미에서 실패도 두려워하지 않고 다양하고 대담한 시도와 실수를 할 수 있으니까요.

S.A.F.S.
● 발매원 / 웨이브 ● 2,400엔, 2010년 1월 발매 ● 1:20, 높이 약 10cm ● 플라스틱 키트

▲해치의 스컬은 작례사진을 참고해서 연필로 그리고 에어브러시로 칠 나누기. 경계선을 컴파운드로 조정하며 붓 칠도 추가해서 자연스럽게 했습니다. 두 대를 비교해볼 때 똑같이 되지 않은 것은 애교로 봐주시기를. 분위기는 괜찮게 마무리된 것 같음.

파이어볼 & 프라울러 제작 포인트

스캐닝, 3D 출력 등등 「사장님 모델링」

전회에도 소개했던 왼팔의 엑시머 레이저는 본사에서 1:16 스네이크 아이를 개발할 때 「Ma.K.」를 키운 어머니, 세도 마키 씨가 만들어준 원형을 바탕으로 하였습니다. 원형 부품을 3D스캐닝하여 축척을 변화한 다음, 수지로 출력하여 다듬은 후 이것을 실리콘으로 복제해서 레진 부품으로 하는 것으로 마무리했습니다. 뭔가 굉장히 손이 많이 가고 돈도 많이 들어가네요(웃음). 고마운 부품이기에 이 사진을 다른 데보다 몇 초 더 길게 자~알 봐주시기 바랍니다~아♪

동력 파이프

틀린…거는 아닌 것 같기도 하지만, 전회에 열두 대를 납품했을 때. 요코야마 선생으로부터 「우주용 SAFS의 허리와 다리를 연결하는 파이프는 굵은 쪽이 좋아~. 우주라서 여러 가지를 더 감고 있기 때문에~ 그래도 고치지 않아도 괜찮아」라고. 그래서 고쳤습니다(웃음). 스네이크 아이용의 굵은 파이프가 훌륭하기 때문에 교환했습니다. 응. 확실히 이쪽을 쓰는 것이 어울리는군요♪

피규어 헤드에 관해

이번 우주 SAFS 여섯 대의 피규어 헤드는 브릭웍스의 누님(정식 명칭은 「용병군 여성우주 파일럿(A) 인너슈트 착용」)이 가지고 있는 헬멧을 스네이크 아이에 포함되어 있는 머리에 조립해서 만들었습니다.

많이 필요하기 때문에 부품으로 만들기 위해 실리콘으로 복제, 레진 수지 부품으로 바꾸어서 사용하고 있습니다. 이것도 사장님모델링이네요. 시간은 금이다!! 이런 복제라는 것은 개인이 즐기는 정도라면 아무런 문제가 없다고 생각하지만 판매는 안 돼요. 규칙이랄까 도덕적으로요.

공작

웨이브의 키트 부분은 완전히 그대로 조립입니다. 해치 위에 붙어 있는 센서도 우주 SAFS에는 없고 안테나도 다르네요. 지금까지의 SAFS 작례에서 바꾼 곳이라면 발목의 파이프 연결 부분, 단지 끼우기만 하는 게 아니라 정강이에 구멍을 뚫어서 끼운 정도입니다. 굳이 여기에 쓸 것도 없을 정도로 사소한 것이네요.

     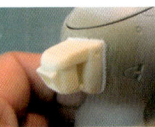

파이어볼과 프라울러는 공용부분이 많고 프라울러=호화스런 파이어볼이라는 느낌이네요. 구판 키트에서 가져온 부품을 이전의 라쿤과 같이 실리콘으로 성형하여 레진수지로 복제한 것을 작례로 사용했습니다. 형상은 전혀 바꾸지 않고 본체와 접합하는 부분을 맞추는 공작과, 실리콘 복제의 특성에 따라 플라스틱의 빈 공간을 메워주는 등이 주된 작업일 뿐입니다. 빈 공간이 있으면 실리콘 복제를 할 때에 부품이 망가질 가능성이 있기 때문에 전부 채워주었어요.

색상 배합

먼저 전 기체의 밑색은 MAX 와타나베식 마쉬넨모델링 루틴 작업을 실시했습니다. 서페이서→은색→클리어→베이스 그레이. 정석이네요. 은색 위에 클리어를 뿌리는 것은 도막이 약한 은색을 보호하여 칼로 하는 치핑을 할 때 은색이 까지지 않고 남아서 노출되는 확률을 올리는 것이 목적입니다.

 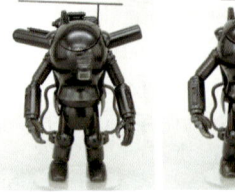

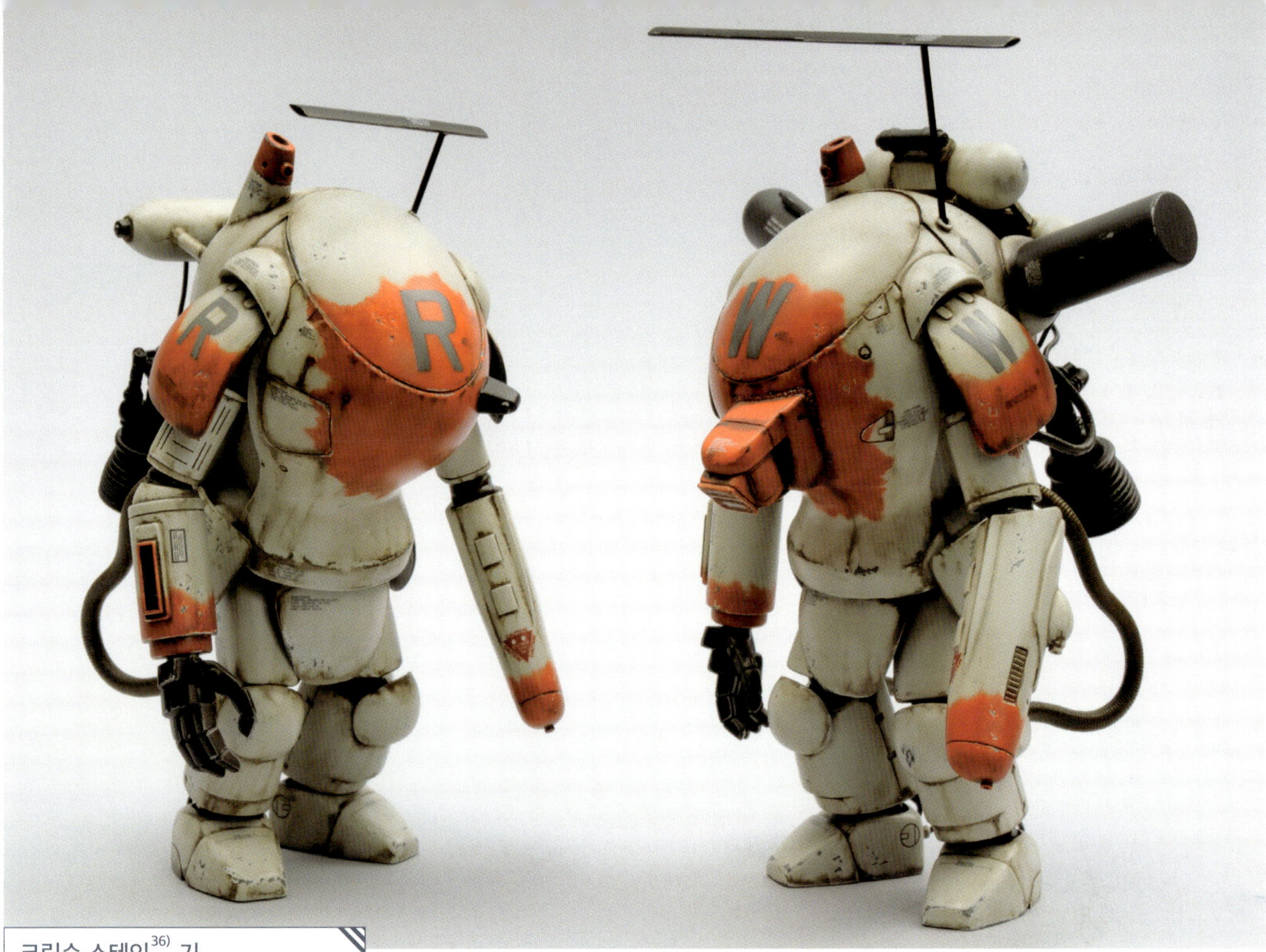

크림슨 스테인[36] 기

빨간 페인트를 쏟아 부은 것 같이 거친 모습이 대단히 멋진 컬러링이네요. BD(방드 데시네)의 표지에서 본 이후로 이것은 언젠가 칠해야 한다! 라고 마음에 맹세했지만, 간신히 실현되어 대단히 기쁩니다. 붉은 색의 느낌이 꽤 미묘합니다. 오렌지라고 말할 수도 있고 밝은 갈색이라고 말할 수 있는 그런 빨강이네요. 본 작례는 자화자찬이지만 원했던 대로 색이 나와서 기쁨도 두 배! 여러분도 스스로가 스스로를 칭찬해주면 행복할 수 있어요♪

이번의 우주 SAFS들은 무광 클리어를 대신해서 세미 플랫 클리어를 뿌려주었습니다. 광택이 나게 한 것은 육전형보다 깔끔하게 마무리하고 싶었던 것과 우주의 물체는 광택이 있는 쪽이 근사하다?! 라고 마음을 먹었기 때문입니다. 실제 에나멜 도료 "비법소스3"을 전체에 칠하고 면봉으로 색을 지울 때 도료가 남는 것이 약간 적게 됩니다. 광택의 가감이라는 것은 말로 하기는 어렵지만 분명히 변화하는 부분이 있고 이번 작례에서는 마지막으로 클리어로 코트해서 더 확실히 했기 때문에 지면의 사진에서도 그 느낌이 전해질 것이라고 생각합니다.

▲본체의 빨강도 큰일이지만 실은 같은 정도로 중요한 것이 번호의 색이라고 생각해요. 본 작례에서는 프린터로 인쇄한 검은색 문자의 데칼을 붙인 후 클리어로 코팅을 하고 조색한 그레이를 붓으로 칠한 것입니다. 경계선의 검은 느낌을 아주 조금 남겨주는 것도 포인트, 마무리가 되니 요코야마 선생의 일러스트 같은 분위기도 나오고 있음♪

요코야마 : 이번에는 광이 있는 녀석이 놀랄 정도로 좋네요.
MAX : 괜찮죠? 이 정도의 광이 있는 거요.
요코야마 : 이게 좋아! 이게 제일이야. 이 정도의 광이 좋아.
MAX : 전의 작품까지의 광은요, 조금 죽어 있어서 제가 원하던 발색이 되지 않았던 작례가 몇 개 있었어요. 무광으로 하면 색이 죽어버리잖아요.
요코야마 : 맞아요. 코픽을 사용하기는 좋겠지만. 그러니까 모래 위를 달리는 그 부분만 무광을 넣어주세요. 상황에 따라 광택을 바꾸지 않으면 아까워요. 그런데도 많은 사람들은 마지막에 코트를 해서 전체를 균등하게 해버리거든요. 이거는 굉장히 아까워요.
MAX : 저는 그래도 장난감으로 꽤나 만지고 놀고 싶어서 에나멜도료를 치덕치덕하고 한 번 코팅한 위에 다시 한다든가 해요. 상황에 따라 변하면 재미있어요.
요코야마 : 그래 그래. 이 눈에도 그렇지만, 에나멜 클리어를 칠했도료. 스모크 말이야. 그래 그래. 이 꽤나 밝은 색칠을 하고 그 스모크를 바르면 와~ 멋져, 여기만 광택이 있으니 좋네~. 스모크인데 꽤 광택이 있죠? 오일 같이 말이야.
MAX : 역시 그렇군요. 부분적으로 광택을 확 바꾸는 거는 이번에 시도해볼게요.
요코야마 : 「모델 그래픽스」에도 썼지만 '무광이란 무엇인가' 같은 것을 그림으로 해설했지, '무광이라는 것은 표면에 오돌토돌한 입자가 붙어 까칠까칠해져서, 그 난반사로 인해 광이 없어진다. 그 난반사만큼의 명도가 높아진다'는 정도의 내용을 썼었지. 그걸 근거로 말하자면(웃음), 무광은 당연하게도 명도가 올라가지만 채도는 내려가지. 그래서 그게 밝아지기는 하지만 한방이 부족해보여. 그와 반대로 광이 나면 명도는 떨어지지만 꽤 박력이 있는 것 같아 보이지.
MAX : 쿵! 하고 강해지는 거네요. 그래서 약간 멍해져 버렸을 때, 광을 척하고 내봤더니 재미있어졌어요(웃음).
요코야마 : 뚱뚱한 아저씨 같네. 번들번들 해보여(웃음).

---

36) 역주 : Crimson Stain, 진홍색 얼룩.

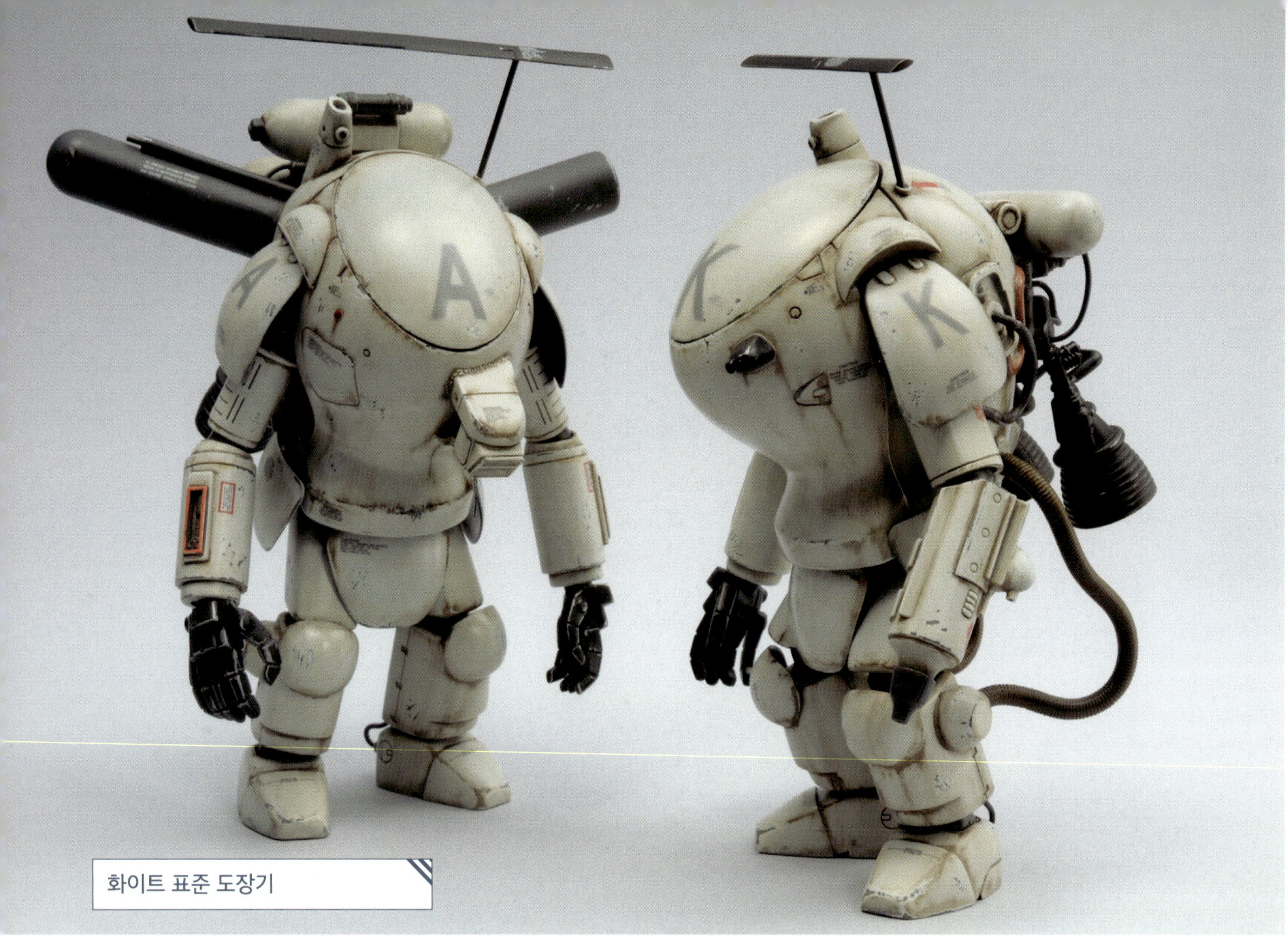

화이트 표준 도장기

▲이번에 게재된 여섯 대도 아주 멋진 까짐과 조금적은 까짐이 곳곳에 있습니다. 마음에 드는 까내기 방법이 있다면 부디 따라 해보시기 바랍니다.

▶피니셔즈의 루나틱 플래쉬에 흰색을 대량으로 첨가한, 아, 아니다. 흰색에 소량의 루나틱 플래쉬를 첨가한 우주 SAFS 화이트(웃음)를 베이스 그레이 밑칠 위에 전체 도장을 했습니다. 데칼을 붙이고 클리어를 코트한 후 스펀지 사포를 가지고 "갈아내기 같지 않은 갈아내기[37]"를 했습니다.

매력적인 위장무늬 컬러가 다수 있는 『Ma.K.』 세계이지만 역시 각 기체의 기본이 되는 단순한 표준도장은 확실히 꼭 해보고 싶은 것. 우주용 SAFS라면 역시 "백색"일 것입니다. 우주복은 백색! 스페이스셔틀도 로켓도 기본은 백색!! 그래서 우주의 모형은 우선 백색!이지요(웃음).

엑시머 레이저건 이야기

이 기체에 재미있는(?) 에피소드가 하나 있습니다. 거의 도장을 마치고 내일은 최종 마무리일까나, 라는 생각을 하던 한밤중의 침대. 머리맡에는 『Ma.K.』 관련 책은 모두 갖추어져 있으므로 차라락하고 넘기고 있었습니다. 「크로니클&엔사이클로페디아1[38]」(대일본회화 발매)의 SAFS 베리에이션의 페이지를 멍하게 바라보고 있을 때 「어라? 이건?」. 육전형의 SAFS와 우주형 SAFS(파이어볼)의 왼팔 엑시머 레이저의 머즐 부분이 달라?! 이런~ 설마~. 「아, 안 돼! 미묘하지만 분명히 다르다! (진땀)」

그런 이유로 다음날 아침 일찍 그 부분을 잘라버리고 구판 키트의 부품을 이식했습니다. 눈치 채서 다행이야~랄까나, 그런 것도 몰랐던 거냐 MAX 와 타나베!! 네 전혀 몰랐습니다~~. 잘못된 그대로 게재되었어도 재미가 있었을지도 모르겠네요(웃음).

 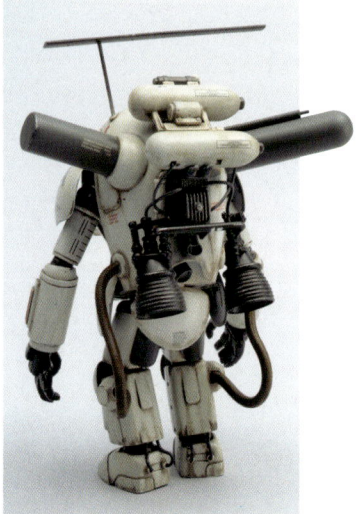

37) 역주 : 데칼의 단차를 없애기 위한 사포질로서 일반적인 연마와는 달리 살살 하는 작업이므로 농담처럼 한 말.
38) 역주 : Maschinen Krieger Chronicle & Encyclopedia 1, 2003년 발행

SAFS LATER PART

특별출연 크뢰테

엄청나게 멋진 그레이 투톤에 귀여운 개구리의 엠블럼이 반가운 3Q모델의 최신작 패키지 일러스트의 모델을 초 속공으로 칠해보았습니다!! 본 작업에는 평붓을 많이 사용, 지금까지와는 다른 작풍으로 도전하고 있습니다. 뭔가 능숙하게 된 것 같은 나!? 라고 혼잣말을 중얼거릴 만큼 아주 멋지네요(웃음). 자세한 것은 다음호에~~. 그래서 다음 회에서는 크뢰테를 칠합니다!

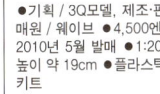

●기획 / 3Q모델, 제조·판매원 / 웨이브 ●4,500엔, 2010년 5월 발매 ●1:20, 높이 약 19cm ●플라스틱 키트

특별출연 라쿤

전회에 시간이 부족해서 눈물을 삼키고 떠나보냈던 세 대 중 한 대인 라쿤의 도장이 완료되었으므로 잠깐 봐주시기를 바랍니다~. 배색은 크림슨 스테인의 베리에이션이라서 지난 달의 나이트 스토커와 형제처럼 보이네요. 아닌가?

동계위장입니다. 이번 달에 발매하는 이리사와 한정 스노우맨 SAFS와 함께 세우고 싶어서 이런 컬러로 해보았습니다. 조금 화려해 보여서 은밀한 행동에는 적합하지 않지만 멋있으면 이기는 것이 『Ma.K.』입니다♪ 멋있다… 그렇지요?(땀)

▲로고의 색은 고민에 고민을 하며 몇 번이나 다시 칠했습니다. 적색계열도 괜찮다고 생각했지만 이 어두운 블루도 포기하기에는 어렵다는. 어떤가요?

Ma.K. in SF3D EXPLANATIONS

용병군 우주용 장갑전투복
파이어볼
용병군 우주용 지휘정찰 장갑전투복
프라울러

글 / KATOOO (레인보우 에그)

『SF3D』연재 당시 처음으로 우주를 무대로 한 스토리에 등장하는 용병군의 장갑슈트가 파이어볼입니다. 첫 출연은 HJ 1983년 5월호. 연재 1주년을 기념하여 월면에서의 전투가 그려졌고 슈퍼AFS 우주 타입 세 대가 월면에 강하하여 "지옥의 감시견"인 켈베로스와 교전했습니다. 포토스토리 안에서 이 우주타입의 별칭은 "파이어볼"이었지만 같은 해 7월에 발매된 별책 『SF3D』에서는 "슈퍼AFS 우주타입"이라고만 불렸고 그 후 "파이어볼"이라는 표기가 주류가 되었기 때문에 여기에서도 파이어볼로 통일하도록 하겠습니다.

설정상 지금까지의 우주공간에서의 전투는 우주전투기와 전투 포드가 주력무기였지만 사람 크기의 장갑슈트인 파이어볼의 전선 투입으로 인해 전황이 변화. 대형 우주전투기에 비해 소형이고 민첩한 파이어볼은 표적이 되기 어렵고 회전반경이 짧은 것이 유리해서 커다란 전과를 올렸습니다.

노출된 버니어 노즐을 장착하고 있어서 임시변통한 느낌이 있는 파이어볼이지만 모형적으로는 그 부분도 커다란 볼거리가 되고 있습니다. 닛토에서는 시리즈 No.7로 1:20 플라스틱키트를 발매. No.6이 대형으로 부품 수가 많은 호르니세여서 그런지, No.6이 나오기 전에 No.7 파이어볼이 먼저 발매되어 조금 놀랐던 기억이 있습니다. 패키지에도 우주공간에 있는 파이어볼의 뒷모습이 게재되어 참신했습니다.

프라울러는 파이어볼의 지휘 정찰형으로서 요코야마 선생이 닛토키트를 개조한 베리에이션으로 HJ 1984년 10월호에 등장. 파이어볼과 라쿤의 키트를 조합한 양손 머니퓰레이터형의 프라울러는 증설된 L.O.G. 탱크, 대형 레이더에 더해 몸체 좌우에 레이돔을 설치. 라쿤과 같은 I.R.시커도 본체 전면에 장착되었습니다. 이러한 추가 장비는 한눈에도 정찰용 유닛이라는 인식이 되어 디자인적으로도 매우 중요한 부분입니다. 심플한 파이어볼에 비해 장비과다라고 할까, 이런 풍부한 느낌이 있는 것이 프라울러의 매력이라고 생각합니다. 프라울러는 파이어볼 다섯 대당 한 대의 비율로 배치되어 정찰지휘 외에도 적기 유도와 은밀 수색 등도 하고 있어서 스토리에 깊이를 주는 존재라고 할 수 있습니다.

스네이크 아이와 파이어볼SG 등 『Ma.K.』로 명칭을 변경한 후부터 발전형의 우주용 슈트가 발표되고 있지만 파이어볼, 프라울러는 그들과는 다른 매력을 갖춘 『SF3D』연재 당시의 분위기를 진하게 풍기고 있는 디자인이라고 생각합니다.

PLAY BACK NEW ITEM Aug.issue 2010

멜루진 콘테스트 결과 발표

모형점 옐로우서브마린 아키하바라 스케일샵에서 개최한 「멜루진 한정 프라모델 콘테스트」의 수상작품을 공개! 각 수상작품을 관람해주시고 이후의 작품을 만들 때 활용해주시기 바랍니다. 또한 요코야마 코우 씨의 작품에는 요코야마 코우 씨의 직접 코멘트가 도착했기 때문에 수상자는 반드시 체크해주세요!

- 참가작품수 : 26점
- 모집기간 : 2010년 5월 15일(토) ~ 2010년 5월 23일(일)
- 협력 : 웨이브, 하비재팬

요코야마 코우 상
「Ohne Titel」 스케키요

▲스모크 디스챠저를 추가 공작한 멜루진. 등의 엔진 커버를 색 다르게 하고 있고, 그것을 심플한 도장으로 훌륭하게 마무리했군요. 두 대 편대로 해서 합격입니다. (요코야마 코우)

「멜루진 중장형」 hanio
요코야마 코우 상

▲이 위장무늬는 O위장을 이은 것처럼 보여 말하자면 발전형 동그라미 위장이군요. 8이라는 숫자가 더욱 기분 나빠서 좋습니다. 합격 (요코야마 코우)

「dinner」 하시모토 히데토시
하비재팬 상

WAVE 상
「멜루진」 tana

「사도.」 KenZ
YS(옐로우 서브마린) 상

PLAY BACK NEW ITEM August.issue 2010

「SF3D 오리지널 【복각판】」 매진임박!!

본지에 연재했던 『SF3D 오리지널』의 초기 15회분을 재편집한 단행본으로 1983년 간행된 「하비재팬 별책 SF3D 오리지널」. 그것을 풀 스캐닝한 복각판이 현재 절찬 발매 중(당시). 최신 스캐닝 기술과 좋은 품질의 종이를 써서 오리지널에 비해 전혀 손색이 없는 퀄리티로 완성되었다. 또한 일부 광고를 제외하고 당시의 지면을 완전 복각하고 있어서, 27년 전의 하비재팬을 체감하게 한다. 더욱이 본 책은 한정수량 생산이고 호평으로 남은 부수가 적어지고 있기 때문에 아직 구입하지 않은 분은 서둘러 구입을.

SF3D 오리지널 【복각판】
- 발행원 / 하비재팬 ● 1,905엔, 2010년 5월 발매
- B5판, 총140페이지

요코야마 코우 씨 디자인의 T셔츠를 살 수 있는 온라인샵

여러 아티스트가 디자인한 T셔츠를 온 디맨드 방식으로 판매하는 온라인 샵인 「TEE PARTY」에 요코야마 코우 씨의 작품이 등장. 『Ma.K』의 패키지 일러스트 등이 프린트된 T셔츠를 판매하고 있다.

하비재팬 모델 그래픽스 합동 마쉬넨 크리거 모형 콘테스트 참가작품 모집 중!!

본지와 『Ma.K.』 연재지 「월간 모델 그래픽스」가 합동 개최하는 『『Ma.K.』모형 콘테스트』의 응모작품을 모집 중! 사진으로 심사를 하고 가을에 전일본 모형하비쇼 회장에서 결과를 발표 예정. 마감은 2010년 9월 25일.

KRÖTE
FIRST PART
Panzer Aufklärungs T.W.47

WAVE 1:20 SCALE PLASTIC KIT
MODELED BY MAX WATANABE
| Sep.2010 | No.007 |

크뢰테
●기획 / 3Q모델, 제조·판매원 / 웨이브 ●4,500엔, 2010년 5월 발매 ●1:20, 높이 약 19cm ●플라스틱 키트

슈트랄군 무인 이족보행 전차 「크뢰테」=독일어로 "개구리". 어딘가 사랑스럽고 유니크한 스타일로 인기가 높은 아이템이다. 이번에는 성난 파도와 같은 MAX 와타나베 작례뿐만 아니라 도쿄에 거주하는 오스트레일리아 마쉬넬라[39] Lin.K. 씨의 디오라마, 그리고 원작자 요코야마 코우의 신작 작례가 게재된다.
게다가!! 무려 27년 전에 만들어진 오리지널 모델이 공개된다. 팬들이 기다려 마지않던 크뢰테편의 전편이 개막!

웨이브 1:20 스케일 플라스틱 키트
무인강습정찰용 이족보행 전차 크뢰테

제작·해설·글 / MAX 와타나베

■꿈이 실현되다!
「하비재팬의 연재 전 페이지를 편집한 책, 나온다면 좋겠다~ 내 소망이야~」라고 계속 편집부에 중얼거리고 있으면 정말로 실현되어버릴 것 같아!!(웃음)

아, 모형 연예인 MAX 와타나베입니다.

이 연재 기획목적의 반 정도는 이미 달성했다고 해도 과언이 아닌 쾌거다. 요코야마 선생이 원하던 대로(라고 내 맘대로 생각) 판형도 커질지도?! 그 덕분에 조금 비싸질려나?(땀) 그~러나 그런 것은 정말 사소한 것일뿐!! 이것은 역사적 쾌거! 여러분 모두 기쁘게 뛰어나가 예약하기를!! 이야 정말 기쁘네요♪

■크뢰테, 크뢰테?
크뢰테, 귀여워. 실은 뭐랄까 사랑스러워. 무기인데도.

2010년 5월 말에 3Q모델에서 발매한 이 키트, 원래 닛토의 키트에 간스 발매 시에 개발되었던 런너가 더해져서 다리가 굵고, 가슴(?)과 무릎(?)에 증가장갑을 장착하게 되어서 아주 이득인 것 같은 기쁜 물건입니다. 새로운 컬러링도 제안되어 원래의 팬뿐만 아니라, 뭔가 관심이 생긴다! 라며 현재 급증하고 있는 신규 마쉬넨 팬의 눈도 사로잡을 것이라고 보증합니다. 이번 달에도 역시나 이것도 만들고 저것도 칠하면서 모두 일곱 대를 완성하여 가지고 왔습니다만(웃음). Lin.K. 씨의 엄청 멋진 디오라마와 요코야마 선생의 신작도 가지고 와서 매우 충실한 내용이 되었기 때문에 SAFS 베리에이션과 같은 방식으로 이번에도 전, 후편을 나누어 전달하게 되었습니다. 뭔가 굉장하네~ 이 뜨거운 열기!!

[39] 역주 : 원문에는 マシーネラー. (마쉬네라) 마쉬넨 + 모델러의 합성어.

제401장갑엽병대대 제8실험부대기

네. 아주 좋아하는 동계위장이네요~♪ 흰색은 가장 재미있어요~. 무엇보다 모형은 그림으로 말하자면 캔버스 같은 것이기 때문에 희다는 것은 무엇이든 할 수 있다는 것♪ 색의 표현범위도 넓고 포인트 색도 여러 가지 사용할 수 있는 것에 더해 추가 효과가 눈에 띄기 쉽다!! 좋은 것이 듬뿍이네요.

크뢰테 공작

스냅피트 외에는 만들어본 적이 없어요~(땀)이라고 하는 사람이 아니라면 조립에 문제가 없는 구성과 정밀도를 자랑하는 크뢰테. 25년이나 지난 키트라고는 생각되지 않습니다. 닛토가 열심히 했구나라고 감격. 아무리 그렇다고 해도 상부포탑은 가조립하여 상태를 봐가면서 조립해야만 어긋나지 않아서 좋습니다. 꼭.

설명서에 빈틈없이 그림으로 설명되어 있는 각 부분의 후크류. 키트의 부품을 사용하여 만들 수 없는 것은 아니지만 유감스럽게도 약하다! 나는 뭔가 부주의한 사람이라서 금방 힘을 줘서 부러뜨려버린다. 그래서 나중의 상황을 생각해서라도 반드시 황동선으로 바꾸어주는 것을 권장합니다. 정확한 가이드가 조립 설명서에 기재되어 있기 때문에 이것을 기준으로 만들면 의외로 간단하고 사실 재미있는 공작이기도 합니다♪

그리고 하나 더. 다리를 벌린 자세로 할 수 있는 새로 추가된 다리를 끼우는 부분인데, 폴리캡이 조금 과하게 잡아주기 때문에 다리의 끼우는 축이 부러지기 쉽습니다. 네, 실제로 일곱 대 중 네 대가 부러졌습니다(땀). 그러므로 이것은 유비무환을 위해 부러지기 전에 보강, 축에 1mm의 황동선을 끼워 넣고 단단히 고정해 버립시다. 이렇게 해서 지나치게 마구 다루지만 않는다면 괜찮습니다♪ 추천합니다!

이상의 것들에 주의하면 놀랄 정도로 짧은 시간에 척하고 조립이 되는 크뢰테. 여러분도 부디 여러 개 조립해서 휙휙 칠해보세요! 면이 넓기 때문에 칠할 보람이 있는 아주 즐거운 주제입니다.(다음 페이지의 동계위장기체 도장편에 이어집니다)

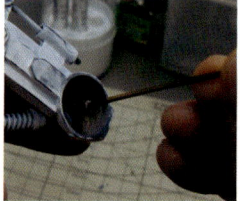

061

크뢰테 동계위장기체 도장편

동계위장기체는 우선은 미디엄 그레이를 전체에 에어브러시로 뿌리고 클리어 코팅. 그리고 흰색입니다! 에어브러시 같은 것으로 칠한다면 금방 끝나버려 아쉽기 때문에 평붓으로 치덕치덕. 가루 치아 미백제를 대량으로 섞어 넣은 흰색이에요. 확실히 광이 없어지게 되고 게다가 건조도 빠르며 도막도 두터운 볼륨이 되어서 좋습니다. 잘 칠해주었다면 건조 후 스펀지 사포로 적당히 각 부분을 사포질하면서 밑색인 그레이와 그 아래의 베이스 그레이와 또 그 밑의 실버까지 군데군데 노출되어 보이도록 정말로 적당하게 사각사각. 정말 즐겁지요♪

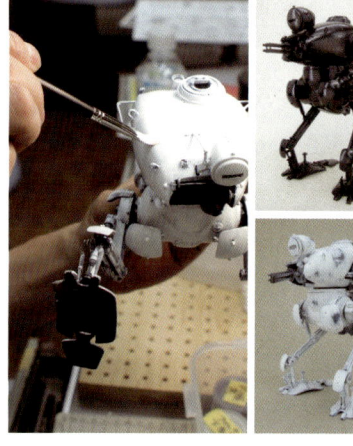

오렌지를 잘 칠한 다음, 데칼을 붙이고 데칼의 가장자리가 지나치게 샤프한 곳을 가볍게 밑색 도료로 곡선이 되도록 하고 미디엄 그레이를 적당히 각 부분에 흩어지게 칠한 다음 비법 소스3입니다.

그 후 타미야의 웨더링 스틱. 진흙탕에서 이동을 한 기체처럼 다리 주위는 다양한 갈색계열의 도료로 잔뜩 지저분해진 느낌을 내면서 피니쉬입니다. 역시 동계위장은 최고네요.

◀데칼의 개구리군은 그대로라면 조금 개성이 없어서 연마해준 후 코픽의 옅은 청색을 더해보았습니다. 멋지다♪

제503중전차대대 위력정찰중대기

지난달에 잠깐 보여드렸던 컬러링입니다. 이거 멋지네요~.

기본색(짙은쪽)을 에어브러시로 뿌려준 후 여기에 라이트 그레이를 섞어서 붓으로 칠 나누기를 하고, 이어서 이 색을 소량 섞은 짙은 기본색을 에어브러시를 한 면에 붓칠. 이것을 몇 차례 정도 반복해서 전체를 균형 있게 조정해보았습니다. 지금까지 해본 적이 없는 방법으로 했는데 면이 균형도 잡히고 다양성도 생겨서 보고 있어도 질리지 않는 느낌이 되었습니다. 붓이란 깊이가 있다고 다시 생각해봅니다. 빠져들 것 같아요♪

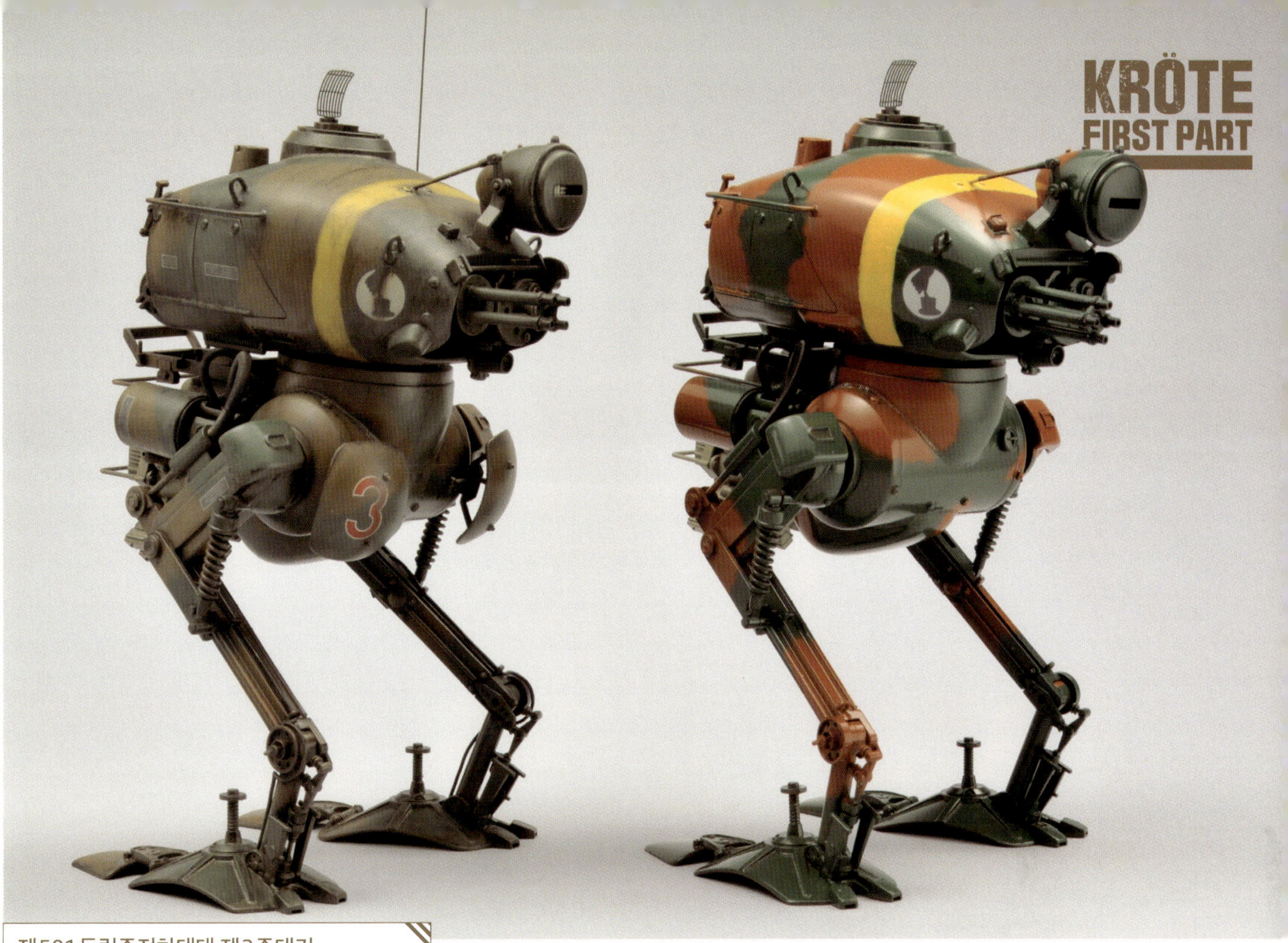

KRÖTE FIRST PART

제501독립중전차대대 제3중대기

갈색×녹색×황색띠의 컬러링은 AFV의 지식이 슬플 정도로 부족한 저에게는 즉시 「구일본 육군」이 떠올랐습니다. 또는 초기자위대 차량?! 어느 쪽도 빗나갔을지도 모르겠지만(웃음).

그 첫인상과 컬러가이드에 쓰여 있는 에피소드의 한 부분인 「~현재는 플레스부르크 군사기술 박물관에 소장되어 있는」의 문장에서 파박하고 아이디어가 떠올랐어요♪ 그렇다, 그야말로 박물관의 소장품과 같은 느낌이 있는 도장을 하고 싶다고. 그리고 생각이 났는데 어째서 전시물의 색이 실물임에도 불구하고 맛밋하게 평탄하고 때로는 요란스럽다고 할까, 어쨌든 매력이 부족한 것일까라고. 여러분도 그렇게 생각하지 않나요? 뭔가 "그럴듯하지 않음"이라고 할까, 관심이 없다고나 할까. 소장품에 색을 칠하는 사람은 원래 무관심한 건가? 아니면, 그런 게 아니라 제대로 된 고증을 바탕으로 재현된 「올바른 색」인가? 어쨌든 실물을 보러 가서 그 크기와 실물에 대한 동경에서 오는 감동과는 달리 "이상한 색이다"라고 생각했어요. 이런 점에서도 모형에 실물과 "똑같은 색"을 칠해도 좋은 느낌은 안 되는 것은 아닐까라고 MAX 와타나베는 생각했습니다.

▲그런 생각을 담아서 「만약 박물관 버전」에는 「이런 이런…」이라는 느낌이 드는 색을 빈틈없이 칠해보았습니다. 으~음, 진짜 별로네(웃음).

◀그에 비해 이 컬러링을 모형적으로 "그럴듯함"을 넣어서 칠하면 이런 느낌!! 이 있는 또 하나의 기체입니다. 실험도 재미있었고, 또한 여러 가지 생각도 해보는 시간이었습니다. 여러분도 이러한 부분을 한번 같이 생각해보셨으면 좋겠습니다.

특별게재 「Sie kommen!」 제작 / Lin.K.

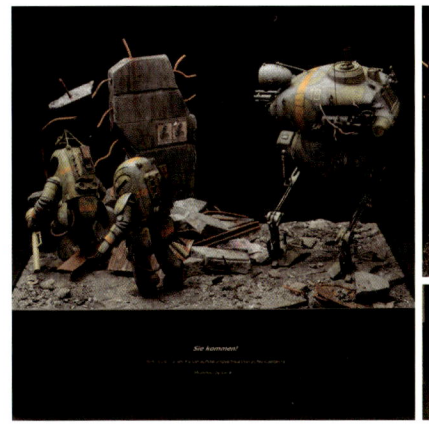

◀현장감의 대단함을 느끼게 하는 디오라마. 독자적인 센스가 빛나는 디자인의 기체도 주목.

▼깊이 있는 도장이 돋보이는 크뢰테. 구판 키트를 사용하고 있다.

◀Lin.K. 씨는 편집부에서 촬영을 견학.

이번 달에는 촬영 시에 갑자기 참여한 도쿄에 거주하는 오스트레일리아인 모델러의 역작도 전한다. 『Ma.K.』의 맛을 살리면서도 독창성이 넘치는 디오라마로 완성하였다.

연재개시 시점에서 『SF3D』의 무대는 오스트레일리아가 좋다고 생각했다. 그 진짜 이유는 잘 생각나지 않지만 캥거루나 코알라, 오리너구리 등, 생태계에 흥미가 있었던 것은 확실. 그래서 연재중일 때부터 오스트레일리아의 팬이 꽤 있었어요.

그리고 이번에는 도쿄에 거주하는 오스트레일리아인 모델러, 링크라고 부르는 Lincoln Wright 씨에게 크뢰테 디오라마를 가져와달라고 했지.

때마침 편집부 근처에 거주하고 있는 오스트레일리아의 마쉬넨 모델러가 있다는 것도, 뭐랄까 고마운 일이네요(요코야마 말씀).

Ma.K. in SF3D EXPLANATIONS

슈트랄군
무인강행정찰용 이족보행 전차
크뢰테

글 / KATOOO (레인보우 에그)

크뢰테는 HJ 1983년 7월호에 게재되었던 슈트랄군의 무인무기로 기념적인 『SF3D』 최초의 무인 이족보행무기입니다. 그 이전에 등장한 무인무기의 이동수단은 너트로커의 호버 주행이나 노이스포터의 반중력 부양이라는 SF적 요소가 짙은 것이었지만 더욱 현실성을 높인 크뢰테의 이족보행 기구는 대단히 임팩트가 있었습니다. 최근 복간된 『별책 SF3D 오리지널』에는 연재 15회째까지의 기체가 게재되고 있습니다만 연재 15회째의 크뢰테는 간신히 시간을 맞춰서 별책에 실렸던 기체. 『SF3D』 연재 때부터 2000년대가 될 때까지 여러 대의 기체가 한꺼번에 게재된 서적은 『별책 SF3D—』밖에 없으며 이 별책에 게재된 메카는 『SF3D 제1기생』과 같은 풍격, 인상이 있습니다. 그중에서도 크뢰테는 시작부분의 포토스토리 「OPERATION SUPER HUMMER」에서 AFS와의 전투 장면이 매우 드라마틱한 느낌이어서 별책 중에서도 인상에 남는 메카 중 하나입니다.

크뢰테는 독일어로 쓰면 「Kröte」로서 의미는 두꺼비. 1983년 발표 때는 요코야마 선생도 담당편집자인 이치무라 씨도 「크뢰테」라는 발음을 알지 못해서 연재 때나 별책에서는 「크뢰테」라는 단어가 어디에도 있지 않았습니다. 지면에는 끈질기게 「Kröte」라고 독일어로 관철해서 중학생이었던 저에게는 움라우트 같은 건 알 수 없었기에 「O 위에 점이 두개? 크뢰테?!」 하면서 어리둥절했습니다(웃음). 저는 84년에 실시간으로 크뢰테 키트를 샀는데 생각해보면 인생 최초의 무인기 프라모델, 중학생으로는 쉽게 살 수 없는 2,300엔이라는 가격이고 공작은 어려운, 쓰고 떫은 어른의 세계와 같은 프라모델이었습니다(웃음).

『스타워즈』의 스카우트 워커(AT-ST)에서 영감을 얻었다는 크뢰테는 특이한 실루엣의 포탑과 노출된 메카부분, 그리고 절묘한 밸런스로 구성된 이족보행 기구와의 대비가 훌륭한 걸작 디자인. 포탑은 1:100 겔구그의 다리 장갑이라는 기상천외한 부품 활용으로 설명이 없었으면 평생 알 수 없었을 것입니다. 이 포탑은 이족보행 유닛에 비해 상당히 큰 것이 포인트. 불안정한 이족보행기체임을 고려한다면 포탑은 납작한 모양이나 작게 만드는 것이 무난하겠지만 그것을 굳이 크게 만들었다는 것이 요코야마 디자인의 위대함. 볼륨이 있는 포탑이 정말 사랑스럽습니다.

그리고 보행유닛의 완성도도 높이 평가할 가치가 있습니다. 『Ma.K.』에서는 베리에이션 기체가 다수 등장하기 때문에 크뢰테는 무장을 교체한 타입의 PAK크뢰테나 퀴스터뿐만 아니라 월면 간스, 육전 간스에도 보행 유닛이 사용되었습니다. SAFS의 바디 쉘과 노이스포터의 머리 부분 등 다른 기체에도 사용되는 부위는 무기로서의 완성도가 높은 것을 말해주고 있고, 크뢰테의 보행유닛은 무인 이족보행기체의 하이 스탠더드라고 할 수 있습니다. 설정에서는 무기개발국의 개발이 늦어지고 있는 너트로커와 노이스포터의 대체무기로서 슈트랄군이 봄폴&지오넬(Bomvol und Zionel)제의 크뢰테를 구입하여 테스트한 결과 채용을 결정. 좀처럼 배치되지 않고 있는 섬세하고 고성능의 정찰기 노이스포터에 비해서 크뢰테는 전선에 다수 배치되어 강력하고 억센 강습정찰기입니다. 키트를 제작할 때도 크뢰테의 캐릭터를 고려하여 도장이나 개조를 한다면 한층 더 재미있을 것이라고 생각합니다.

3Q모델에서 크뢰테 발매에 맞추어 레인보우 에그에 디자인 작업을 담당하도록 해주셨습니다. 요코야마 선생이 도장 패턴을 고안, 제작하고 데칼 제작과 기체해설을 sim 씨가 담당하였습니다. 도장패턴과 해설은 왕년의 팬도 즐길 수 있는 내용으로 되어 있습니다만 최근 팬이 된 분을 위해서 새로운 작례들에 대한 키트에 포함된 도장 카드의 보충 설명을 하고 싶습니다.

크뢰테의 기본 도장색인 "샌드 그라우26"은 1984년의 구 닛토 PKA의 도장카드에 "그라우26"이라고 쓰여 있던 것으로서 슈트랄군 메카의 초기기본색입니다. "그라우"는 독일어로 "그레이". 요코야마 선생이 "옐로우계열인데 그레이라고 하는 것도 있지(웃음). 샌드 그라우26으로 하자"라고 말해서 26년이 지나서 명칭이 변경. 구 닛토제품의 패키지에는 마츠모토 슈헤이 씨에 의해 샌드그라우26으로 칠해진 크뢰테의 완성샘플 사진이 실려 있습니다.

063페이지의 갈색×녹색의 크뢰테는 도장카드 「1」의 기체. 이것은 닛토 키트에 포함된 도장카드 「1과 동일한 기체로서, 식별띠를 추가하고 현재 박물관에 소장되어 있다는 설정입니다. 여담이지만, 슈트랄군이 많이 사용하는 황색의 식별띠는 의외로 닛토의 『SF3D』라는 이름의 키트의 도장카드에는 하나도 없습니다. 「별책SF3D—」의 105페이지에 황색띠를 넣은 너트로커가 게재되어 있는데 당시는 황색띠=제3중대라고 기재되어 있습니다.

062페이지에 게재된 블루의 크뢰테는 도장카드의 「2」에 해당. 대형무인지휘기인 쾨니히스 크뢰테를 경비하는 기체로서 『Ma.K.』의 세계가 한층 넓어지는 뛰어난 설정. 기본색은 요코야마 선생이 직접 제작한 오리지널 크뢰테의 블루 그레이와 같은 색. 더 진한 블루 그레이를 그 위에 칠할 2색 스플리터[40] 위장입니다. 기본색은 이전에는 「G(구스타프) 그라우」라는 호칭으로 블루 그레이였지만 「그라우44」라고 이름이 바뀌었고 짙은 쪽의 블루 그레이는 「그라우67」이라는 호칭이 주어졌습니다. 번호는 요코야마 선생이 직감(!)으로 붙였다고 합니다. 기체번호 「27」은 패키지에도 있기 때문에 깊이 생각해볼 때 「크뢰테가 첫 등장한 83년으로부터 27년 후라서?」라고 추측했습니다만 선생 말씀이 「완전히 우연」이라고. 직감이나 우연은 가볍게 볼 것이 아니네요.

065페이지의 크뢰테는 도장카드 「3」으로 카로프 소위가 매우 사랑한 크뢰테 중 「휘테」(산장)라는 이름이 붙은 기체. 서사적인 요소가 강한 설정에 추가해서 랜덤한 위장과 조금은 유머러스한 느낌의 샤크마우스가 아주 느낌이 있는 기체입니다. 연재 때의 포토 스토리에서는 에디 암젤군이 고장 난 크뢰테에 눈과 입을 낙서했습니다만 그것을 방불케 하는 마킹이 되었습니다.

061페이지의 동계위장에서 흔히 볼 수 있는 백×오렌지의 패턴은 도장카드 「4」입니다. 보행전차이면서 설원이라고 한다면 『스타워즈』가 유명하지만 크뢰테의 동계위장도 참 잘 어울립니다. 같은 부대에서는 눈과 진흙에 대한 대책으로 다리부분의 장갑을 벗겨 놓는 경우가 많다는 기록대로 현지에서 개량하는 요소를 넣은 것도 『Ma.K.』의 재미입니다.

크뢰테와 얽힌 재미있는 사연

KATOOO 씨의 기사를 읽고 얼레? 크뢰테의 오리지널 모델에 1:100 겔구그의 정강이가 사용되었다고?! 겔구그? 이것은 더는 확인할 수 없는 이야기이지만 혹시 부품으로 사용한 겔구그의 정강이의 출처는 저일지도 모릅니다(웃음). 그렇다면 꽤 간접적이기는 하지만 크뢰테의 탄생에 제가 관련되어 있는 것일지도? 그렇게 생각하는 것이 드라마틱하기 때문에 그렇다고 해두시지요, 요코야마 선생님♪(MAX 와타나베)

SAFS "스노우맨"

스노우맨 발매 기념! 이라서 급히 조립해봤습니다. 모처럼 흰색인 성형색을 살려서 마무리하고 싶다고 마음을 먹고 스카이블루와 그레이 그리고 오렌지만으로 붓도장을 한 후 데칼을 붙이고 클리어로 코트한 다음에 가~볍게 스펀지사포로 연마했습니다. 너무 투명하지 않기 때문에 적당히 고급스러워서 굉장히 귀여운 마무리가 되었다고 생각하지 않나요? 또 다른 한 대는 BD의 한 장면이 인상적인 우주용 스노우맨. 어쨌든 해보고 싶었던 것이니까 이번이 기회. 마무리는 이렇게 되었는데 이런 자동차 같은 마무리도 좋네요.

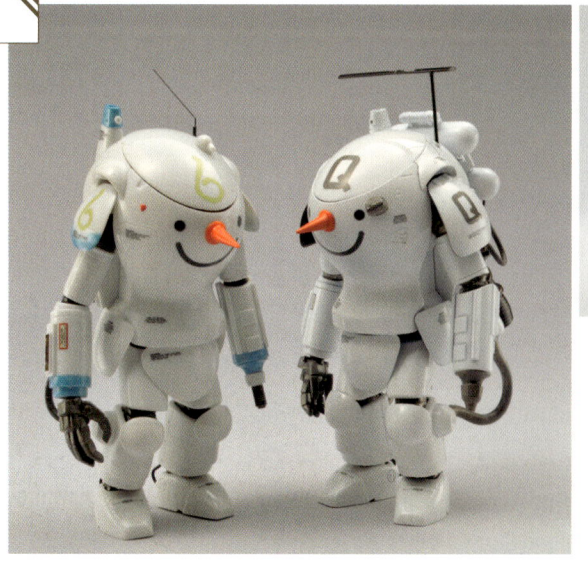

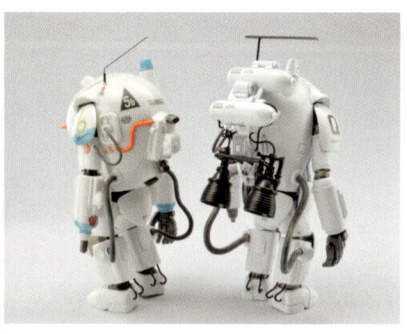

S.A.F.S. 스노우맨
●발매원 / 웨이브 ●2,400엔, 2010년 6월 발매 ●1:20, 높이 약 10cm ●플라스틱 키트 ●이리사와 유통 한정

---

[40] 역주: 독일어 Splitter. 영어로는 Splinter. 2차 대전 때 독일군에 의해 개발된 위장무늬 패턴의 한 종류로 각진 모양의 패턴이 특징적.

**이번 회에는 원작자 요코야마 코우 씨도 참가!
3Q모델의 키트로 만든 혼신의
최신작례를 부디 주목해주시기를.**

웨이브 1:20 스케일 플라스틱키트
**무인강습정찰용 이족보행전차
크뢰테**

제작·글 / 요코야마 코우

하비재팬에 이 연재가 시작된 이래 첫 작례네요. 마침 「SF3D」 본지 연재기사를 복각하게 되었기에, 그것을 기념하기 위한 기사라는 의미도 있습니다. 마침 키트 자체도 복각이니까 잘됐네요. 3F3D 시대의 키트는 현대의 수준으로 봐도 그 퀄리티나 가치가 우수한 것이 있습니다. 그중에서도 이 크뢰테 키트는 시리즈 전체에서도 걸작 키트였습니다. 오랫동안 구하지 못해 저도 곤란해 하고 있었습니다. 3Q모델로 재발매하는 것은 우선 제가 기뻐했던 것입니다. 하지만, 최근의 키트 외에는 잘 알지 못하는 젊은 사람들에게는 어려워할 수 있는 부분이 있기 때문에, 공작에 도움이 되는 몇 가지 힌트를 적어보도록 하겠습니다. 예전의 7가지 맹세[41]는 아닙니다만, 그보다는 먼저, 재미에 도달하기 위해서라도 고생은 적게 하는 쪽이 당연히 좋기에 부디 읽어주시기 바랍니다.

닛토 시대나 초기의 마쉬넨 키트는 패키지 디자인뿐만 아니라, 도장 카드나 데칼까지도 천재 디자이너인 이마이 군에게 맡겼기 때문에, 매우 훌륭하고 멋진 제품이 되었습니다. 하지만 천재인 까닭에 개중에는 「칠할 수 있다면 칠해봐」 같은 무지막지한 도장패턴이 존재했던 것도 사실입니다.

그런 것을 굳이 반성한다는 것은 아니지만, 최근의 마쉬넨 키트는 실제로 조립한 키트에 도장이나 마킹을 해보고 나서 도장카드나 데칼을 검토하여 제작하고 있습니다.

스케일 키트라면 도장이나 데칼이 실제기체를 재현하는 것은 당연하지요. 그렇지만 많은 애니메이션 키트에서는 실제 키트로 만들어지기 전까지는 입체물에 대한 검증을 디자이너가 할 수 없기 때문에, 조금은 도장이나 데칼 붙이기의 즐거움을 발견하기 어려울 수도 있을 것입니다. 물론 사용자가 마음 내키는 대로 도장이나 데칼을 하면 된다고 하지만, 어느 정도 만족할 수 있도록 잘 센스 있게 마무리하려면 분명히 기술이 필요합니다. 그런 고생이 재미가 있기도 하기에 일반화해서 말할 수는 없지만, 고생은 고생. 많은 유저에게 부담을 주는 것은 좋지 않다는 것을 간신히 깨달았습니다. 아저씨가 돼야 알게 되는 중요한 일이 있는 법이군요.

조립은 닛토제에 비해 플라스틱의 소재나 금형의 유지보수 등으로 인해 놀라울 정도로 만들기 쉽습니다. 플라스틱 키트에서 이건 이상한 이야기지만, 사실이므로 어쩔 수 없네요. 금형이나 사출기계에 대해선 아직도 잘 모르는 것이 있는 것 같습니다.

그렇다고는 해도 당시 설계단계에서 좀 더 검증했었다면 좋았을 부분이 두 개 정도 있어서, 조립할 때 어려움이 있는 것은 변함없습니다.

우선, 포탑을 조립할 때 아래부품의 뒤쪽 접합면을 깎아둘 것. 이것만으로도 포탑부의 조립이 훨씬 쉬워집니다. 다른 하나는 밸브의 핸들 같은 부품의 방향을 돌려서 조립하세요. 자세한 사진이 저의 홈페이지[42]에 있으니까, 그것도 참고하

세요.

도장에 관해선 자신이 하고 싶은 대로 칠해도 좋습니다만, 붓으로 도료를 두껍게 칠하는 것을 여러 가지 의미에서 추천합니다. 에나멜 도료로 워싱을 해도 플라스틱이 깨지거나 하지 않죠. 이번 회에 게재한 1983년제 오리지널 크뢰테도 두껍게 칠한 덕분에, 스크래치 모델 치고는 30년 가까이나 좋은 컨디션을 유지하고 있습니다.

이번 회도 그렇지만, 언제나 와타나베 군은 신들린 듯한 수량을 만들어주고 있어서, 젊은 고객이 늘어나 제조사도 나도 감사하고 있습니다.

답례로 보다 즐겁게 양산할 수 있도록, 앞으로도 공작이나 도장의 힌트를 전수하겠습니다.

물론 독자 분들께도 말이죠.

**제4대대 제2돌격부대
카로프 휘테**

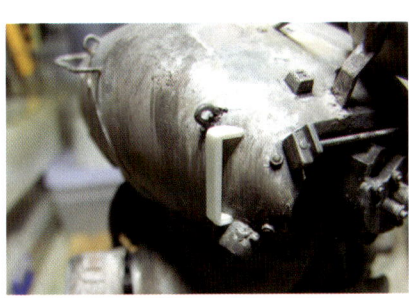

▲스모크 디스차저는 간스용 부품이 키트에 포함되어 있으므로, ㄷ자형 받침대를 자작해주면 작례처럼 후기형이 됩니다.

---

[41] 역주 : SF3D 연재당시 1982년 7월호에 기재한 PKA키트를 조립할 때 주의사항 일곱 가지. 금형상의 문제를 해결하거나 조립의 팁 등에 관한 내용. 자세한 사항은 여기를 참고 http://jan5.fc2web.com/model/sf3d/sf3d.htm

[42] 역주 : http://kow.c.ooco.jp/Krote2010making02.html

■ 촬영현장에서

요코야마 : 와타나베 군, 이거 내가 만든 거. 이쪽(사진 오른쪽)이 오리지널.
MAX : (우선 왼쪽의 크뢰테를 보며) 오! 이색… 이색 칠하셨네요.
요코야마 : 그래. 스모크 디스차저가 기왕 들어 있으니 붙였어.
MAX : 이 형식만 제가 칠하지 않았습니다 [43]
요코야마 : 정말?!
MAX : 완벽합니다!
요코야마 : 퍼펙트구만.
MAX : 퍼펙트입니다.
요코야마 : 그런데 와타나베 군, 와타나베 군, 이게 당시의 오리지널 크뢰테.
MAX : 에~! 잠깐만요(웃음).
요코야마 : 괜찮죠? 복각판이 있으니 오늘은 복각판과 다른 곳을 봐. 모처럼이니까 알고 싶죠?
MAX : 헤에~~~.
요코야마 : 사실 연결되어 있어, 전기가 켜지는 코드가.
MAX : 이거 살짝 만져도 되나요…?
요코야마 : 전혀 무서울 것 없어, 다만 이건 그냥 끼워 놓은 것뿐이라서 촬영할 때 목이 툭하고 떨어질까 봐 염려스러울 뿐.
MAX : 우와~, 역시 키트와는 꽤 다른 부분이 있네요.
요코야마 : 그래? 역시나, 뺨 부분이 홀쭉하기라도 한 건가?
MAX : 오! 많이 다릅니다!
요코야마 : 아, 정말?
MAX : 많이 칠해봐서 대략 손이 기억하고 있는 거라(웃음).
요코야마 : 이곳 처리하는 것도 반대네. 이 코드가 나와 있는 곳도.
MAX : 아, 정말이네!
요코야마 : 그래. 키트를 아는 눈으로 만들었네. 나도 만들어보고 알게 된 거라, 반대였네.
MAX : 정말로~.
요코야마 : 뭐 잘 나왔다고 하면 잘 나온 거고, 이 새로운 버전의 다리를 벌리고 세우는 녀석 쪽이 멋있네. 선생님 훌륭하지?(웃음)
MAX : 20몇 년 전?
요코야마 : 1983년? 응, 27년 전에 만든 것과 어제 만든 것이 함께 있으니까(웃음).
MAX : 우와~, 대단하네요(웃음). 이게 그 예전의 도장입니까?
요코야마 : 그래, 그래, 그래. 망가진 부분만 리터치 했지만 거의 그대로.
MAX : 그대로? 그때부터…훌륭했네요(웃음).
요코야마 : 훌륭하지(웃음).
MAX : 아하하하.
요코야마 : 훌륭하다고 하지만 그다지 변한 것은 없다고 정말로. 기본적인 부분은.
MAX : 매우 행복한 시간입니다(웃음).
요코야마 : 그리고 말이야, 이번에 재발매한 이거, 다리의 연결 핀이 약해서 금방 휘어져 버리기 때문에, 안되겠어.
MAX : 그래요. 그 핀이 약해서 부러질 듯하죠(웃음).
요코야마 : 그래, 맞아 맞아. 없어도 괜찮지 않을까 생각할 정도라고(웃음).
MAX : 말하자면 예전 키트는 거기가 대단히 튼튼한데 말이죠. 그래서 저는 한 개는 예전 것을 사용했어요. 그랬더니 전혀 아무 일도 없었는데. 두 번째는 휘청! 해버리는 바람에(웃음).
요코야마 : 울고 싶어지죠.
MAX : 이게 무슨 일이야?! 라고 생각하면서요.

요코야마 : 정말 그런 의미에서도 여러 가지를 만들어보고 알게 되는 것이 몇 개인지. 그리고 이 데칼의 검정색 부분이 좀 그레이 느낌이 많이 나와 버려서.
MAX : 조금 터치를 하셨나요?
요코야마 : 했지, 했지. 그 데칼 위에 말이야. 붓으로 그렸다고. 그래도, 기술적인 부분은 말이야 별로 바뀐 것이 없지요? 오리지널은 색이 죽어서 점토세공 같은 도장이 되었어. 역시 지금 사용하는 광택이나 그로스를 조절하는 것이 아저씨가 되니 능숙해진 건가(웃음).

PLAY BACK NEW ITEM Sep.issue 2010

하세가와제 너트로커 최신정보

올해 2월에 「뉴렌베르크 토이페어」 회장에서 상품화가 발표된 하세가와의 1:35 너트로커. 드디어 금형제작이 개시되었다. 이 달에 전해드릴 것은 금형제작용 원형. 팔케, 루나다이버와 같은 대형모델을 다루어 온 하세가와가 어떻게 재현할 것인가. 이어지는 소식을 기대해주시길.

MK04 1/35 너트로커 P.K.H.103
● 발매원 / 하세가와 7,200엔 2010년 12월 발매
● 1:35, 길이 약 30cm ● 플라스틱키트

1:1스케일 SAFS를 만날 수 있는 전람회 개최

아오모리현립 미술관을 시작으로 시즈오카현, 시마네현 등 세 군데에서 개최되는 애니메이션에서 로봇공학까지 다양한 장르의 로봇 전람회 "로봇과 미술"에 1:1 스케일의 SAFS가 전시된다. 좀처럼 만나기 어려운 귀중한 기회이기에 근처에 살고 있는 분은 부디 방문 해주시기를. 일시와 장소는 다음을 참조.

로봇과 미술
기계×신체의 비쥬얼 이미지
아오모리현립미술관
일시: 2010년 7월 10일(토) ~ 8월 29일(일) 9:00~18:00
시즈오카현립 미술관
일시: 2010년 9월 18일(토) ~ 11월 7일(일) 10:00~17:30
시마네현립 이시미 미술관
일시: 2010년 11월 20일(토) ~ 2011년 1월 10일(일) 10:00~18:30

로페즈 타카코 피규어가 일반판매

2010년 2월의 원더 페스티벌 2010[겨울]에서 한정판매 되었던 「Ma.K. 프로파일 1 팔케」의 그라비아를 장식한 로페즈 타카코 피규어가 일반판매된다. 초회생산품에는 원더 페스티벌 2010[겨울]에서 열렸었던 사인회의 모습이 그려진 「Lopez In Wonderland」 카드와 요코야마 코우 씨가 본 아이템의 제작과정을 게재한 「Kow Yokoyama's Painting 요코야마 코우의 사람의 길 【출장편】」 카드가 포함.

로페즈 타카코 From Maschien Krieger Profile 1
● 발매원 / 브릭웍스 3,500엔, 2010년 7월 발매 ● 1:20, 높이 약 8.3cm ● 레진키트 ● 원형제작 / 하야시 히로키

---

43) 역주 : 우연하게도 두 사람의 크뢰테 작례 중 같은 도장을 한 것이 없이 다양한 도장형식으로 보여 줄 수 있다는 의미. 이번 대화에서는 요코야마 선생이 20여 년 전에 만든 오리지널 크뢰테와 이번에 새로 만든 크뢰테를 번갈아가며 이야기하는 중.

PLAY BACK NEW ITEM Sep.issue 2010

본지 연재 총집편
「SF3D 크로니클즈」 발매기념
오리지널 「크뢰테」 대공개!

「SF3D」하비재팬 연재분의 총집편「SF3D 크로니클즈」발매를 기념하여 27년 전에 만들어진 오리지널의 크뢰테를 일반적이라면 볼 수도 없는 부분까지 공개. 3Q모델의 키트와 비교하여 오리지널과 다른 점을 꼭 체감해주시기를.

▲동체와 접속부분은 현재는 올려놓기만 한 것. 완성 당시에는 배선이 연결되고 라이트를 켜는 장치가 마련되어 있었다.

오리지널 아티스트모델을 본 후…

이번에『Ma.K.』팬의 한 사람으로서 감격했던 것은 역시 크뢰테의 오리지널 모델을 접할 수 있는 기회를 얻은 것입니다. 아아~ 연재하고 있어서 다행이다~라고. 부가혜택입니다, 죄송합니다, 뭐랄까 27년이나 되었다고는 도저히 생각되지 않을 정도로 그대로의 모습을 하고 있어서 깜짝 놀랐습니다. 물론 손상 같은 것은 꽤 있어서 이하라 군 등이 보수를 하고 있는 것 같지만 기본적인 부분은 전혀 손상되지 않았습니다. 아~ 이렇게 되어 있었구나. 좋구나 생각했습니다. 플라스틱키트와 각 부분의 차이를 발견했습니다만 저는 오리지널에 맞추어 키트를 개수 같은 것은 일체 하지 않아요. 저에게 크뢰테는 키트 그대로가 가장 익숙하고 가장 번거롭지 않아요 (웃음). 아티스트 모델은 그렇구나… 신성해 보이네요.♪(MAX 와타나베)

머리

3Q모델의 키트에 비해 약간 샤프한 인상. 머리 앞쪽에는 1:100스케일 겔구그의 정강이가 사용되고 있다. 오리지널을 목표로 해서 부품을 사용해보는 것도 재미있을지도.

다리

3Q모델의 키트에는 다리부분을 벌린 자세로 연결할 수 있는 부품이 포함되어 있지만 오리지널에는 당연히 없어서 더욱 직선적인 형태를 볼 수 있다.

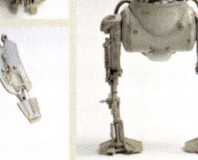 

▶라이트를 켜는 장치를 위한 배선이 발바닥까지 이어져 있다. 외부에서 전기를 공급하는 구조를 갖추고 있다.

『SF3D』총집편 「SF3D 크로니클즈」

SF3D 크로니클즈
● 발행원 / 하비재팬 ● 4,571엔, 2010년 8월 발매 ● A4판형 ● 2책 구성, 양장케이스 포장

오리지널 크뢰테의 기사는 8월 31일 발매되는「SF3D 크로니클즈」에도 물론 게재. 제작과정 등의 상세한 내용은 책에서 꼭 참조해주시기를 바란다. 또한 이 책은 약 4년에 걸친 장기연재의 모든 것을 완전 수록. 또한 A4판형으로 크기를 키우고 두 권으로 분책해서 상자에 넣은 호화스러운 디자인이 되어있다. 한정생산품으로서 확실히 손에 넣어주시기를 바란다.

Pak KRÖTE, KÜSTER & SUPER KRÖTE
KRÖTE LATER PART

WAVE 1:20 SCALE PLASTIC KIT KRÖTE CONVERSION
MODELED BY MAX WATANABE
| Oct.2010 | No.008 |

슈트랄군 무인 이족보행전차 「크뢰테」, 그 후편. 이번에는 후기형인 퀴스터, 베리에이션기 통칭 "파크뢰테", 그리고 MAX 와타나베가 마음껏 만든 오리지널 "슈퍼 크뢰테"를 선보인다. 「SF3D 크로니클즈」도 발매 직전인 절정의 「Ma.K.in SF3D」 이번 달도 시작!!

웨이브 1:20 스케일 플라스틱키트 크뢰테 개조
파크뢰테, 퀴스터, 슈퍼 크뢰테

제작·해설·글 / MAX 와타나베

■진짜로 꿈이 이루어졌다!(통곡)
「SF3D」 연재페이지를 남김없이 모은 「SF3D 크로니클즈」, 정말로 나온다구!!

굉장하네요, Amazon 랭킹에서도 하비, 모형부문에서 장기간 1위를 차지! 책 전체에서도 높은 위치를 차지하고는 유지하고 있다! 모두의 관심이 얼마나 높은지를 알고 뭉클해졌어요. A4사이즈라서 굉장히 보기 좋고 케이스도 커버도 엄청 멋진!! 그리고 모형을 좋아하는 분이라면 손에 넣어도 전혀 손해 볼 것이 없는 내용. 이것은 확실히 보증.

■크뢰테 후편입니다~~
여러분 안녕하시렵니까?[44] (그리워!!) 모형연예인 MAX 와타나베입니다.

왠지 올해 여름은 덥지 않나요? 그것도 꽤나? 아니다 정~말로! 홋카이도 쪽은 어떨까? 하고 가봤는데 거기도 기록적인 무더위라는(땀). 여러분 이런 계절에는 낮에 외출하지 말고 방에 틀어박혀 모형을 만드는 것이 건강을 위하는 거예요♪ 나는 상관하지 않고 자전거를 마구 타고 있지만(웃음). 어쨌거나 크뢰테 후편입니다. 이번 촬영 5일 전에 원더 페스티벌이라는 아~주 커다란 이벤트가 개최되어서 이런 시기에 작례는 무리!!

그건 그렇고 지난달에 매우 열심히 해서 이번 게재분량도 충분히 만들어 두었습니다. 어째서 열심인거야 MAX 와타나베는. 아니, 뭐, 누구한테 부탁받은 것도 아니고 "좋아"라는 말 한마디에 하는 건데요(웃음).

그런 이유로 전회의 표지 사진 안쪽에서 살짝 보였던 녀석들입니다.

그럼 가보시지요♪

---
44) 역주 : 원문에는 おはこんばんちは(오하곤방찌와)라고 되어 있음. 일본어에는 원래 아침, 점심 저녁 인사가 있는데 이 세 가지 인사들의 일부분씩만 따와서 만든 말장난. 출처는 80년대 초의 TV 애니메이션 "닥터슬럼프 아라레짱"의 엔딩곡에 쓰인 가사.

Pak크뢰테

크뢰테의 베리에이션으로 절대 잊어서는 안 되는, 인기 있는 것이 팍크뢰테라는 애칭으로 불리는 이것♪

"크뢰테에 커다란 전차포를 장착하면?!"이라는 매우 직설적이고 파워풀한 베리에이션 모델입니다. 간단하고 알아보기 쉽고 그래서 만들기도 쉬워요. 조금씩 만지작거리며 즐기는 『Ma.K.』 모델링에 있어서 초보자라도 하기 쉽고 효과가 높은 개조방법의 좋은 예가 아닐까요?

유일한 자료는 『Ma.K. 엔사이클로페디아1』. 디자인일러스트와 2장의 사진만을 의지해서 정크파트와 프라판 등으로 적당히 그럴듯하게 했습니다(웃음). 새로 만든 부분은 레진으로 복제해서 키트에 조립했습니다.

나름대로는 어떻게든 되었다고 생각이 드는데 오리지널 모델과 비교하면 어떤지요? 만약 현존하고 있다면 반드시 언젠가는 기회를 주세요 요코야마 선생님♪

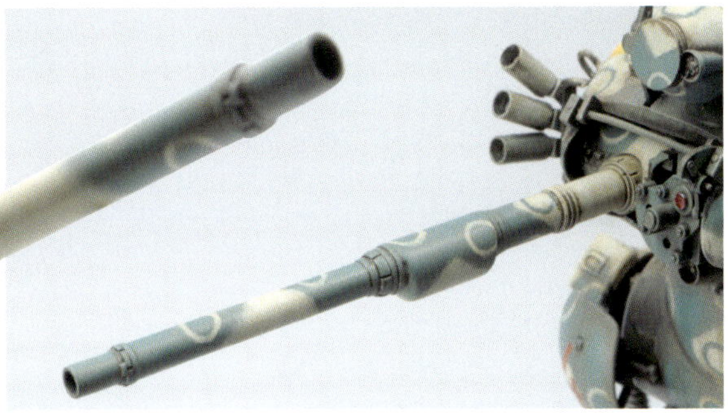

Pak크뢰테의 포신에 대해

열심히 오리지널에 가까워지도록 노력은 했습니다. 그런데 말입니다. 이 포신은 어떤가요? 너무 독일전차(자세한 것은 전혀 모르지만) 그대로 하는 것은… 머즐브레이크라고 하는 거죠? 앞에 있는 거. 그게 신경 쓰였지요. 작례에서는 M1 에이브람스를 가지고 있었기에 그것을 붙였습니다. MAX 개인적으로는 이쪽이 SF 같아서 괜찮다고 생각합니다만… 『SF3D』 시대부터 『Ma.K.』를 아주 좋아하는 친구들에게 이 말을 했는데 모두가 입을 모아서 「저기는 글자 그대로 제2차 세계대전의 독일전차 같은 포신이 붙어 있는 것이 좋습니다!! 아니, 오히려 그거 아니면 안 됩니다!!」라고 역설을 하더군요(쓴웃음).

말투에 반항심 같은 것이 생겨나기는 했지만 모두가 그렇다기에 마음이 흔들렸던(웃음), 시험 삼아 "그대로의 독일전차 같은 포신을 장착한 타입"도 만들었지만 무엇보다 시간이 되지 않아서 도장은 아직입니다.

비교해서 바라보고 있으면 아~역시 그렇구나. 이쪽 모양이 운치가 있어서 좋을지도~라고 생각하게 되었습니다. 칠을 한 녀석도 싫은 것은 아니지만요. 그런 향수랄까 노스텔지어랄까 아니면 회고 취미랄까. 그런 것에 대해 무시하면 안 되는 것이라고 생각했습니다. 당시의 분위기와 열기는 시간이 지나 낡게 되기는 해도 역시 소중한 무언가를 가지고 있었구나 라고. 그런 생각을 일깨워준 팍크뢰테였습니다.

팍크뢰테의 ◎◎위장무늬

2개월 정도 전의 촬영 날에「다음은 크뢰테로~」라고 협의하는 중에 요코야마 선생이「와타나베 군 크뢰테를 칠한다면 한 대는 그때 그 멜루진의 ◎◎위장한 녀석, 그걸로 해줘~」라고 이야기가 되어서, 흔쾌히 승낙해서 결정된 컬러링입니다. 068페이지에 멜루진을 재등장시켜서 왠지 무서운 슈트랄 기동부대를 재현했습니다!! 음~ 재미있어♪

이번의 도장에서는 멜루진을 할 때와는 다르게 데칼 등은 사용하지 않았습니다. 오로지 붓 도장! 그린을 에어브러시로 적당히(정말 적당히) 칠한 후 루나틱 플래쉬를 붓으로 치덕치덕 칠해갑니다.

칠 나누기를 한 라인은 그 곳의 분위기에 맞추기. ◎도 붓 도장. 크기라든가 형태도 여러 가지 다르게 되도록 면에 맞추어서 해주었습니다. 자유로운 분위기도 좋은 점이 있고 그게 즐겁기는 하지만 그렇다고 해서 아무렇게나 한다고 무조건 좋은 것은 아닙니다. 먼저 완성한 멜루진과 나란히 세워서 "같은 부대라는 느낌"이 들도록 신경을 썼습니다. 이전에 완성한 것과 같은 컬러를 칠해서 이렇게 재공연을 할 수 있는 것도『Ma.K.』의 재미겠지요.

크뢰테 야간전투형 퀴스터

센서류를 업그레이드해서 훨씬 영리하고 눈과 코가 효과적이게 된 크뢰테, 그렇죠?! 자세한 것은 잘 모르겠지만 조금 얼굴이 작아져서 나이가 들고 어른스러운[45] 크뢰테라는 느낌이라고 생각합니다. 비교해보면 기존의 크뢰테는 아이 같아서 사랑스러운 인상이 보이지 않나요? 그에 비해 퀴스터는 그런 농담은 들어줄 것 같지 않네요.

센서 이외에도 다리부분이 굵어지거나 장갑이 붙어서 역시 어른♪ 이 정도의 개량으로도 상당히 인상이 바뀌었네요. 지난달의 페이지와 비교해서 보아주신다면 더 재미있을 거라고 생각합니다♪

도장

이번은 방드 데시네의 안쪽표지에 게재되었던 그레이 투톤의 기체와 같은 색을 칠해보았습니다. 밑색 만들기는 언제나와 같이 서페이서→은색→클리어→베이스 그레이로 했고 여기에 어두운 쪽 그레이를 에어브러시로 한 다음 밝은 그레이는 붓 칠로 칠 나누기. 그 후 어두운 쪽도 약간 색의 변화를 주기 위해 도료로 덧칠. 칠 나누기 라인의 경계는 양쪽의 색을 적당히 혼합해서 칠을 해서 재미있습니다. 재미있다는 게 뭐야? 라고 화내지 마세요. 표현하기 어려워요.

이번에도 언제나 사용하던 "비법소스3"을 가볍게 전체에 에어브러시하는 변칙 웨더링. 조금 색이 과하게 가라앉은 느낌이 들어서 그 위에 두 색의 그레이?(락커계)들을 그대로 붓 도장하여 톤이 너무 낮아져버린 면을 더욱 밝게 올려주는, 그런 것을 해주었습니다. 이러한 중첩의 결과 뭔가 지금까지와는 다르게 깊이와 너비가 있는 색감을 낼 수 있었다고 생각합니다. 꽤 차분한 좋은 마무리가 돼서 마음에 들었습니다♪

---

45) 역주 : 머리(얼굴)와 몸의 비율로 볼 때 아이는 크게 보이고 어른은 작아 보이는 것을 의미. 포탑이 작아진 것이 아니라 포탑위에 붙은 야간형 센서가 이전 크뢰테의 서치라이트보다 작아진 것을 말하는 것.

KRÖTE

장갑강화형 슈퍼 크뢰테

크뢰테의 좌측면은 기기류가 통째로 노출되어 있네요. 이런 투박한 것도 확실히 "있을 것 같은 리얼리티"라서 매력의 하나입니다. 그러나 설정적으로 이곳은 약점의 하나로서 「좌측면과 후방은 매우 취약해서 교전할 때는 정면이나 우측면을 적 방향으로 향하게 하는 프로그램을 시행하고 있다」라는 설명을 찾아냈고 이것은 제대로 파고 들 수 있는 포인트!! 요컨대 여기를 개선하면 개량형, 후기형의 형태라는 설득력이 생겨나는 거죠.

추가장갑 공작

운용해 나가는 동안 여러 가지 기술도 진전되어 이 부분의 안에 들어가는 기기류도 소형화, 압축을 가정해서, 상면, 측면에서 볼 때 그다지 크게 튀어나오지 않는 윤곽으로 장갑을 만들어주기로 했습니다. 안테나류는 오히려 남겨두고 기부를 노출시켜주면 그럴듯하지 않을까. 모든 것을 좋게 만든다는 것은 조금 아니라고 생각해서 "기기류를 소형화해서 장갑 안으로 들어갈 수는 있지만 냉각문제는 여전히 남아 있다"라는 설정. 그래서 후방을 뚫고 매쉬를 넣어서 냉각팬처럼 보이는 것을 매쉬 속에서 보이도록 해보았습니다. 즉 개량은 되었지만 크뢰테의 후방은 컴퓨터 쿨러와 함께 여전히 약점으로 남게 되었다는 저만의 설정입니다.

뭐든지 모두 강화! 하지 않는 것이 리얼한 것 같고 『Ma.K.』다운 것이라고 생각해요. 게다가 이렇게 해두면 더 강화할 수 있는 물건도 만들 수 있는 여지를 남기는 것으로 그 편이 재미있지 않을까라고 ♪ 조금 어른스럽게 즐기는 방법이라고 생각합니다. 건담의 MSV 같은 것도 이런 놀이였어요~. 『Ma.K.』쪽이 조금 형님 같은 느낌이었다고 원고를 쓰면서 생각이 났습니다.

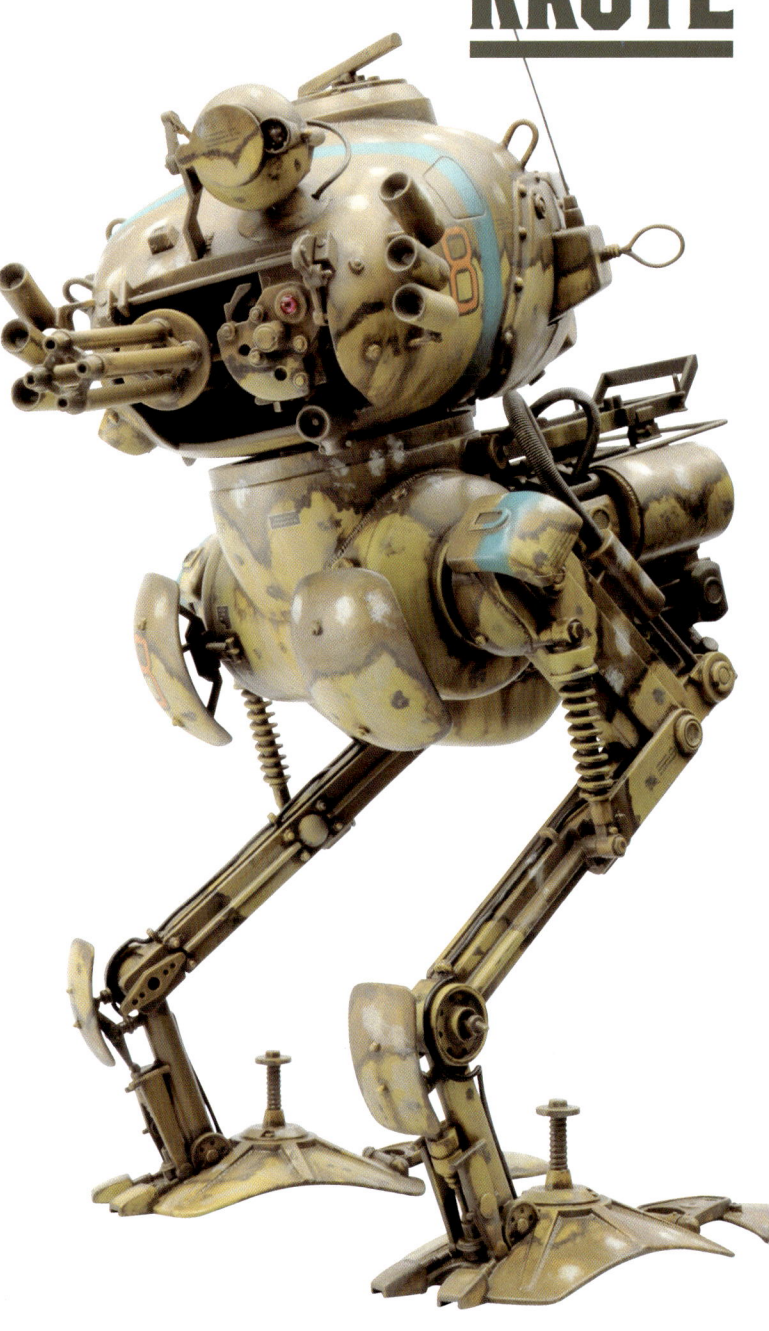

브라운 계열의 위장무늬 도장

왜인지는 모르겠지만 한 아이템 중에서 적어도 한 개는 저만의 오리지널 컬러로 칠하고 싶었기 때문에 이번 것이 그에 해당합니다. 사막색 계열, 갈색 계열을 사용한 공식 컬러설정은 아직까지는 없기 때문에 그 배색으로 결정. 사막색은 상당히 노란색을 강하게 내고 있는 라이트 옐로우 같은 느낌으로. 최대한 실감나는 것을 노렸기 때문에 라이트 그레이 반점 같은 것도 넣어보았습니다. 번호와 인식띠의 색은 몇 번이나 실제로 칠을 하며 다른 색을 반복하다가 이렇게 결정했습니다.

약간 납득이 가지는 않았지만, 요코야마 선생과 Lin.K. 씨가 입을 모아서 「이것도 좋아요♪」라고 말해주었기 때문에 기뻐서 「이것으로 됐다♪」라고 지금은 생각하고 있습니다(웃음). 다른 사람의 칭찬을 받는다면 빈말이라고 해도 기쁜 것입니다. 아~ 나도 노력해서 다른 사람에게 그렇게 대해야겠다고 새삼스럽게 생각했습니다♪

KRÖTE

지난회의 박물관 크뢰테 군을 다시 칠했어요~♪

9월호에서 발표된 "박물관 소장"의 크뢰테군을 다시 칠했어요~♪ 컬러링은 샤크마우스인 이것♪ 이 기체의 에피소드로 말하자면 여러 대가 같은 컬러이면서 번호가 다르면 아주 좋은 장면을 촬영할 수 있을까 하고. 촬영일에 보았던 요코야마 선생의 작품을 눈에 새기고 돌아와서 그 인상에 가까워지는 이미지로 칠했습니다. 실물과 나란히 세워서 보고 싶다고 했지만 엄청나게 동떨어져 있지는 않아서 안심. 오로지 붓으로만 마무리한 이 기체가 현재까지 가장 마음에 듭니다. 역시 많이 칠하는 것은 좋네요~♪

▲표면에 희석한 퍼티를 칠하고 칫솔로 두드려서 적당히 거칠게 하고 천천히 붓 칠을 했습니다.

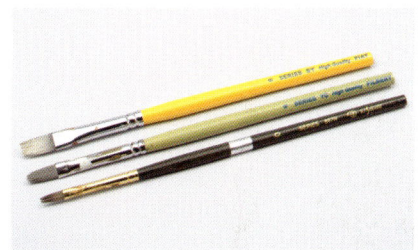

■ 붓 이야기

　이번에 사용한 붓은 요코야마 선생이 화구점인 「세카이도(世界堂)」에서 추천한 물건. 요즘에는 천연모의 터치와 비슷한 나일론 붓이 여러 가지 나와 있어서 「속는 셈치고 사용해봐」라고 하시기에, 속는 셈치고 사용했습니다(웃음). 적당한 탄력을 지녔고, 신너에 대한 내구성도 높음! 게다가 합리적인 가격!! 등등 좋은 점이 가득입니다~♪ 회화용 붓은 왠지 모르게 엄청 길어서, 적당한 길이로 잘라 사용하고 있습니다. 추천합니다~♪

요코야마 : 요즘, 그 뭐랄까, 진짜 털이 아닌 인공 털이긴 하지만, 털의 탄력이 강한 녀석이 모형용으로 아주 적합해요.
MAX : 소위 말하는 진짜 털이면 내구성이 나쁜가요?
요코야마 : 내구성이 약해요.
MAX : 지나치게 섬세하군요.
요코야마 : 맞아요. 저기 말이지, 아무래도 붓을 닦을 땐 엄청 독한 희석제 같은 걸로 세척하거나 하잖아요? 그런 걸로 씻으면 정말로 붓털이 상하니까. 그렇게 생각할 때, 예전의 인공 제품들은 더욱더 손상되기 쉬웠지만, 최근엔 자꾸 자꾸 좋아지고 있어요.
MAX : 내구력이 늘어나고 있는 거군요.
요코야마 : 늘어나고 있죠. 그리고 예전 것들은 나일론이라는 성질 때문에, 구불구불하게 휘어졌으나, 최근 것은 언제까지나 마지막까지 털이 빠지지 않고, 오히려 끝이 닳아 없어진다는 느낌이고. 털이 삐져나오거나 하지 않는 거지.
MAX : 매우 쓰기 편했어요.
요코야마 : 유화라는 게 원래 엄청 문질러서 거칠게 다루는 것이라서, 그 나름대로의 내구성이 필요한 기법이에요. 그런 기법에서 자리잡아온 녀석이니까, 유화 같은 느낌으로 만들어보고 싶을 때가 있잖아요? 굉장히 터치를 살린 느낌으로 모형을 만들고 싶다는 생각이 어릴 적부터 있었기에 이 색칠 법을 사용했지만, 유화처럼 그리는 면에 접촉시간이 많은 기법은 긴 붓으로만 합니다. 자루 끝이 긴 건 유화를 그릴 때가 아니면 매우 방해가 되지.
MAX : 역시나 그렇군요. 내키는 대로 툭 잘랐지요(웃음).
요코야마 : 나도 예전엔 곧잘 잘라버리곤 했는데, 최근엔 기다란 거 그대로 멀리서 붓질하는 것도 즐거워져서 말이야(웃음). 그리는 면에서 거리를 두고 붓이 닿도록 말이지.
MAX : 저번에 산 놈들 모두 툭툭 잘라버렸는데(웃음).
요코야마 : 다음번에 살 때는 그대로 써 보고, 그래도 좀 길다 싶을 땐 조금 잘라준다 같은 느낌으로 해봐요. 그리고 말이지, 자루 끝을 좀 더 이렇게 깨끗한 둥근 형태로 사포로 갈아서, 둥근 나무 봉으로 만들어주는 거예요. 그러면 광택을 내고 싶은 부분만 문지르는 광택내기 봉이 되거든요.
MAX : 호오, 그렇군요.
요코야마 : 인스턴트 레터링 형식의 건식데칼을 붙일 때도 이게 최강의 문지르기 봉이 됩니다.
MAX : 확실히 그러네요.
요코야마 : 그리고, 무광택인 면을 나무로 문질러 광택을 내는 방법 역시 옛날부터 내가 써먹었지만, 비행기 같은 걸 만들 때, 이런 광택이 변화하는 부분을 연출하고 싶을 때 그 기법을 쓰면 좋아요.
MAX : 뭐랄까, 저는 줄곧 에어브러시로 해왔잖아요. 그런데 마쉰넨을 다루게 되자, 이게 정보량이 부족하다든지 분위기가 부족하구나 생각해서, 처음엔 에어브러시를 많이 활용하여 어떻게든 정보량을 늘리는 방법을 계속 시도해왔습니다만, 역시나 한계가 있거든요. 더 이상은 이제 무리인가 보네. 음, 그렇다면 어쩌하면 좋을까 하고 말이죠. 역시나 결국 붓으로 돌아왔더니, 이게 즐겁기도 하고 뭐라 해야 할지(웃음).
요코야마 : 그 얘기 말인데, 에어브러시가 지금 그렇게나 와타나베 군이 쓰는 도구로서 자리 잡고 있다면, 그걸 혼용해서 함께 쓴다면 최강이에요.
MAX : 그래서 적재적소에 쓰는 요령이 보다 늘어난 덕분인지, 최근 들어 저 꽤나 잘 하지 않나요?(웃음)
요코야마 : 정말로 붓칠이 들어가면 그 기법의 폭이 넓어진다고 해야 할까, 그야말로 하나의 작품을 전부 붓칠로만 작업해도 될 정도니까. 한 가지 색상으로 마무리해버리면 그곳의 해상도가 매우 낮은 작품이 돼버리므로 정보량이 매번 줄어들지만, 우연히 생긴 터치라는 건 다른 사람도 반드시 그 부분을 파악하기 때문에 엄청 정보량이 많아 보이게 됩니다. 우선 스스로가 그와 같이 시도해보고 이거 멋있는 데라고 느끼게 되는 거야. 무의식중에 하는 터치 같은 것이, 반대로 말하자면 스스로에게 감동을 주게 되는 거죠.

크뢰테, 끝맺음 비슷한 거

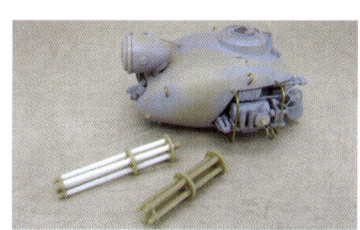

　아! 맞아 맞아, 쓸 장소가 없어져서 여기에 적습니다만, 발칸포의 장포신 버전을 몇 개 만들어봤습니다!
　짧은 노멀도 귀엽지만 약간 긴 것도 나쁘지 않죠?
　그리고 좌측면의 장갑강화형 슈퍼 크뢰테라고 부른다면, 이것이 Pak을 장비할 때는 "슈퍼 팍크뢰테"가 되겠군요. 슈퍼 팍크뢰테……길군요(웃음). 이런 대전차포를 싣고 사격한다면 분명히 벌러덩 쓰러져버리지 않을까요? 무반동포라면 그렇게 되지 않을 텐데요? 라며 놀랄 정도로 지식이 없군요, 나는(쓴웃음). 조만간 카네코 타츠야 씨에게 가르침을 받아야지~~♪
　하지만 포를 쏘면 넘어진다→그래서 또 다른 다리 하나를 만들어본다! 같은 것이 『Ma.K.』스러운 재미죠. 완전히 밸런스가 변해서 재미있는 실루엣이 될 것 같은? 머지않아 만들어 볼 생각입니다~♪ 그럼 이만~!!

PLAY BACK NEW ITEM Oct.issue 2010

『Ma.K.』 모형 콘테스트 마감 임박!!

　본지와 『월간 모델 그래픽스』가 합동 개최하는 『Ma.K.』 모형 콘테스트의 마감일이 임박. 사진심사를 하고 가을의 전일본 모형하비쇼 회장에서 결과를 발표. 마감은 9월 15일이므로 신청을 하지 않은 분은 서둘러 주시기를.

멜루진 재발매가 서둘러 결정!!

　3월에 발매된 『멜루진』의 재발매가 서둘러 결정. 패키지 일러스트에 맞춘 그린 계열의 성형색으로 변경된다.

멜루진
● 기획 / 3Q MODEL, 제조·판매원 / 웨이브 ● 3,200엔, 2010년 9월 발매 ● 1:20, 높이 약 10cm ● 플라스틱키트

1:16 파이어볼 완성품

　센티넬이 파이어볼 완성품 액션 피규어를 발매. 각 관절가동 외에도 새로운 기믹을 추가하는 것을 구상 중. 본체와 하야시 히로키 씨가 원형을 담당한 부속 피규어를 소개한다.

1/16 Action Model Ma.K. FIRE BALL
● 발매원 / 센티넬 ● 8,500엔, 2011년 6월 발매 ● 1:16, 높이 약 14cm ● 채색완료 ABS&PVC모델

PLAY BACK NEW ITEM MAY 2010

『SF3D』의 모든 것이 담긴 「SF3D 크로니클즈」가 드디어 발매!

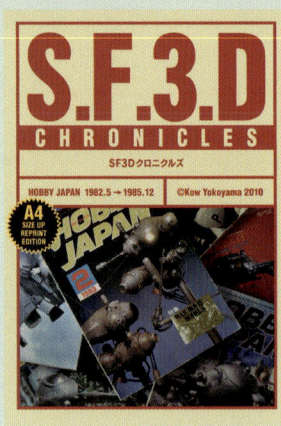

「월간 하비재팬」에서 1982년 5월호부터 1985년 12월호까지 약 4년간의 연재 모두를 망라한 「SF3D 크로니클즈」가 발매된다. A4판으로 커져서 더욱 가독성이 좋은 사양이 되었다. 「天(천)」, 「地(지)」두 책을 상자에 넣은 호화장정. 또한 구 닛토의 키트 발매 당시, 각 상점에 배포되었던 판촉용 포스터를 모티브로 한 책갈피를 동봉하고 있다. 왕년의 팬은 물론이고 신규 팬들도 부디 손에 넣어주시기를 바란다.

SF3D 크로니클즈
● 발행원 / 하비재팬 ● 4,571엔, 2010년 8월 발매 ● A4판형 · 2책 구성, 양장 케이스 포장

■현존하는 오리지널 모델을 새로 촬영!!

「SF3D 크로니클즈」의 「天」, 「地」두 책의 표지는 현존하는 AFS Mk.II, 글라디에이터의 오리지널 모델을 새롭게 촬영했다. 둘 다 30년 가까이 되는 예전의 물건이지만 보존상태가 좋아서 이번 촬영이 실현됐다. 부디 표지를 들고 실물 이상의 크기로 확대된 오리지널 모델의 질감과 디테일을 천천히 감상해주시기를 바란다.

SF3D 크로니클에 대해서

■원작자 · 요코야마 코우

약 30년 전의 「별책 SF3D 오리지널」에 수록하지 못했던 SF3D의 모든 것을 지금 여기에 망라할 수 있게 되었습니다. 「작은 것에 안주하지 말라고.」 이건 잘난 척하는 선배가 후배한테 자주 하는 대사죠. 바로 이 말, 이번에 「SF3D 크로니클즈」를 만들 때 내가 한 말. 어쨌든 나 자신이 커진 문자와 커진 사진으로 정리되어 출판되길 원했습니다.

보통 복각본이나 작품집 등은 실수한 부분이 눈에 띄지 않도록 한다든가, 작품을 많이 게재하고 싶다든가 등등의 이유로 그림이나 사진이 작아져버리는 일이 많습니다. 원래는 당시 그대로의 사이즈로 재현하려던 걸 내가 억지를 부려 크게 만들어버렸습니다. 당연히 사진이나 일러스트 같은 비주얼은 게재시의 사이즈인 B5에서 A4로 키웠습니다. 면적으로 말하자면 132% 이상 업 되었어요. 모든 멋있는 부분이나 재밌는 부분도 30% 증가한 반면, 부끄러운 부분이나 유치한 부분도 30% 증가. 물론 오탈자도 그대로 30% 증가.

그리고 무엇보다 대단한 건 모든 페이지가 풀 컬러!! 그렇습니다, 흑백 페이지도 모두 풀 컬러로 인쇄되었습니다. 추억은 풀 컬러. 그 너무나 엄청난 정보량에 스스로도 놀랐습니다. 물론 젊어서 바보스러웠던 부분이나, 능숙하게 표현하지 못한 문장도 가득하지만, 여기에 쓰여 있는 프라모델 기법이나 즐기는 방법은 지금도 쓸 수 있는 부분이 가득 있습니다. 물론 절멸된 기법이나 개그도 화석처럼 튀어나오죠. 오늘날 키트화된 다양한 아이템들이 그 옛날에 탄생하던 순간을 눈으로 확인하실 수 있습니다.

연재 당시, 태어나지 않았던 사람도, 청춘의 한가운데 놓여 있던 사람도 부디 이 책을 손에 쥐고, 80년대를 30% 업으로 즐겨주십시오.

■프로모델러 MAX 와타나베

"원점회귀. 이루어지다!!"
「월간 하비재팬」에서 1982년부터 85년까지 이어진 대인기 연재 『SF3D 오리지널』. 그 43회 모든 연재 페이지를 남김없이 완전 복각했습니다. 이것은 2010년 『Ma.K. in SF3D』이라는 제목으로 HJ지에 연재를 재개하기 이전부터의 간절한 소망이었습니다. 25년 전에 봉인되었던 원점이 해제되면서, 멈추었던 시간이 움직이기 시작. 이 감흥을 많은 사람과 공유할 수 있다는 것은 정말 행복이지요♪ 『Ma.K.(마쉬넨 크리거)』로 이어져 면면히 숨을 쉬는 요코야마 월드. 이를 계기로 새로운 뭔가가 시작하는 예감이 짜릿짜릿하게 느껴집니다. 모형팬의 필수 휴대서, 발간입니다!!

Großer Hund ALTAIR

rainbow egg 1:20 scale resin kit
modeled by MAX WATANABE

| Nov.2010 | No.009 |

그로서 훈트 알타이르
● 발매원 / 레인보우 에그 ●16,000엔, 2010년 9월 발매(재판) ●1:20, 높이 약 15cm ●레진키트 ●원형제작 / KATOOO ※키트는 지상용 그로서 훈트와 우주용 알타이르의 선택조립

『SF3D 오리지널』 연재 후반에 등장한 슈트랄군의 무인 요격기 「그로서 훈트」.
독일어로 「대형견」을 의미하는 메카의 그 기괴한 외모에 마음을 빼앗긴 사람들도 많을 것이다.
이번회의 『Ma.K in SF3D』는 레진키트 축제! 레인보우 에그제의 레진키트 「그로서 훈트 알타이르」를 사용하여
MAX 와타나베 씨가 만든 여러 작례와 더불어서 「레진키트란 무엇인가?」에 대한 그의 견해를 곁들인 해설도 게재.
레진키트 초보자, 미경험자는 꼭 필독하여 레진키트 제작으로의 첫발을 내딛어 주기를 바란다. 또한 본 제품을 만든
레인보우 에그의 KATOOO 씨가 말하는 「그로서 훈트」 해설과 레진키트의 개발 비화 등 이번에도 풍부한 내용을 많이 전하고 있다!

레인보우 에그 1:20 스케일 레진키트
그로서 훈트 알타이르

제작·해설·글 / MAX 와타나베

■ 몇 번이라도 말한다! 이것은 모형사적 쾌거다!!

「월간 하비재팬」에서 1982년부터 85년까지 계속된 대인기 연재 『SF3D 오리지널』. 그 43회의 모든 연재페이지를 남김없이 철저히 모아서 완전 복각한 책이 2010년 8월 31일 발간되었습니다. 『SF3D 크로니클즈』. 확실한 원점회귀의 책. 한 권으로 정리된 의미가 큽니다. 엄밀하게는 천과 지로 두 책이지만. 더 이상 예전 잡지들을 일일이 꺼내오지 않아도 됩니다…. 새 책이라 잉크 냄새도 기분 좋죠♪ 진짜로 백넘버처럼 곰팡이냄새가 없어요(웃음). 그래서 안심하고 머리맡에 두고 언제든지 읽을 수 있습니다. 이거 사실 굉장히 중요한 포인트♪ 책을 손에 넣은 후 그야말로 매일 페이지를 넘기고 있지만 읽을 때마다 발견이 가득입니다!! 요코야마 선생은 분명히 엄청 기쁠 겁니다♪ 하지만 기쁜 마음뿐만 아니라 분명 부끄러운 기분도 가득 있을 것이라고 생각해요. 하지만, 뭐라 해도 신선한 놀라움이 가득 차 있기 때문에 엄청 재미있습니다!! 정말이지 30년 가까이 지났어도 생명을 이어가는 콘텐츠입니다. 현재까지도 많은 팬이 있고, 여기저기서 전시회가 열리고 있고, 키트가 복각되거나 새로운 키트가 개발되고 있고… 이런 모든 것들이 충분히 그럴 만하다는 것을 다시 인식하고 이해할 수 있습니다. 눈에 띄게 크게 앞선 감각, 즉 첨예함과 세월을 뛰어넘는 오파츠와 같은 느낌이 가득합니다. 콘텐츠를 제공하는 사람의 땀의 양, 엔터테인먼트 정신이 장난이 아닙니다. MAX 와타나베가 자신있게 추천하는 굉장한 가치가 있는 책! 모형을 좋아하는 사람이라면 확실한 "필독서"라고 단언합니다♪ 이상, 광고가 아닌 여러분의 행복한 모델링을 위하여♪♪

■ 그로서 훈트♪♪

먼저 고백하도록 하겠습니다. 불초 연예인 아니, 프라모델 연예인 MAX 와타나베는 그로서 훈트가 『SF3D』 연재 시에 등장했다는 것을 크로니클즈를 읽고 처음 알게 되었습니다(진땀). 틀림없이 모델그래픽스 잡지 이후에 나온 것이라고만 생각했어요. 실로 부끄럽습니다. 그로서 훈트, 『SF3D』의 감각으로는 뭔가 이질적인 느낌이 있습니다… 흐름이 다르다고나 할까. 하지만 연재 막바지의 어수선한 시기에 발표됐었군요. 정말 놀랐어요. 하여튼 8월 말 아직 작례를 제작하는 중에 책이 도착해서 알게 된 모양새가 되었네요. 웃음으로 용서해주시기 바랍니다….

그런데 그로서 훈트. 그 실루엣, 형태는 확실히 "기괴함" 그 자체. 분명히 두렵고 이질적인 느낌. 밑도 끝도 없는 수준은 희한한 메카가 많은 슈트랄 중에서도 압도적. 단연 No1입니다. 절대 만나고 싶지 않은 녀석. 악역으로는 더할 나위없는 존재감이네요.

이번에 이것을 재료로서 선택한 배경에는 크로니클즈 발간으로 자세하게 알게 된 『SF3D』의 전체 디자인 중에서 플라스틱키트로 되지는 않았지만 인상이 강한 캐릭터일 것. 그리고 레진키트라고 해도 제대로 조형이 되어 있고, 구할 수 있는 방법이 제대로 되어 있는 것 등이 선정의 기준이었습니다. 그렇게 보면 아무리 생각해도 「경축 크로니클즈」 아이템은 레인보우 에그에서 제작한 「그로서 훈트 알타이르」 외에는 다른 것은 없었던 것입니다.

알타이르는 뭐야!? 라던가 원래 그로서 훈트라고? 등의 의문에 대해서는 P.081에 설명되어 있으니 참조하세요♪ 구입에 대해서는 물론 현재도 자유롭게 OK!! 라고 마음대로 생각했는데 어쩌지, 「그로서 훈트 알타이르」는 현재 절판이라고 하네요?!!(진땀)

역시 지금 입수할 수 없는 키트를 다루는 것은 믿음에 반하는 것! 이라고 초조해했었는데 이 기사에 호응하여 재발매가 이루어진다는 것♪♪ 아직 구하지 못한 분에게는 그야말로 희소식이라고 할 수 있네요♪ 그리고 이미 가지고 계신 분은 이 기사를 잘 참고하여 만들기 시작하는 계기가 되었으면 합니다. 조립하기 쉬운 최상의 키트이므로 꼭 도전해주세요♪

덧붙여서 이번의 작례인 네 대의 「그로서 훈트 알타이르」는 내가 연재의 연자도 없을 때에 개인적으로 통신판매로 구입했던 것. 「혼자서 네 개나 사다니 이 사람 이상해, 초보구만!」이라고 KATOOO 씨는 당시에 생각했다고 합니다(웃음).

■ 레진키트는 프라모델과는 다름!! 이라구요…

기본적인 공작은 별로 변화가 없습니다만 역시 레진캐스트 키트와 프라모델의 공작은 「만드는 방법」이 다릅니다. 우선 큰 차이 한 가지는 프라모델이라면 조립설명서를 따라서 성실하게 조립한다면 100% 조립이 된다는 것. 특히 최근의 건프라나 『Ma.K.』의 시각으로 말하자면 웨이브제의 리뉴얼 키트들(AFS, SAFS 등)과 같이 "스냅핏"이라 칭해지는 접착제가 필요 없는 키트에서는 확실히 부품을 런너에서 잘라내서 게이트를 처리하고 조립하는 것만으로 즐길 수 있습니다. 하지만 레진캐스트 키트는 아쉽게도 그리 호락호락하지 않습니다. 레진캐스트 키트는 큰 틀의 의미에서 「원형사가 손으로 만든 원형을 그대로 실리콘 틀로 복제하여 레진 수지로 생산한 부품이 데굴데굴 들어있는 호쾌한 것.」 물론 프로페셔널한 원형사의 손에 의해 제대로 만들어진 정밀도가 높은 부품이 신중하게 성형된 고품질의 키트도 존재합니다. 이번에 소재로 사용한 레인보우 에그제의 「그로서 훈트 알타이르」도 그 범주이고 그중에서도 최상급의 부류라고 말씀드립니다.

그렇다고는 해도 접착제를 사용한 적도 없는 사람이나 퍼티 같은 것도 손대본 적이 없는 사람에게는 그 나름의 난관이 기다리고 있어서, 조금 겁을 주겠습니다. 왜냐하면 최근에는 완성된 상태로 판매되는 상품이 증가해서 이 세상은 만들지 않아도 굉장한 모형을 손에 넣을 수 있는 무릉도원 같습니다. 스냅핏 키트조차도 「뭐~?! 직접 조립하는 거라고?」라는 말씀을 하시는 고객도 진짜로 있는 세상입니다. 개러지 키트 전성기의 「레진키트는 최고! 자작부품은 당연! 풀스크래치에 도전이다!」라고 하던 용사도 이제는 소수파이고 더구나 "멸종위기종"이라는 적색경보가 내려진 희귀종이 되었습니다.

그래서 레진 키트는 「스냅 핏 이외의 키트를 스티롤수지 접착제로 부품들을 맞춰 조립해본 적이 있는 분」, 「접합선을 사포로 갈아본 적이 있는 분」, 「틈새를 퍼티로 메우고 그곳을 더 매끈하게 하기 위해 갈아본 적이 있는 분」 등이라면 두말할 것도 없이 바로 도전할 수 있는 대상이라고 생각합니다.

그런 이유로 레진 키트와 프라모델의 공통 공작. 즉 프라모델에서 했던 것 중 괜찮은 공작은 레진에도 할 것입니다. 레진키트에는 있고 프라모델에는 없는 것. 즉 프라모델에서는 하지 않아도 되는 것이나 혹은 필요가 없는 공작이지만 레진키트에서는 해야 할 필요가 있는 공작도 합니다. 이상의 마음가짐과 끈기가 있는 사람이라면 레진키트는 결코 난공불락이라고 할 수 없습니다. 특수한 공작이 있고 난이도가 높은 만큼, 어떤 의미에서는 프라모델 이상의 만족감, 충족감을 주는 모형이라고 할 수 있습니다.

그럼 레진키트 특유의 대표적인 공작을 요약해서 해설해 가겠습니다.

■ 버[46], 배출구 등의 처리

요즘의 프라모델에서는 본 적이 없는 버라고 하는 것이 레진키트에는 많든 적든 존재합니다. 이것은 실리콘 고무라는 형틀의 특성상 어떻게 하더라도 없앨 수는 없는 단점이라고 할 수 있습니다. 처리는 튀어나와 있다면 칼이나 사포로 깎거나 갈아내고 디테일이나 조형이 손상되었다면 다시 조각해 넣어야 합니다.

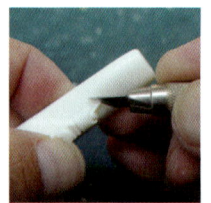

들어간 모양 부분에 대해서는 나중에 다시 이야기하도록 하겠습니다. 그리고 배출구라는 것도 레진키트의 특징입니다. 이것은 레진 수지의 흐름을 좋게 하거나 부품 속에 기포가 생기는 것을 줄이기 위해 마련한 수지의 흐름길이기도 하고 기포가 빠져나가기도 합니다. 이것들은 엄밀하게 말하자면 다른 것이기는 하지만 여기에서는 초보자용의 요약 기사이기 때문에 동일하게 보고 진행합니다. 이것들은 부품에 필요한 조형인지 불필요한 부분인지를 판단할 필요가 있습니다. 완성사진이나 조립설명서를 자~알 보면서 이건 불필요해!!라고 판단했으면 결심하고 깎아 버려주세요. 판단 실수를 해버리면 그때는 그때입니다(웃음).

■ 부품 세척

이것은 또 프라모델에는 없는 절차, 기본공작 과정입니다. 프라모델에도 표면의 유분을 제거할 목적으로 중성세제 등으로 씻는 경우가 있지만 필수 과정이라고 말할 수는 없습니다. 그렇지만 레진키트의 경우에는 확실히 필수! 라고 말할 수 있습니다. 레진부품의 표면에 부착되어 있는 이형제는 나중에 접착, 공작, 도장에서 큰 영향을 주기 때문에 생략해서는 절대 안 됩니다. 방법은 단순해요. 전용의 액체에 상품에서 정해놓은 시간동안 담가두는 것. 웨이브의 「M워시」가 정평이 나왔어요.

▲ 본사 그룹에서도 「레진 클린 매그넘」이라는 상품이 발매 되었습니다. 이번에는 이것을 썼는데 아주 잘 사용했습니다♪

그리고 그 다음은 헹구기도 겸하기 위해 중성세제 또는 연마제가 들어간 클렌저 같은 세제로 문질러 닦는 것입니다. 칫솔이 편리하다고 생각합니다. 그 후 전체 부품을 가볍게 사포로 다듬어주면 더욱 안심할 수 있지만 이것은 필수 공작이라고 하지는 않겠습니다. 저는 최근에는 사용이 간편해서 아주 좋아하는 스펀지 사포로 모든 부품을 가볍게 살짝 갈아주는 것이 저만의 유행입니다만, 마음을 안심시키기 위한 것 정도의 느낌입니다(웃음).

■ 기포 메우기(기포처리), 단차제거

레진키트 특유의 현상 그 세 번째=기포. 최근에 진공주형이나 원심주형을 하는 이른바 전문업체에서 생산된 키트에서는 많이 볼 수 없지만 그래도 완전히 없어지지는 않아요. 기포는 처리가 조금 귀찮지만 그대로 두면 외관을 망치기 때문에 처리해야 하는 것이 좋다고 생각합니다. 기포를 찾아내면 넓혀서 크게 해주고 거기에 퍼티를 채워서 표면처리를 합니다. 간단하게 말하자면 이것뿐입니다(웃음). 작은 기포 그대로가 아니라 크게 넓혀주는 것이 포인트. 퍼티를 채워 넣기 쉽게 하는 목적과 정착이 잘 되도록 하는 것이 목적입니다. 사용하는 퍼티는 기포의 크기에 따라 다릅니다만 큰 것이라면 에폭시 퍼티나 폴리퍼티, 미세한 것은 프라모델 전용퍼티입니다.

지면의 제한이 있어서 자세한 설명은 생략되었지만 흥미가 있는 분은 부디 역사적 명저 「MAX

---

46) 역주 : Burr, 틀사이에 수지가 흘러들어가서 생기는 비늘 같은 것. 붕어빵 사먹을 때 붕어형태 외에 퍼진 유독 얇은 부분 같이 생겼다. 붕어빵이라면 먹어도 되지만 모형에서는 불필요.

와타나베의 프라모델 너무 좋아!』를 참조해 주십시오(폭소). …아, 절판인가요? 그런가요… 그럼 「노모켄」이 좋겠네요♪

■ 축 끼우기 고정

축 끼우기라는 단어도 낯설게 생각하는 분도 많을 것이라고 생각합니다. 축 끼우기… 뭐 의미 그대로 축을 끼우는 것입니다(쓴웃음). 순간접착제나 에폭시 접착제로 접착한다고 해도 강도가 불안한 부분을 보강해서 고정하기 위해 실시하는 과정이 바로 축 끼우기입니다. 이것도 프라모델에서는 별로 하지 않는 공작이네요. 레진키트는 이것을 비교적 자주 합니다. 이렇게 하지 않으면 스스로의 무게 때문에 머지않은 미래에 작품이 파손, 붕괴되는 것을 피할 수 없게 될 수도 있습니다. 레진수지는 프라모델의 주재료인 스티롤수지와 비교해서 탄성이 적어서 내구성이 약하기 때문에, 즉 부러지거나 깨지기 쉬운 것입니다. 그리고 종종 레진키트는 전체 무게가 프라모델에 비해서 꽤 무거운 것이 많습니다. 즉 넘어졌을 때 파손확률이 프라모델의 몇 배가 됩니다. 그래서 유비무환을 위해 축 끼우기를 하는 것입니다. 축 끼우기를 해도 망가지지 않는 것은 아니지만 확실히 덜 망가지고 또한 수리도 쉬워집니다.

그런데 그 방법이라는 것이 핀바이스로 구멍을 뚫고 거기에 금속선을 끼워주는 것. 뭔가 아주 간단히 말하면 그렇습니다. 서론이 긴 것치고는 내용이 빈약한 원고가 되어버렸지만 웃음으로 용서해 주세요.

문제가 되는 것은 위치를 결정하는 것. 이게 다입니다. 적절한 위치, 각도로 연결되는 두 부품에 구멍을 뚫어주기 위해서는 가조립을 해서 임시 축 끼우기가 필수입니다. 하는 방법은 다양하지만 중간 과정의 사진을 많이 찍었으므로 참조해주시기 바랍니다. 한쪽에만 구멍을 뚫고 축을 끼우는 것만으로 어떻게든 되는 부분은 큰 문제없이 괜찮지만, 이 키트의 경우로 말하자면 다리의 축 끼우기는 메인 이벤트였습니다.

사진과 같이 가조립을 한 후 연필로 주변을 그려 넣고, 두 부품을 꿰는 것처럼 핀바이스로 관통합니다. 축을 끼우기 위해 생긴 부품 표면의 구멍을 퍼티로 메우는 과정이 필요합니다. 금속선은 펜치로 간단히 절단하는 것이 가능한 황동선이나 알루미늄제의 철사를 권장합니다. 굵기는 높은 강도가 필요한 부위에는 굵은 것, 그렇지 않은 곳이라면 정밀한 정도나 장소의 상황에 따라 바꾸어주면 됩니다. 힘을 많이 받지 않는 곳이라면 프라봉이라도 상관없습니다만 부러지게 되면 번거로운데 생각보다 자주 그렇게 됩니다(쓴웃음). 고정에는 순간접착제가 좋다고 생각합니다. 부품끼리 약간의 축 가동으로 움직이고 싶은 부분이라면 축 하나, 단단히 고정하고 싶은 부위에는 축 두 개를 만드는 경우도 있습니다. 레진 캐스트 키트의 제작에서는 이 축 끼우기가 주요공작이라고 말할 수 있기 때문에 다양하게 생각해서 시도해보시기를 바랍니다♪

■ 순간접착제나 에폭시접착제로 접착!

이렇게까지 써놓고 새삼스럽지만 레진키트의 부품 접착에 프라모델용 스티롤수지접착제는 사용할 수 없습니다. 가장 무난하고 신속하게 사용할 수 있는 것은 순간접착제입니다. 접착하는 부위에 따라 점도가 다른 것을 몇 가지 준비해두면 편리합니다. 스며들게 사용하는 쪽이라면 저점도의 찰랑찰랑한 타입. 무난하게 어디에라도 사용하는 중점도 타입, 그리고 확실하게 접합하고 싶은 부위나 힘을 많이 받는 부위에는 겔 상태의 고점도 타입을 준비합니다. 에폭시접착제는 5분 경화 정도가 취급하기 쉬워서 추천합니다. 특히 높은 강도를 원하는 부위에는 매우 믿음직한 접착제라고 말할 수 있습니다.

■ 서페이서나 프라이머 도포

프라모델에 있어서는 서페이서 칠하기는 필수과정이라고 할 수는 없습니다. 굳이 말하자면 해두는 편이 여러 가지로 좋기 때문에 추천하기는 하는 정도입니다. 다만 표면에 매우 섬세한 디테일이 있는 부품이라면 서페이서를 칠한 결과 디테일이 묻혀버릴 수도 있기 때문에 반드시 합시다!! 라고는 말하지 않는 프라모델 연예인입니다. 그러나!! 레진키트의 경우, 서페이서 칠하기는 필수과정이라고 해도 전혀 손색이 없습니다. 이것을 하지 않으면 도장은 되지만 거의 100% 칠이 벗겨지는 사고가 일어나 버립니다. 레진수지는 모형용의 유기용제계의 시너로 용해되지 않기 때문에 도료는 표면에 정착되지 않고 위에 올라타고 있을 뿐입니다. 따라서 부품표면에 정착되어 어떻게든 유지해주는 성질이 있는 서페이서를 칠할 필요가 있는 것입니다.

레진 키트의 투명한 느낌을 살려서 마무리를 하고 싶을 때나 투명 레진으로 성형된 투명부품의 경우에는 프라이머(메탈프라이머)를 사용하면 서페이서와 동등한 효과를 얻을 수 있습니다. 서페이서는 소프트99 같은 자동차용이나 레진키트 전용이라 불리는 상품을 추천합니다. 프라이머는 병에 든 것을 에어브러시로 뿌려줍니다.

■ 경량화, 금속으로 부품 교환 등

레진키트는 프라모델처럼 얇게 성형된 부품을 맞추어서 속이 빈 상태로 조립되는 것이 아니라 한 덩어리의 단단한 부품이 많습니다. 따라서 그대로 사용하게 되면 무게가 늘어나 헤비급 모형이 되고 맙니다.

어떤 의미에서는 숙명적이기도 하지만 혹시 모터 툴 같은 것을 가지고 있다면 약간의 노력으로 모형을 경량화 할 수 있는 부분이 있습니다. 이번에는 몸체의 일부에 추가가공 없이 안쪽을 깎을 수 있는 곳이 있었으므로 모터 툴의 비트로 덜덜 하면서 깎아주었습니다. 표면이 뚫릴 정도로 아슬아슬하게 갈아내지는 않았지만 그래도 꽤 가볍게 하는데 성공♪ 의외로 기분이 좋은 물건입니다. 이것은 나중에 무게로 인해 파손되는 확률을 낮추는 영향을 주지 않을까 생각되므로 해보고 싶은 분이라면 부디 시도를♪

그 다음, 가늘고 뾰족하며 비교적 단순한 형태의 부품은 금속선으로 바꾸어주는 것을 권장합니다. 강도가 훨씬 증가하여 쉽사리 손상되지 않고 무엇보다 「나 지금 모형 만들고 있다!」라는 느낌이 확실히 늘어나니까 (웃음).

여기까지 과정을 차근차근 밟아왔다면 나머지는 이제 매번 익숙한 「MAX 와타나베 식 Ma.K. 정석 기본색 도장」입니다. 즉, 실버→클리어→베이스 그레이. 이제부터는 즐겁기만 한 무릉도원, 도장이 기다리고 있습니다♪

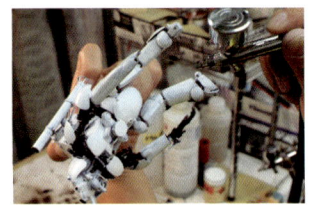
◀에어브러시로 모든 면을 뿌려서 전체를 골고루 새하얗게 하면 상당히 시간 절약이 되는 셈입니다.

◀황색의 식별띠는 붓 도장으로♪

▼사포질을 살짝 과하게 하면 밑색인 검정이나 은색이 나오므로 물론 환영할 만한 일♪ 하지만 너무 지나쳐서 실패라고 느꼈을 때는 흰색을 덧칠하면 또 다른 느낌이 나옵니다.

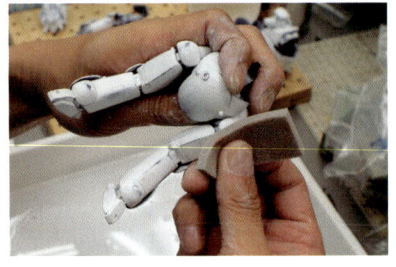

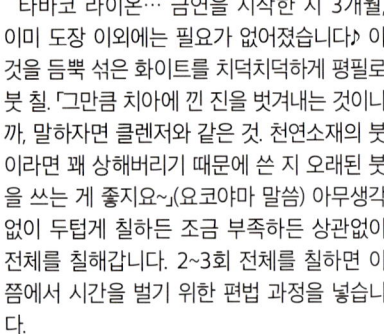

지상용 그로서 훈트
동계사양기

타바코 라이온… 금연을 시작한 지 3개월, 이미 도장 이외에는 필요가 없어졌습니다♪ 이것을 듬뿍 섞은 화이트를 치덕치덕하게 평붓으로 붓 칠. 「그만큼 치아에 낀 진을 벗겨내는 것이니까, 말하자면 클렌저와 같은 것. 천연소재의 붓이라면 꽤 상해버리기 때문에 쓴 지 오래된 붓을 쓰는 게 좋지요~」(요코야마 말씀) 아무생각 없이 두껍게 칠하든 조금 부족하든 상관없이 전체를 칠해갑니다. 2~3회 전체를 칠하면 이쯤에서 시간을 벌기 위한 편법 과정을 넣습니다.

즉 에어브러시로 전체 뿌리기! 많이 완성하고 싶은데 시간이 없다. 하지만 붓 칠의 맛은 버리고 싶지 않다는 사람(=MAX 와타나베)에게는 안성맞춤입니다. 건조 후 스펀지 사포로 전체를 샌딩하면 붓 칠로 생긴 얼룩무늬는 제대로 살아 있기 때문에 절묘하고도 미묘한 불규칙적인 얼룩이 나타나게 됩니다. 붓 칠 없이 에어브러시만 하고 샌딩하는 경우 단조롭게 깎이는 형태가 됩니다. 타바코 라이온을 섞어 넣은 효과는 확실히 광이 없어지게 되고 그 두터운 피막의 느낌, 워낙 두텁기 때문에 이 요철은 샌딩으로 더 좋은 효과가 나타나는 것입니다.

사포질하기(=샌딩)에 관해 말하자면 신경 써서 재미있는 모양이 나오도록 강약을 변화해 나가는 게 좋습니다. 식별띠를 칠하고 데칼을 붙인 다음 클리어로 코팅.

비법소스 3을 에어브러시로 뿌리고 에나멜 신너로 닦아낸 다음 칼로 표면을 거칠게 치핑. 마지막으로 타미야의 웨더링 스틱으로 마무리하는 것이 전 기체 공통의 정석마무리♪

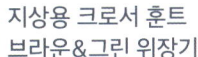
GroBer Hund, ALTAIR

지상용 크로서 훈트 브라운&그린 위장기

처음에는 키트에 포함된 컬러 가이드에 모두 맞추어서 완성할 예정이었으나 요코야마 선생이 직접 만드신 DCU[47] 도장의 완성품을 촬영장에 가져오신다는 정보를 듣고, 똑같다면 재미없어!!라고 생각하고 급히 크로테의 작례에서도 했던, 이 색상 조합으로 변경했습니다. 그 결과 함께 늘어선 13대의 이상한 사진에도 다채로움을 더할 수 있었고, 꽤 차분하고 멋지다고 생각합니다♪

47) 역주 : DCU(Desert Camouflage Uniform), 사막용 위장 무늬.

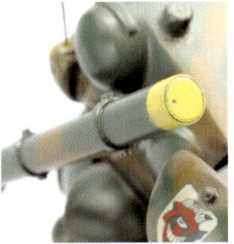

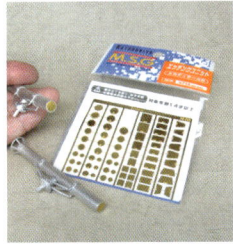

▲판처슈렉(몸체 양쪽에 부착된 원통형태의 무기, 같아 보이는 것)은 미발사 상태로 하기 위해 모델링북[48] 참고해서 코토부키야의 에칭을 붙여보았습니다♪

48) 역주 : 요코야마 선생이 쓴 "Ma.K. Modeling Book"(2006년 발행) 1권의 첫 기사가 그로서 훈트 레진 키트.

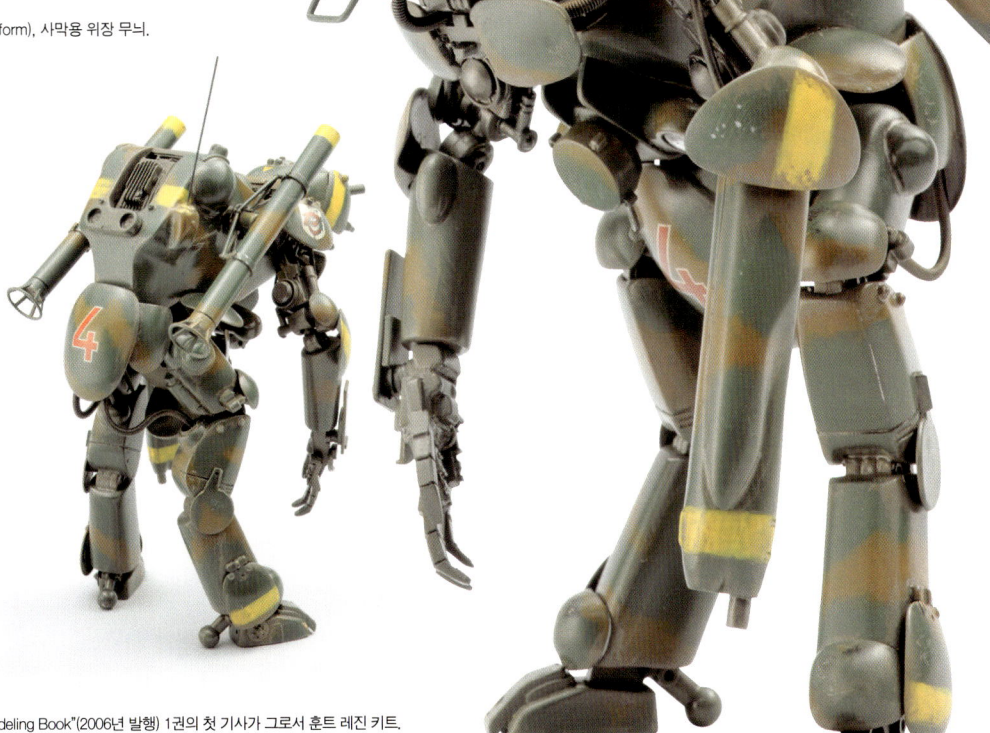

우주용 그로서 훈트 알타이르 화이트 기체

키트 패키지를 장식하는 컬러 일러스트의 도장 패턴. 이것의 첫 출현은 스네이크 아이 프로파일[49] 책의 앞부분에 있는 만화에서입니다. 꼭 이 포즈로 재현하고 싶다는 생각으로 가동을 고려했지만 무게와 시간이 없음으로 인해 깨끗하게 포기(웃음). 비행상태 포즈의 고정모델로 했습니다. 이렇게 생각을 빠르게 바꾸어버리는 것은 자신 있습니다♪ 그런데 같은 사양의 컬러링을 한 완성품의 존재를 키트에 포함된 참고용 사진에서 포착!! 이것과의 랑데부 비행장면을 찍고 싶어!! 그런 이유로 번호는「2」로 했음♪ 이번 촬영 컷은 그런 사정이 있었던 것입니다만 이것은 아마도 저의 뉴타입 스러운 통찰력 덕분이네요(웃음).

49) 역주 : "Maschinen Krieger Profile2 : Snake Eye" 2009년 대일본회화 발행.

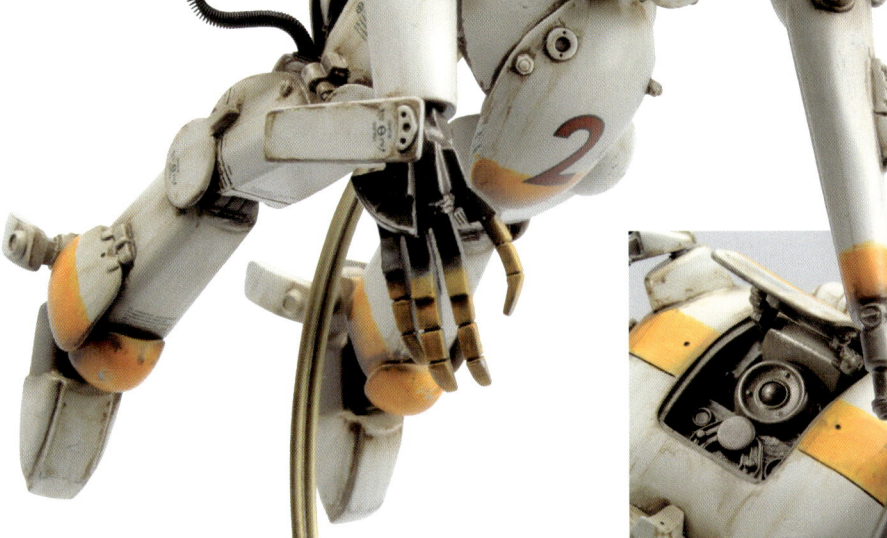

우주용 그로서 훈트 알타이르 위장무늬 기체

이것은 키트에 포함된 컬러가이드의 패턴에 준해서 마무리했습니다. 그렇다고는 해도 색감은 변화를 넣어주었습니다. 그 결과 요코야마 선생은 「뭔가 에바 같네, 에바♪ 초호기 그놈? 오오,. 좋네. 이 녀석은 초호(初號)라고 부르자구요」라고. 매번 그렇기는 하지만 직접적인 네이밍에 감사드립니다♪(웃음)

이러저러해서 그로서 훈트 네 대가 완성입니다♪

▶짙은 파랑 부분은 붉은 느낌을 더 넣어서 보라색 같고, 라이트 그린 부분은 더욱 발색이 좋은 노란색 느낌을 더했음. 황색의 식별띠는 이들과의 조화를 감안해서 약간 오렌지 느낌을 더했습니다.

공통공작

덧붙여서 네 대 공통 공작에 있어서 중요한 포인트는 클리어 부품의 접착입니다. 여기에서는 「Ma.K. 모델링 북」에 기록되어 있는 목공본드로 접착을 시도했습니다. 예쁘게 완성되어 아주 좋습니다♪ 이 부품은 실버를 칠한 후에 붙여주고 클리어 부분에는 마스킹졸을 칠해서 보호해두었습니다. 전체 도장 완료 후 두근두근하면서 벗기기를 합니다(웃음).

그로서 훈트 재판정보.[50]

그로서 훈트 개러지 키트는 7월에 완매되었지만 「요코야마 선생과 MAX 씨의 작례도 많이 게재하게 된 상황인데 판매하지 않는 것도 좋지 않다」라고 KATOOO 씨의 호의에 의해 급거 재판이 결정되었다. 우주형과 지상형으로 선택 조립 사양으로 되어 있으며 데칼과 도장카드 포함. 성형색은 다크 옐로우로 변경되었다. 레인보우 에그의 사이트에서 예약을 받고 있으므로 반드시 체크!

※원쪽의 재판정보는 연재 당시의 것으로 현재 이 키트는 절판되었습니다.

50) 역주 : 하세가와에서 1:20 스케일의 프라모델로 발매했다. 그로서훈트(육전형, 2011년), 그로서훈트 알타이르(우주형, 2012년), 그로서훈트 K형 키클롭 (2013년)

◀▼KATOOO 씨의 테스트 모델에 요코야마 씨가 개조를 더해 완성한 알타이르.

Ma.K. in SF3D EXPLANATIONS

**슈트랄군
휴머노이드형 무인요격기
그로서 훈트**

글 / KATOOOO(레인보우 에그)

하비재팬 1985년 7월호에 최초로 게재된 그로서 훈트는 『SF3D』연재에 있어서 최초의 휴머노이드형 무인무기입니다.

그때까지 『SF3D』에서 발표된 인간형(머리와 몸체가 일체화된 것을 포함) 무기는 AFS, PKA, SAFS와 같은 장갑전투 슈트뿐이었고 첫 장갑전투 슈트인 AFS가 전황을 크게 바꾸자 용병군, 슈트랄군 모두 무장, 출력, 장갑을 개선하는 신형주력 장갑슈트를 단계적으로 개발해왔습니다. 그로서 훈트 첫 출연 시에는 멜루진과 랩터는 발표되지 않았습니다만 무기의 무인화를 강력하게 추진하는 슈트랄군이, 개량하며 진화하는 용병군 장갑슈트에 대항하는 무기로 완전히 새로운 관점에서 개발한 무기가 그로서 훈트라고 생각할 수 있습니다.

요코야마 선생은 인간형의 전투머신을 예전부터 구상하면서 연재 시에는 완성도가 높은 프로토 타입 네 종류를 발표했었고 그 콘셉트나 디자인에서 나온 그로서 훈트(=큰 개)는 특히 「공포」를 주는 무인무기로 설정되어있는 것을 알 수 있습니다. 2006년 발행된 「Ma.K. 모델링북」(대일본회화 발매)에 「휴머노이드형 무인 요격기」라고 기록이 있습니다만 요격에 특화된 무인무기는 무인 정찰기와는 확실히 성격이 다르며 전장에서 가장 만나고 싶지 않은 메카임에 틀림없습니다. 가장 공포를 주는 실제 크기를 상정해서 높이가 결정되었기 때문에 2m 크기의 SAFS형 슈트에 비해 그로서 훈트는 높이 약 3m. 카메라와 센서가 집중되어 있는 머리, 전선류가 노출된 기다란 팔, 관절이 하나 많은 역관절(여기가 중요한 포인트)과 강화된 무장도 더해져서 외모는 섬뜩하고 흉악합니다. 요코야마 선생은 최근 그로서 훈트의 용병군 쪽 라이벌기체를 지상형에서는 랩터, 우주형에서는 스네이크 아이를 들고 있어서 「용병군 최강 슈트의 적」이라는 자리 매김을 하고 있습니다.

영화 『터미네이터』의 영향을 받았다고 하는데 영화의 일본 공개는 1985년 5월 25일부터이고 게재호의 발매일은 같은 해 6월 25일. 마감일을 연산해보면 경이적인 속도입니다. 「3일 정도 해서 만들었어」라고 웃으며 말하셨지만 구스타프나 AFS 같은 닛토제 키트의 부품을 교묘하게 조합해서 이질적인 실루엣을 만들어냈습니다.

마감이 빠듯하기 때문에 그로서 훈트는 중요한 메카임에도 불구하고 연재 당시의 포토스토리에는 전혀 등장하지 않아 아쉽습니다. 설명이 없는 컬러페이지의 사진이 의외의 인상을 주는 게재호에서는 슈트랄군이라는 설명도 없었고(레이저와 판처슈렉 등의 무장과 독일어 기체명으로 추정은 가능), 같은 호의 「FALKEⅡ」가 표지가 된 것도 그로서 훈트의 인상을 약하게 했던 것 같습니다.

연재 당시는 중학교 3학년이어서 왠지 모르게 모형으로부터 멀어졌고, 그로서 훈트의 기사를 제대로 인식하고 읽은 것은 1991년이 되고 나서였습니다. 중학생 때는 「Kröte」를 읽을 수 없었는데 이번에는 20살이 넘어서 「Großer Hund」를 읽을 수 없었습니다(웃음). 그리스어의 β(베타)와 혼동해서 「그로베타 훈트」라고 잘못 읽은. 발음이 거북해서 멋없다고 생각했습니다(웃음). 독일어의 「ß」는 "에스체트"라고 해서 (「ß」를 사용하지 않는 영어권에서는 「SS」로 대체해서 사용), 「스」라고 발음합니다. 원래는 S(에스)와 Z(지)인데, SZ라고 연속되면 Z는 발음되지 않기 때문에 SS로 대체해서 기록한다고 합니다.

이제부터는 입체물에 대해 설명하고자 합니다. 우선 1985년에 요코야마 선생이 제작한 오리지널 모델은 2004년 선생의 자택에서 머리, 다리와 장갑 등이 뿔뿔이 흩어진 상태로 발견되었습니다. 아쉽게도 몸체나 레이저 부 이외의 팔은 발견되지 않았습니다.

소재불명인 부품의 원래 모습을 조사하기 위해 발굴된 부품을 제가 맡았지만 뿔뿔이 흩어진 상태에서는 각 부분의 연관성을 파악하기 힘들어서 발굴 부품을 표본으로 똑같은 것을 만들어 맞추기로 했습니다. 그랬더니 의외로 잘 진행되어 이러저러는 사이에 원 오프[51] 모형 하나가 완성(웃음). 여기 비교용으로 정비사와 함께 사진 찍은 그로서 훈트가 그것입니다. 검증용으로 만들었기 때문에 아쉬운 부분도 많이 있습니다만 이하라 겐조 씨가 도장해주신 것도 그렇고 마음에 드는 기체입니다. 현재도 정확한 몸체의 형상은 모릅니다만 원 오프모델 제작 직후 시행착오를 거쳐 개러지 키트의 원형을 별도로 제작하여 2005년 원더 페스티벌에서 판매했습니다(위에 있는 세 대가 나란히 서 있는 사진입니다).

조립한 개러지 키트를 요코야마 선생에게 드렸더니 머리의 형상을 새롭게 설정하여 개조해주시고, DCU 위장으로 도장해주신 것이 위 사진의 가장 왼쪽에 있는 그로서 훈트입니다. 자신의 키트를 처음 선생께서 칠해주셔서 굉장히 감동한 것을 기억하고 있습니다.

우주형은 제가 개러지 키트를 개조하여 간토(関東) 전시회에 전시한 것이 시작입니다. 요코야마 선생이 마음에 들어해주셔서 「우주용도 개러지 키트로 해도 좋아. 스네이크 아이와 싸움시켜보고 싶다. 두 대 있으면 더 좋겠네. 개러지 키트가 아니어도 좋으니 내게 줘!」라고 싱글벙글 하며 말하셔서 「알겠습니다! 우선 두 대를 만들어서 가지고 가겠습니다!!」라고 바로 회답(웃음). 전시회용의 원오프 모델을 분리해서 정리가 되지 않은 부분과 수정이 필요한 부분을 몇 주 동안 손보고 집에서 두 개를 복제. 그 당시에는 세계에 두 대밖에 없는 엄청 희귀한(웃음) 우주형 개수판을 비행포즈와 착륙포즈로 조립해서 전해드렸습니다.

그 두 대의 부품 위치를 바꾸고 형상을 변경하여 손을 본 것이 80페이지의 아래 사진에 게재된 오렌지 식별띠의 「1」번 기체와 핑크 식별띠의 「4」번 기체입니다. 이번에는 요코야마 선생으로부터 두 대를 빌려 다른 원형을 제작하여 개러지 키트로 만들었습니다. 「ALTAIR」라는 명칭은 요코야마 선생이 「앨타이어」라는 단어를 후보로 거론해주셨습니다. 이른바 칠석의 「견우성」으로 영어로는 「앨타이어」, 독일어로는 「알타이르」. 아랍어로 「비상하는 독수리」가 어원으로 되어 있어서 근사하기 때문에 우주용 그로서 훈트는 「알타이르」로 결정했습니다.

「Ma.K. in SF3D」의 그로서 훈트 특집에 레인보우 에그의 개러지 키트를 다루어주셔서 대단히 감격하고 있습니다. 요코야마 선생, 무라세 편집장, 그리고 짧은 시간에 지상/우주 도합 네 대나 되는 그로서 훈트를 제작해주신 MAX 와타나베 씨, 대단히 감사합니다!

51) 역주 : ONE-OFF, 복제를 전제로 하지 않고 하나의 완성품으로 만드는 것.

PLAY BACK NEW ITEM Nov.issue 2010

「랩터」가 플라스틱 키트로

2003년에 발매되어 현재는 절판인 「랩터」는 닛토의 「S.A.F.S.」에 웨이브제의 부품을 포함한 것이었으나 이번에 「스네이크 아이」, 「S.A.F.S.」와 같은 신금형으로 "완전 웨이브제"가 되어 플라스틱키트로 되었다. 요코야마 씨가 제작한 도장 샘플이 도착했으므로 관람해주시기 바란다.

S.A.F.S.랩터
● 발매원 / 웨이브 ● 2,400엔, 2010년 11월 발매 ● 1:20, 약 10cm ● 플라스틱키트

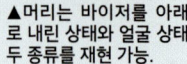
▲머리는 바이저를 아래로 내린 상태와 얼굴 상태 두 종류를 재현 가능.

또 다른 신 아이템 발표?

랩터에 이어 주목 아이템을 웨이브가 개발 중이라는 정보를 입수! 빠르면 10월 16일(토), 17일(일)의 2일간 마쿠하리 멧세에서 개최되는 「제50회 전일본 모형하비쇼」의 회장에서 발표. 자세한 내용은 다음호에서 전달한다!

하세가와제 너트로커는 순조롭게 진행 중

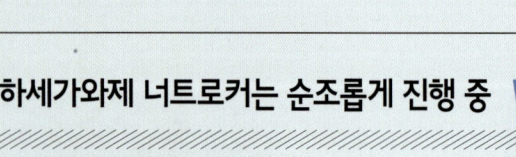

전회에 전해드린 원형을 기초로 한 3D CAD데이터를 제작. 금형제작도 순조롭게 제작되고 있다. 제품에 포함되는 1:35스케일의 구스타프, 멜루진은 물론 '노이 판쳐 파우스트', '판쳐슈렉'이 포함되는 것이 판명. 탄두와 몸체가 별도의 부품으로 되어서 교체하여 끼우기 방식으로 양팔에 쥐어주는 형태와 무기만 별도인 형태를 재현할 수 있다.

1/35 P.K.H.103 너트로커
● 발매원 / 하세가와 ● 7,200엔, 2010년 12월 발매 ● 1:35, 약 30cm ● 플라스틱키트

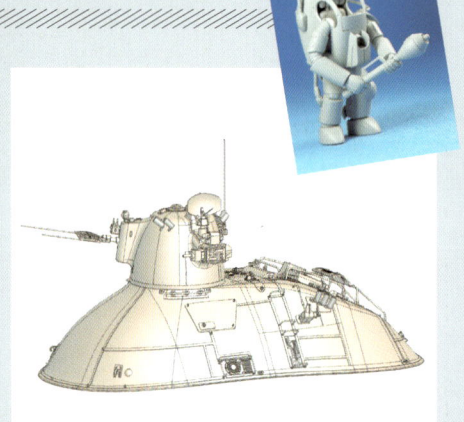

3Q모델의 다음 재판매 아이템은 「호르니세」

구 닛토제 키트의 재발매를 이어가는 3Q모델에서 시리즈 중 최대의 볼륨을 자랑하는 「호르니세」가 등장!

호르니세
●기획/3Q모델, 제조·발매원 / 웨이브 ●5,500엔, 2011년 1월 발매 ● 1:20, 약 20cm ● 플라스틱키트

「SF3D 크로니클즈」 발매기념 사인회 리포트

8월 31일에 드디어 발매된 「SF3D 크로니클즈」. 그 발매를 기념하여 원작자인 요코야마 코우 씨의 사인회가 9월 4일(토) 도쿄 신주쿠의 모형점 「모케이 팩토리」에서 개최되었다. 많은 팬들과 함께 이 책의 구성에 함께한 관계자도 모여 대성황의 이벤트가 되었다.

▶모형점은 사인회 개시를 기다리는 팬으로 가득 차 있다.

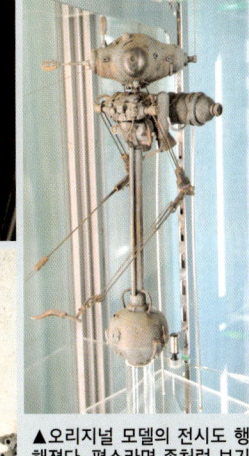

▲오리지널 모델의 전시도 행해졌다. 평소라면 좀처럼 보기 힘든 작품들 앞에서 발을 멈추는 사람들이 속출.

▲이벤트가 시작되자 웃는 얼굴로 사인에 응하는 요코야마 씨. 사인에 더해 요구에 맞추어 일러스트를 그려주어서 팬에게는 기쁜 일이었다.

▲참가자 중에는 『SF3D 오리지널』 연재 시의 작례를 담당했던 아게타 유키오 씨도. 제대로 사인을 받고 사이좋게 피스사인.

「SF3D 크로니클즈」 절찬 발매 중!

「월간 하비재팬」에서 연재하였던 『SF3D 오리지널』의 모든 것을 모아 담은 『SF3D 크로니클즈』가 현재 절찬 발매 중. A4판으로 크기가 커지고 복각된 지면은 일부를 제외하고 광고까지도 모두 당시를 그대로 재현, 시리즈의 시작부터 끝까지의 분위기를 그대로 체감할 수 있는 책이 되었다. 「천(天)」「지(地)」두 권을 상자에 넣었고 나아가 구 닛토의 키트 발매 당시에 상점에 배포되었던 판촉용 포스터를 모티브로 한 책갈피 2종이 포함되어 있는 호화버전. 한정수량 생산이므로 놓치지 마시기를.

SF3D 크로니클즈
● 발행원 / 하비재팬 ● 4,571엔, 2010년 8월 발매 ● A4판형 ● 2책 구성, 양장케이스 포장

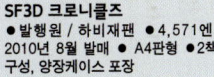

▲사인회 종료 후, 깜짝이벤트로 MAX 와타나베 씨가 참가한 토크쇼를 개최.

◀아게타 씨도 합류하여 원작자, 신구 제작자의 호화 공동 출연이 실현. 공연장의 바깥까지 관객이 넘칠 정도로 성황이었다.

AFS
Armored Fighting Suit

WAVE 1:20 SCALE PLASTIC KIT
MODELED BY MAX WATANABE

| Dec.2010 | No.010 |

1982년 5월 약 4년에 걸쳐 이어지게 되는 『SF3D 오리지널』의 연재가 시작되었다. 기념할 만한 제1회는 AFS(아머드 파이팅 슈트). 미크로맨 강화슈트를 사용하여 오리지널의 "장갑전투복"으로 만들었던 제작기사는 그 압도적인 존재감과 높은 완성도로 인해, 급거 연재기획으로 발탁되어 승화하게 된다. 전회에서는 요코야마 씨가 만들었던 『SF3D』연재 종반의 작품인 그로서 훈트를 소개했었다. 이번에는 확실한 원점인 AFS를 특집기사로 하여 MAX 와타나베가 웨이브제 인젝션키트를 작례 아홉 대와 요코야마 씨의 작품도 다수 더해서 풍성한 내용으로 소개한다.

웨이브 1:20 스케일 플라스틱 키트
AFS

제작·해설·글 / MAX 와타나베

■SF3D의 원점, AFS!!

드디어 차례가 돌아왔네요, AFS♪ 출시되고 나서 약간의 시간이 지났고 계속 발매되는 신제품들에 밀려서 좀처럼 만들 기회가 없었습니다. 실은 이 연재, 조립만큼은 틈나는 대로 진행하고 있었기 때문에 AFS 일행 분들은 도장하기 직전 상태에서 기다리고 있었습니다. HJ 본지에 있어서 『SF3D』의 기념할 만한 연재 제1회의 재료가 이 AFS이며 여기에서 모든 것이 시작되는 첫 아이템. 그런 이유로 이번에는 그로서 훈트에 이어 「SF3D 크로니클즈」 발간기념 제2탄이라고 말할 수 있습니다♪

그런데 AFS. 수많은 요코야마 디자인 워크 중에서도 가장 "근 미래에 실용화될 것 같은 느낌"이 강한 디자인이 아닐까 생각합니다. 바꿔 말하자면 「이미 어느 나라에서는 개발을 시작한 거 아냐?」라는 느낌이라고 할까. 같은 말인가요? 그러네요. 죄송합니다(웃음). 그런 이유로 현용무기의 옆에 있다고 해도 전혀 위화감 없이 잘 어울릴 정도니까요. 조금 어른스럽다고 할까, 수수해 보인다고 할까, 그런 차분한 존재인 것도 AFS 애호가에게는 참을 수 없는 것 아닐까요? 사실 이번 합동 콘테스트에서는 다수의 AFS 작품을 볼 수 있습니다.

▲야외에서 치핑! 조카 유이는 생후 6개월에 HJ에 데뷔했다!(웃음)

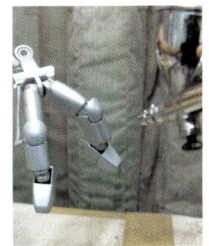
◀밑칠은 MAX Ma.K. 정석인 서페이서→실버→클리어→베이스 그레이를 한 다음 비법소스 3으로 웨더링 후에 칼로 속속 벗겨가는 "진짜 벗겨버리는 치핑"을 했다.

루나폰

웨이브가 완전 신금형으로 리뉴얼한 키트의 제1탄은 이 「루나폰」으로부터 시작되었습니다. 3차원 곡면으로 구성된 바이저와 더 둥글어진 헬멧. 등과 뒤통수를 연결하며 덮어 있어서 볼륨이 증가한 레이더. 그리고 굵은 레이저암 등, 연결감, 일체감이 더욱 증가한 "완성도"가 높아진 후기형 AFS입니다. 매우 좋아하는 형태입니다.

키트는 아무런 문제가 없기 때문에 물론 그대로 조립. 일체의 개조는 더하지 않았습니다. "개조하면 안 돼!"라고 생각하지 않으며 말하지도 않습니다만, 많이 칠하고 싶은 저에게 있어서는 키트의 품질이 좋다면 그대로 조립입니다♪

한 대는 심플한 패키지 컬러로. 다른 한 대는 최근의 『Ma.K.』 컬러링 패턴에 따라 그레이 투톤 위장무늬로 마무리하고 선명한 컬러로 식별띠를 넣는 패턴으로 해보았습니다. 모두 붓 도장이에요♪ 데칼을 붙이기 전에 한번 클리어를 코트하고 가볍게 스펀지 사포로 "뭐라 해도 갈아내기"를 하고 데칼을 붙인 후에도 단차를 없애기 위해 클리어 코트를 하고 연마를 해주었습니다.

G-폰

루나폰을 지상용으로 만든 버전이라는 설정이 G-폰. 지상의 다양한 장소와 용도에 따라 폭넓은 컬러링을 즐길 수 있는 의미에서도 역시 지상용 쪽이 좋아요.

이번의 작례는 여러 가지로 생각했지만 난잡해지면 안 되기 때문에 무난한 느낌의 갈색과 녹색의 투톤으로 하고 이 색들과 잘 맞는 노란색으로 식별띠를 하면 이제까지의 작례(크뢰테, 그로서 훈트 등)에 피해를 주기 때문에[52] 이것을 피하기 위해 라이트블루를 칠해주었습니다.

예상한 대로 무난하게 마무리되었습니다(쓴웃음). AFS는 피규어의 머리가 살짝 보이므로 이것도 재미있어서 앞으로도 기회가 되면 만들고 싶습니다.

52) 역주 : 이 책에서 노란색 식별띠는 슈트랄군에 사용해왔으므로 용병군도 같은 색을 칠하는 것을 피하기 위한 것.

폴라 베어

둥그스름한 백팩, 굵직한 왼팔 레이저 배럴, 그리고 작아 보이는 타이트한 헬멧 페이스. 내가 지금 가장 좋아하는 AFS 베리에이션이 바로 이 폴라 베어입니다. 게다가 엄청 좋아하는 동계 위장!! 이건 참을 수 없어♪ 그래서 행군 장면을 촬영하고 싶어서 두 대를 칠했습니다. 완전히 똑같다면 질리기 때문에 (쓴웃음), 두 대는 조금 컬러링에 변화를 줬습니다.

하얀색 부분은(시간 관계도 있어서) 에어브러시로 마무리했습니다만 다른 것은 모두 붓 칠. "N"이나 "L"도 붓으로 넣어보았습니다. 끝에 점을 더한 이 로고는 요코야마 선생, KATOOO 씨가 "멋져, 표절할 거야!"라고 말해줘서 매우 기쁩니다만, 실은 길이나 굵기, 밸런스가 달라도 눈에 띄지 않도록 하기 위한 속이기용으로 생각해낸 것이라서 여기서는 우리끼리 비밀로 합시다(웃음). 실패와 단점을 어떻게 해보려고 발버둥 치다가 뭔가가 생겨나는 경우는 자주 있네요. 그런 에피소드도 있고, 여기저기 웨더링을 해주어서 마음에 드는 작품이 되었습니다.

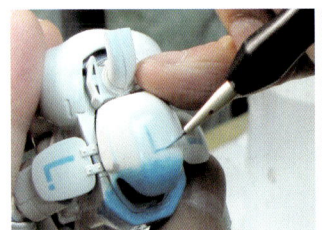

AFS

현재 웨이브제 AFS 베리에이션의 마지막이 나이트 스토커입니다. 이 키트의 발매에 따라 양팔에 머니퓰레이터가 붙은 AFS를 만들 수 있게 되었습니다♪ 나이트=야간→검정이라는 직설적인 연상으로 패키지 컬러에 맞추고 조금 변화를 더해서 마무리해보았습니다. 라쿤 때 만들었던 검정, 빨강의 기체와 나란히 세워서 촬영하고 싶었기 때문에 색감은 대체로 맞추어주었습니다. 꽤 선명한 붉은색이 멋지죠♪

이 컬러링, 치핑하면 실버가 좋은 느낌으로 눈에 띄게 되므로 즐겁습니다. 이런 느낌으로 두 대 모두 해주었지만 지금 생각하면 한 대는 다른 컬러로 해도 좋지 않았을까라는… 나이트 스토커라고 해서 검은색이 아니면 안 된다는 것은 물론 없으며 사실 콘테스트의 출품작에서 굉장히 멋진 나이트 스토커가 있어서 엄청난 자극을 받았습니다♪ 『Ma.K.』 콘테스트는 굉장하네요. 너무 재미있어서 지혜열[53]이 났는지 그날 밤에는 흥분으로 잠을 잘 수가 없었어요(웃음).

나이트 스토커

◀헬멧과 파일럿의 고글에서 빛나는 것은 HiQ PARTS의 「오로라 아이즈」. 매우 간편하고 좋은 악센트가 되므로 추천하는 아이템입니다.

[53] 역주 : 일본에서는 어린아이가 특별한 이유 없이 열이 나는 경우 이렇게 부른다. 지식이 쌓여서 생기는 열이라는 의미. 실제로 지식과 관련해서 열이 나는 것은 아니다. 여기에서는 흥분으로 열이 난 것 같다는 의미.

Mk.Ⅰ & Mk.Ⅱ

『SF3D』 제1회의 원래재료=미크로맨 강화슈트. 이 번에 KATOOO 씨가 가져와서 처음으로 실물을 목격 했습니다!! 오오 깜짝 놀랐다!! 이게 그것인가요?! 그 럴듯해. 소재가 된 원래의 형태가 키트 부품에도 제 대로 남아 있는 것이 두 종류네요. 지금의 눈으로 보 면 조금 답답하고 투박한 이미지도 아주 귀엽네요.

Mk.Ⅱ는 모노톤으로 심플하게 완성하고 싶어서 가 볍게 그린을 에어브러시로 뿌리고 청색의 로고를 곁 들였습니다. 붓 칠 같은 느낌의 터치가 나오지 않기 때문에 워싱 후 원래 칠했던 그린에 흰색과 노란색을 더한 도료를 적당히 붓 칠로 해주고 데칼도 클리어로 코트하고 톤을 바꾼 파란색으로 덧입혀서 어울리게 했습니다. 수수한 마무리이지만 나쁘지 않죠?! 라고 생각합니다만 어떠세요?

Mk.Ⅰ은 조립설명서에 있는 컬러링을 따라하면서 곳곳에 어레인지를 더해서 마무리했습니다. 아 참, Mk.Ⅱ의 발목 말입니다만, 마츠모토 슈헤이 씨의 패 러디도 무엇도 아닌 단지 틀린 것입니다. KATOOO 씨가 지적하기 전까지는 몰랐습니다(폭소). 시대는 반복되는 것인가?!

◀눈모양의 마크는 HIQ PARTS의 「Ma.K.데칼」을 사 용했습니다. 작례에는 사 용하지 않았습니다만 가슴에 서 배까지 걸쳐 있는 도마뱀 마킹도 일품이어서 또 만들 어보고 싶네요.

Ma.K. in SF3D EXPLANATIONS

용병군 장갑전투복
AFS(Armored Fighting Suit)

글 / KATOOO (레인보우 에그)

단발 기획용으로 하나의 작례인 AFS가 그 높은 완 성도로 인해 급거 별도의 타이틀을 갖추고 연재를 시 작. 이례적인 발탁으로 막을 연 『SF3D』이지만 하비재팬 1982년 5월호에 당당하게 등장한 두 대의 AFS는 건담 등 동시대의 캐릭터 메카와는 다른 인간 크기의 장갑 전 투복이었습니다. 가까운 미래에 실제로 나올 것 같은 형 태가 강한 설득력이 있고 어딘가에서 본 듯한 느낌과 지 금까지 본적이 없는 독특한 분위기가 공존하는 묘한 매 력이 넘치고 있습니다. 이 AFS가 모든 시작과 기준이 되 어 적의 장갑전투복과 대형 지원무기, 무인무기 등 다양 한 메카가 매호 발표되어 장대한 세계가 구축되어간 것 을 생각하면 연재될 줄은 생각도 않고 만든 사람크기 의 장갑전투복이 연재 1회의 메카가 된 것은 필연적인 우연이었던 것은 아닐까 하고 감회가 깊어집니다.

제작 시의 콘셉트는 타카라제 「미크로맨 강화 슈트」 를 이용해서 오리지널의 장갑 전투복을 만들겠다는 것. 소재가 된 「강화 슈트」는 약 9cm의 가동인형을 종래와 같이 로봇이나 머신에 태우기 위한 것이 아니라 무장을 "갈아 입힌다"라는 새로운 시도를 한 의욕적인 상품이 었습니다. 미크로맨을 아주 좋아했던 저는 10살 때에

「강화 슈트」를 샀습니다만 AFS 발표 전이었고 미래의 자신에게 중요한 완구라고는 알 수 없었습니다(웃음). 연재 첫 회 때에는 아직 11살이라서 「하비재팬」은 읽지 않았기 때문에 중학생이 되어 「별책 SF3D」에서 AFS의 존재를 알게 되었으나 강화슈트는 이미 버려진 상태. 어 른이 되어서 울면서 프리미엄이 붙은 가격으로 구입하 였습니다(웃음).

강화슈트는 획기적인 상품이었지만 아무래도 저연령 을 위한 완구. 그 때문에 그 콘셉트와 헬멧의 형상을 그대 로 따르기는 했지만 요코야마 선생의 모델링과 도장이 더해져서 매우 실감나는 장갑전투복으로 다시 태어난 것입니다. 강화 슈트의 헬멧은 상당히 세련된 디자인으 로 강화슈트2를 Mk.Ⅰ, 강화슈트3를 Mk.Ⅱ에 사용(사 용하지 않은 강화슈트1은 조금 이질적이었습니다). 헬 멧의 외형을 줄로 깎아서 면의 구성을 미세하게 조정하 고 관측용 구멍 부분의 각도를 둥글게 하는 등 절묘한 수정을 가해 완구로서의 이미지는 더욱 자취를 감췄습 니다. 여담입니다만 「강화슈트2」에 포함된 무기 「미크로 바주카」(바주카가 아닌, 그야말로 80년대식 명칭)를 가 공하여 PKA의 상박과 하박의 부품으로 사용했습니다. AFS의 공작으로 문자 그대로 골격으로 되는 것은 관절 이 가동하는 미크로맨을 안에 넣고 공작을 진행. 타미야 제 1:20 피규어를 사용한 머리 이외는 미크로맨으로 무 리가 없는 자연스러운 포즈가 되도록 확인하면서 작업 하는 것이 가능해서 두 대의 AFS는 확실히 안에 사람이 들어가는 실루엣이면서 실로 느낌이 좋은 포즈가 되었 습니다. 만약 미크로맨을 사용하지 않고 헬멧만을 사용 하여 제작했더라면 사람크기의 장갑복이 되지 않았을 가능성도 있기 때문에 『SF3D』의 역사가 바뀌었을지도 모릅니다.

헬멧 이외의 부분은 강화슈트를 그대로 활용하지 않 고 프라판과 퍼티, X-윙 등의 부품과 탁구공 등 풍부한 재료를 적재적소에 사용하여 실루엣과 디테일을 완전히 다른 것으로 재구축하였습니다. 지나치게 화려하지 않 으며 그렇다고 해서 모자란 것도 아닌 AFS의 "자연스러 운 리얼"을 내기 위해서는 비범한 디자인 능력과 모델링 기술이 필수불가결. 「SAFS」와 같은 걸작 디자인이 나중

에 만들어지면서 AFS의 그림자가 조금 희미해진 인상 도 있지만 AFS 자체는 매우 뛰어난 디자인의 장갑 전투 복인 것은 틀림없습니다. 오토모 카츠히로[54] 씨의 「무기 여 잘 있거라[55]」의 파워드 슈트에서 영감을 받은 AFS 이지만 발상에서 완성까지 다양한 요소가 얽혀서 지금까지 의 애니메이션이나 모형에는 없는 독자적인 매력을 지 닌 것으로 완성되었습니다. 「SF3D 크로니클즈(天)」의 표지에는 실물의 몇 배 커진 크기의 AFS Mk.Ⅱ가 게재 되어 있습니다. 확대해도 어설퍼 보이는 곳이 눈에 띄지 않는 존재감이 있는 디자인을 만들어내는 것은 정말 대 단한 일이라고 생각합니다. 요코야마 선생 본인이 AFS 를 표지에 사용하는 것을 제안했지만 연재도 제1회, 닛 토과학의 모형 제1탄, 「SF3D 크로니클즈」에도 표지를 장식하기 때문에 AFS Mk.Ⅱ는 SF3D~Ma.K.에 있어서 일번타자 같은 존재라고 할 수 있습니다.

「Mk.Ⅰ」, 「Mk.Ⅱ」라는 호칭은 「별책 SF3D」에서 붙여진 것으로 처음 출현할 때는 「전기형」, 「후기형」이라고 쓰 여서 지금 읽어보면 실로 점잖은 느낌이 있지만 정 착되지는 않았던 것 같습니다. 닛토제 키트의 제3탄이 「AFS Mk.Ⅰ」라는 상품으로 1984년에 출시되면서 혼 동을 피하기 위해 「Mk.Ⅰ」「Mk.Ⅱ」라는 호칭을 의식하게 된 분들이 많아진 것은 아닐까요. 『SF3D』 시대부터 장 갑슈트를 비롯한 등장무기에는 수많은 파생형 베리에이 션이 생기고 그것이 세계관을 넓히는 중요한 추진력이 되기도 하지만 연재 1회 만에 이미 형상이 미묘하게 다 른 두 종류가 나왔다는 점은 흥미롭습니다. 그런 생각을 하며 볼 때 유감인 것은 오리지널 모델인 AFS Mk.Ⅰ이 행방불명인 것. 대조적으로 「별책 SF3D」를 읽으면 게재 되어 있는 AFS의 오리지널 모델은 Mk.Ⅰ뿐이고 Mk.Ⅱ의 오리지널은 게재되지 않았습니다. 별책 발매 직후 「토네 이도」 편의 포토 스토리에 사용하기 위해 Mk.Ⅱ는 별책 의 촬영에 동원되지 않았다고 추리하고 있습니다만 파 이어플라이 이후에는 멀리 멀리 떠나가, 인연이 아닌듯 한 것을 느꼈다면 조금 과장일까요?

언젠가 다시금 오리지널 Mk.Ⅰ과 Mk.Ⅱ를 함께 보고 싶다는 바람은 저 혼자만의 생각은 아닐 것입니다.

◀왼쪽부터 강화 슈트 1, 2, 3.

---

54) 역주 : 1954년생. 만화가, 애니메이션 감독. 묵시록적인 SF 애니메이션의 거장. 대표작으로는 '아키라(1988)', '메모리즈(1995)' 등이 있다.
55) 역주 : 1981년 오토모 카츠히로가 발표한 만화책. 장갑전투복이 등장한다. 2013년 복간이 되었으며, 2014년에는 "Short Peace"라는 만화영화의 한 부분으로 재탄생되기도 했다.

AFS

제작·글·해설 / 요코야마 코우

AFS는 닛토의 키트로 만들어진 지 30년. 지금은 미스터 웨이브의 새로운 키트가 간단하게 조립이 된다. 조립이 편한 것은 이미 십여 개를 만들어본 내가 하는 말이니 틀림없다. 따라서 이렇게 새로운 버전이 생긴 거지. 약간씩 다른 비슷한 물건들을 보는 것과 흉내를 내는 것은 뇌에서 똑같은 부분이 반응하고 있지.

여기부터는 원작자인 요코야마 코우 씨가 제작한 AFS의 작례를 소개. 정통적인 것부터 상황을 곁들인 모델까지 다양하고 풍부한 작품들이 모였다. 각각의 모델에 곁들여진 요코야마 씨의 코멘트를 열람해주시기를!!

Mk. II

바디 쉘 오픈의 모델은 동력부가 멋있죠. 동력부 측면 부분은 닛토의 부품을 사용하고 있습니다. 나도 같은 것을 갖고 싶기 때문에 꼭 인젝션키트로 해주시기를 희망합니다. 물론 안에 있는 여성 피규어도 원합니다.

아케론

아케론은 모델카스텐의 키트로 만든 것. 레진 몸체라서 무겁기 때문에 이것도 플라스틱 인젝션 키트로 하고 싶다.

「하비재팬 · 모델그래픽스 합동 마쉬넨 크리거 모형 콘테스트」의 심사현장을 공개!!

2010년 10월 14일(목)~17일(일)의 4일간에 걸쳐 개최된 「제50회 전일본 모형 하비쇼」 회장에서 결과가 발표된 「하비재팬 · 모델그래픽스 합동 마쉬넨 크리거 모형 콘테스트」. 본지에 응모한 113작품이라는 많은 수의 참여에 대단히 감사드립니다! 심사는 함께 콘테스트를 진행한 「월간 모델그래픽스」와 합동으로 거행. 이번 달에는 그 현장을 살짝 공개.

▼큰 책상에 펼쳐 놓아도 모두 올릴 수 없을 정도로 수많은 응모작품. 책상 주위를 이동하며 차분히 심사.

▲파일로 만들어진 오리지널 사진집 같은 형태로 공을 들인 작품도 다수. 심사위원 두 명도 절로 미소 짓게 만들었다.

「SF3D 크로니클즈」 매진임박!!

1982년 5월호에서 1985년 12월호까지의 약 4년간에 걸쳐 「월간 하비재팬」에서 연재하였던 요코야마 코우 씨의 오리지널 SF 시리즈 「SF3D 오리지널」을 모두 망라한 「SF3D 크로니클즈」의 시장재고도 거의 매진.

당시의 연재페이지를 고해상도로 스캐닝하여 A4판형으로 사이즈를 키워 「천(天)」, 「지(地)」 두 책과 구 닛토키트 발매 당시에 각 상점에 배포되었던 판촉용 포스터를 모티브로 한 책갈피 2종을 세트로 판매하는 본 상품은 한정수량 생산으로 매장에서 본 분이라면 망설이지 말고 구입하는 것을 추천.

SF3D크로니클즈
● 발행원 / 하비재팬 ● 4,571엔, 2010년 8월 발매 ● A4판형 ● 2책 구성, 양장케이스 포장

스네이크 아이, SAFS에 이어 웨이브제 신형 SAFS 시리즈 제3탄,
육전용 장갑복「랩터」가 2010년 11월에 드디어 발매된다. 키트는 접착제 없이 조립이 가능한 스냅핏으로
몸 전체 각 부분에 폴리캡을 사용한 풀 가동 모델이다. MAX 와타나베는 이 최신 모델을 여덟 대나 제작!!
이번 회에서는 키트 리뷰로 네 대를 우선 먼저 소개하고, 2개월로 나누어 진행된다.

SAFS Mk.III
RAPTOR FIRST PART

| Jan.2011 | No.011 | WAVE 1:20 SCALE PLASTIC KIT MODELED BY MAX WATANABE

웨이브 1:20스케일 플라스틱 키트
차기 주력 장갑전투복 랩터

제작·해설·글 / MAX 와타나베

■랩터 등장!!
 드디어 팬들이 눈 빠지게 기다리던 랩터가 발매되었습니다♪ 현재까지의 『Ma.K.』 세계에서 최강의 용병군 육전슈트!! 아~ 최강이라는 단어는 달콤한 소리네요♪
 그런데 랩터의 정식 키트는 이것까지 세 번째 발매 아닌가요. 우선 닛토의 SAFS에 레진 부품을 조합한 모델카스텐제 키트가 있습니다. 2001년이었을 겁니다. 이어서 2003년 웨이브에서 같은 닛토의 SAFS에 이번에는 레진이 아닌 인젝션 부품을 조합한 키트가 발매되었습니다. 이 2종의 키트는 모두 현재는 절판이고 무엇보다 이번 새로운 키트는 압도적으로 조립이 쉽고 완성 후의 탄탄함도 월등히 좋아진 특별한 물건. 요 몇 년 사이에 『Ma.K.』에 빠진 사람과 당시에 아쉽게 구매하지 못한 형님들에게 있어서 이번 리뉴얼 키트는 기쁠 따름입니다♪

■대략적 키트 리뷰♪
 이번 달은 MG잡지와 합동콘테스트의 대발표가 있어서 지면의 한계가 있음에도 불구하고 기쁨의 리듬을 타고 여덟 대나 만들었습니다(웃음). 이번 달은 그대로 조립한 네 대를 우선 빠르게 소개합니다♪
 공작에 관해서는 이제까지의 SAFS와 같이 키트의 원래 성질을 최대한 살려 무개조로 조립. 디테일 업은 등(어깨?)의 센서에 핀바이스로 구멍을 뚫은 것과 발목에 동력 파이프를 설치한 것 정도입니다. 어떤 스트레스도 없이 조립되는 좋은 키트라고 이미 정평이 나 있기 때문에 여러분도 공작은 빨리 끝내고 슥슥 칠하면 절대행복이 될 수 있습니다♪

■도장
 이번의 작례는 MAX 와타나베의 정석인 밑색으로 서페이서→실버→클리어→베이스 그레이를 한 후 모든 기체를 붓 칠로 완성했습니다. 지금까지 여러 가지 시행착오를 반복해왔지만 지금에 와서야 도장을 깨우침?!

S.A.F.S. MK.III 랩터
- 발매원 / 웨이브 ● 2,400엔, 2010년 11월 발매 ● 1:20, 약 11cm ● 플라스틱 키트

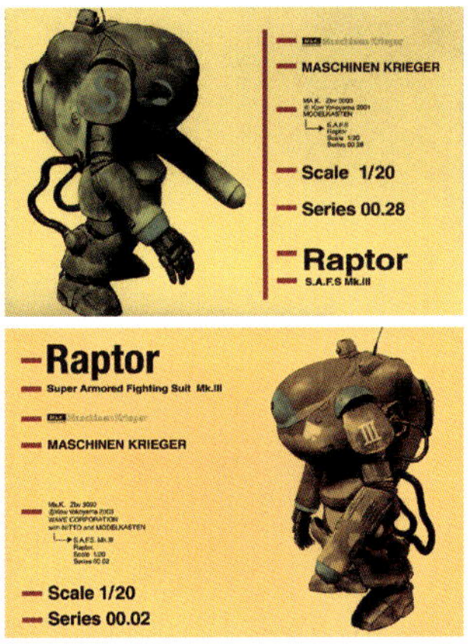

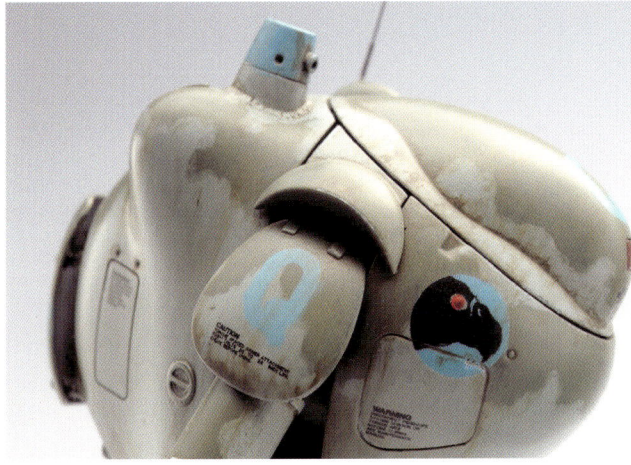

▲ 과거에 발매되었던 랩터의 패키지. 위가 모델카스텐제(2001년 발매), 아래가 웨이브제(2003년 발매)이다. 양쪽 모두 현재는 절판

퀘일헤즈[56]

새로운 랩터의 대표적인 컬러링. 요코야마 선생의 작례에 「R」이 있어서 함께 세워 사진을 찍고 싶어서 「Q」♪

56) 역주 : クェイル ヘッズ(Quail Heads), 메추라기 머리.

브라운 투톤

역시 랩터라면 이것을 뺄 수 없음. 이제 곧 만들 A8/R8과 나란히 두고 싶네요♪

인간무골(人間無骨)

뭐? 인간? 무골[57] 컬러카드에서 단번에 눈을 끌었기 때문에 나도 모르게 칠하게 되었어요(웃음). 제대로 꼬임에 넘어간 것일까나?

57) 역주 : 人間無骨. 일본의 전국시대, 오다 노부나가의 부하인 모리 나가요시가 사용하던 十자 모양의 창에 새겨진 이름. 이 창으로 사람을 베면 뼈가 없는 것처럼 잘려나갔다고…. 참고로 無骨에는 예의 없음, 멋이 없음, 투박하고 세련되지 못함 등의 의미도 있다.

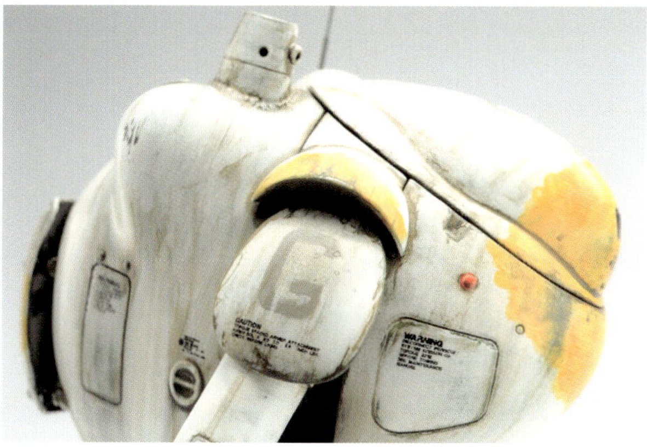

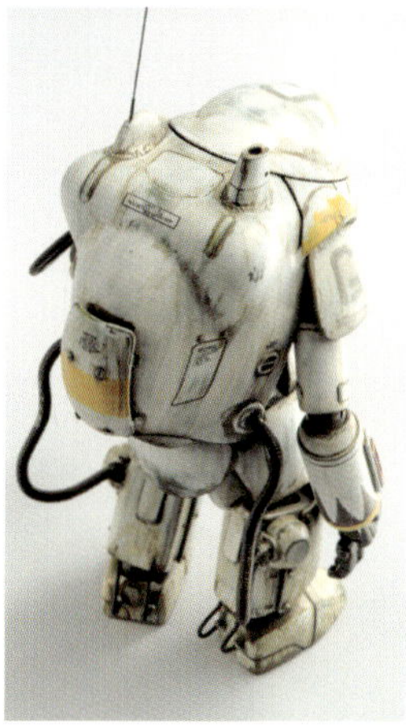

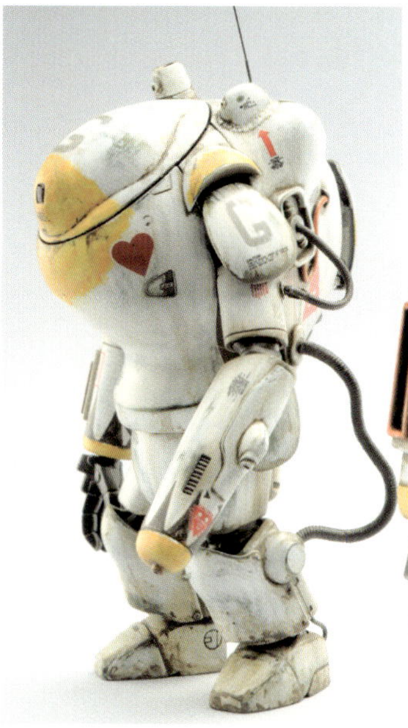

에리히 하르트만[58] 탑승기(웃음)

아주 좋아하는 겨울 위장무늬. 최강의 기체라면 그에 상응하는 에이스를 탑승하고 싶었습니다. 그래서 거의 망설임 없이 하르트만의 메서슈미트 G-6의 컬러링을 그대로 가져다 해보았습니다(웃음). 멋져요~♪

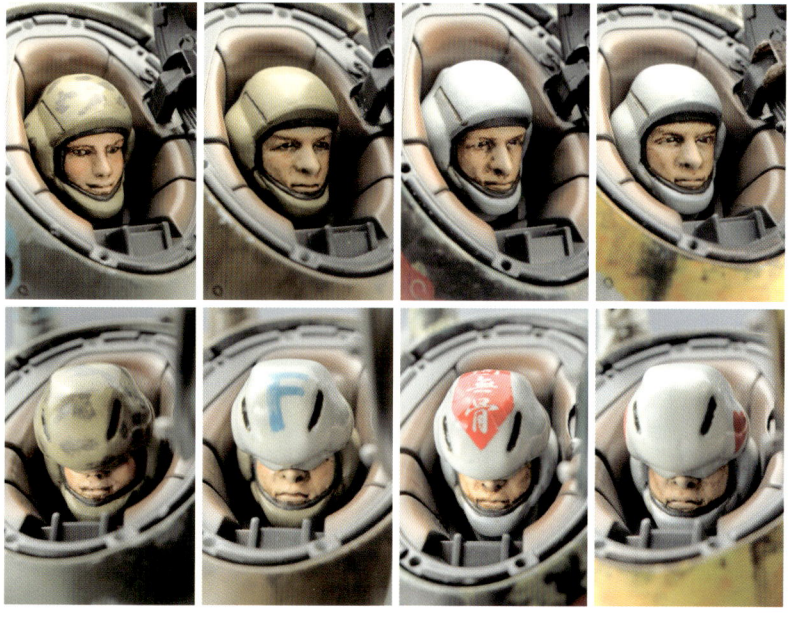

파일럿 일행

많이 칠하면 조금 고민되는 것이 파일럿들. 하나하나 얼굴을 만들어 바꿀 수 있다면 가장 좋겠지만 이번에는 시간이 없어서 아사이 군에게도 부탁할 수 없었던(웃음). 그래서 조형은 같은 얼굴이지만 칠로 다른 사람처럼 보이기!!라는 테마로 했다. 두세 명이라면 피부색과 얼굴만으로도 꽤 다른 사람이라는 느낌이 나오는 것이 판명~. 뭐라 해도 상관은 없지만 조금 재미있는 시험판♪ 헬멧바이저도 살짝 다르게 하면 개성을 나타낼 수 있어서 재미있어요♪ 해치를 열었을 때 모두 똑같다면 심심하죠.

---

58) 역주 : 2차대전 독일 공군의 에이스 파일럿.

Ma.K. in SF3D EXPLANATIONS

**용병군 차기주력 장갑전투복
SAFS Mk.Ⅲ 랩터**

글 / KATOOO (레인보우 에그)

랩터는 AFS, SAFS에 이은 용병군의 주력 장갑전투 슈트. 양산이 된 용병군의 지상슈트 중에서 가장 완성도가 높고 강력한 무기입니다. 첫 출연은 온라인 게임잡지「Play Online」2000년 1월호의 만화에서였고 이 당시에는「랩터」라는 명칭이 없이 이미 발표된 스네이크 아이와 형태가 비슷해서「지상용 스네이크 아이」라고 인식되었습니다. 약 반년 후「월간 모델그래픽스」2000년 6월호에 랩터(=맹금류 : 사냥감을 포획하는 예리한 발톱과 부리를 가진 조류)라는 이름으로 입체 모형이 게재. 같은 호에서는 퀘니히스 크뢰테, 노이스피네, 캥거루, 휴멜, A8/R8 등「Ma.K.」이후의 입체작품이 대량으로 실려서 흥분하면서 페이지를 넘겼던 기억이 있습니다.

단순한 계란형에 가까운 SAFS에 비해 랩터는 해치나 등 쪽의 볼록함이 에로틱합니다. 옆모습 실루엣은 요염하고, 어깨의 뒤로 돌출된 부분과 등 뒤쪽 커버와의 연결이 절묘하고 비스듬히 보면 실로 당당합니다. 이 특이한 실루엣에는「이 장갑슈트는 강해」라는 설득력이 있고「이것이 최신형 SAFS인가… 굉장해」라고 수긍할 수 있습니다. 조금 벗어난 이야기이지만, 25년 전 중학교 수학여행으로 갔던 교토에서 처음으로 350ml의 캔 쥬스를 보고「뭐야 이 크기는! 굉장해. 캔 쥬스도 신세대로 돌입하는가!」라고 놀랐었습니다(웃음). 간 사이에서 선발매하고 있었는데 이제까지의 캔 쥬스는 250ml인 작은 녀석뿐이었습니다. 랩터를 처음 보았을 때 그런 큰 캔 쥬스의 충격이 되살아났습니다.

랩터는「SAFS Mk.Ⅲ」라는 별칭이 있는데「SAFS Mk.Ⅲ 랩터」와「SAFS Mk.Ⅲ」의 차이에 대해 설명을 하겠습니다. 신형 SAFS의 연구개발은 우주용을 우선으로 먼저「스네이크 아이」를 완성합니다. 스네이크 아이는 출력이 증가한 새로운 기관부를 장비하고 장갑과 무장을 강화하고 머리의 해치에 신형 간접시인 시스템을 탑재. 이 기술을 지상용으로 피드백한 것이「랩터」입니다. 신형 간접시인 시스템을 탑재하지 않고 기존의 SAFS에 신형 기관부를 탑재한 기체를 단지「SAFS Mk.Ⅲ」라고 부르며 기본 실루엣은 구형 SAFS와 같습니다. 또한 랩터에는 오른팔, 허리의 사이드 아머, 허벅지가 SAFS Mk.Ⅲ와 같은 형식의 극초기형이 있고 정비에 시간이 걸리기 때문에「뉴샌스(=골칫거리)」라고 불리는 설정도 있습니다. 이번 신금형의 웨이브제 랩터는 결함을 개선 후 양산형이 된 완전한「랩터」입니다.

신금형 랩터의 파일럿 헬멧은 2003년의 웨이브판과는 다른 스네이크 아이형으로 되었습니다(이전의 헬멧은 브릭웍스제 레진 키트에서 입수 가능). 요코야마 선생에게 들어보니 전달할 때 잘못해서 우주용이 들어가게 되었다고 합니다. 그런데「그건 그거대로 재미있다」고 해서 우주용의 고성능 헬멧을 사용하는 지상부대도 있었다는 설정이 추가되었습니다. 스네이크 아이로부터 랩터가 태어난 것처럼 헬멧도 우주용이 지상용으로 바꾸어 사용된 것이라 참 흥미롭습니다.

PLAY BACK NEW ITEM Jan.issue 2011

너트로커 최신정보!!

사이즈나 네임밸류로도 연말의 빅 아이템으로 기대되고 있는 하세가와제 너트로커 본체의 완성 샘플이 도착했다. 원형은「Ma.K.」키트의 원형제작으로 익숙한 세도 마키 씨가 제작. 또한 이번 달에는 같은 스케일로 포함된 구스타프용 피규어의 원형도 최초 공개!

▶본체 우측의 해치가 별도 부품화. 내부에 급유구가 보이는 사양이다.

1 / 35 P.K.H.103
너트로커
● 발매원 : 하세가와 ● 7,200엔, 2010년 12월 발매 ● 1:35, 길이 약 30cm ● 플라스틱 키트

※부품은 테스트 상태이기 때문에 실제 제품과는 일부 다릅니다.
※컬러링과 마킹은 임시입니다. 실제 제품과는 다를 수 있습니다.

◀포탑부분. 라이트에 클리어 부품을 사용. 옵션으로 스모크 디스차져가 포함되었다.

▶포함된 데칼은 3~4대 분량이 준비되어 있다.

◀바닥의 호버 부분. 요코야마 씨의 감수에 의해 최신 설정으로 입체화되었다.

◀구스타프에 탑승하는 파일럿 피규어의 머리는 2종류 선택식으로 되어 있다.

제6회 칸토 Ma.K. 모형전시회 개최!

매년 개최되고 있는 칸토권을 중심으로 한 마쉬넨 모델러의 모형전시가 올해도 개최!
이번에는 참가수 190작품의 사상최대규모. 다수의 역작을 바탕으로 다음 전시회를 향한 작품을 만들기에 참고하는 것은 어떨까.
자세한 내용은 다음과 같다.

■일시 : 2010년 11월 27일(토) 13:00~18:30
■장소 : 오다큐민(大田区民) 플라자
■교통 :
토큐 타마가와선「시모마루코」역 하차 도보 1분
토큐 이케가미선「센카라시초」역 하차 도보 7분

RAPTOR SAFS Mk.III
LATER PART

WAVE 1:20
SCALE PLASTIC KIT
SNAKE-EYE, RAPTOR,
S.A.F.S.
CONVERSION
MODELED BY
MAX WATANABE

| Feb.2011 | No.012 |

S.A.F.S. MK.III 랩터
● 발매원 / 웨이브 ● 2,400엔, 2010년 11월 발매 ● 1:20, 약 11cm ● 플라스틱 키트

웨이브제 1:20스케일 육전용 장갑복
「랩터」가 2010년 11월부터 발매되어 성황리에 판매되고 있다.
최신, 최강의 용병군 슈트「랩터」를 기다리던『Ma.K.』팬이 많았다는 것.
전회는 이 신금형의 모델을 키트 리뷰로 네 대를 급히 소개.
이번 회에서는 남은 네 대에 더해, 새로 만든 두 대도 추가해 공개!

웨이브 1:20스케일 플라스틱키트
스네이크 아이, MK.III 랩터,
스네이크 볼, 라푼,
BEM, 랩터

제작·해설·글 / MAX 와타나베

■**랩터 발매!!**

랩터가 발매되었다네~!! 판매가 아주 잘 되고 있다는 것, 무엇보다 감사합니다♪

이번 회에는 전회에서 등만 살짝 보여줬던 네 대에 더해 조금 재미있는 실험을 한 두 대도 보여 드립니다. 실은 다른 두 대를 준비했지만 아무래도 너무 많은 것도(웃음). 이쪽은 언젠가 기회가 되면 보여드리겠습니다.

이번에는 지난번의 키트 리뷰와는 조금 취향을 바꾸어서 약간 색다른 조합을 했습니다. SAFS계 슈트 베리에이션의 가능성의 한 부분을 즐겨주시기 바랍니다♪

■**각 기체 작례해설**

스네이크 아이, SAFS 그리고 랩터. 3종의 SAFS 베리에이션의 키트를 프라모델로 구입할 수 있게 되었네요. 게다가 스냅핏, 폴리캡 연결이라는 구성으로. 번거롭게 개조에 힘을 들이지 않아도 여기의 3종 키트 부품을 조합하고 혼합하는 것으로 여러 가지 파생형을 만들 수 있어요! 그런 발상을 기반으로 여러 가지 시험을 해봤어요♪

▲요코야마, MAX, KATOOO 세 명이 만든 작례를 사용한 특촬은 패키지일러스트를 재현했다.

◀카메라맨 혼마츠 씨가 혼신을 다해 촬영! 엄청나게 너무 멋져서 죽을 것 같아!! (MAX 와타나베)

스네이크 볼

이 기체의 첫 출현은 1:16 스케일의 스네이크 아이가 발매된 후에 본사 맥스 팩토리에서 발매한 제품(현재 절판)이며, 무엇보다 『Ma.K.B.D.』의 표지를 장식하고 있습니다. 오오 멋지다! 스네이크 아이의 바디 쉘을 사용해서 머리 해치와 시인시스템은 SAFS, 뭐랄까 파이어볼의 그것입니다. 용병군 최강의 우주용 슈트「스네이크 아이」보다 성능이 조금 떨어지지만 어떤 의미에서는 은근히 멋진 위치에 자리하고 있음. 기동력, 무장은 스네이크 아이와 동등하지만 뒤떨어지는 것은 시인시스템뿐입니다. 그런데 이 녀석이 도입된 경위가 무엇일까를 상상해보자면 신형간접시인 시스템에 익숙하지 않은 병사들 때문일까? 그런 컴퓨터에 익숙하지 않은 아저씨들 같다고나 할까?(웃음) 고가의 복잡한 신형 시스템의 생산이 늦어져서일까? 이런 식으로 생각하는 것만으로도 즐거운『Ma.K.♪』

그리고 공작. 해치는 SAFS에서 가져오고 엑시머 레이저는 랩터에서 빌리기♪ 이전에 만들어 복제했던 파이어볼의 센서(카메라?)을 달고, 오른쪽 후방의 또 다른 센서(스노클 카메라?)를 SAFS의 것을 가져와 접착면에 맞춰서 깎아 부착했습니다. 폭이 조금 얇은 것 같기는 하지만(웃음). 여기까지의 개조 외의 나머지는 모두 스트레이트 조립♪ 그런데도 이렇게 멋져♪♪ 근사해♪

도장은 모두 붓 칠입니다. 베이스 그레이 위에 우선 진한 그레이를 칠하는 것이 컬러링에서는 절대 추천입니다. 파이어볼&프라울러에는 녹색 느낌이 강한 웜 그레이를 칠했기 때문에 이 녀석에게는 조금 차가운 푸른 느낌이 강한 쿨 그레이를 사용했습니다. 오프화이트는 노랑과 녹색 느낌이 있는 따뜻한 인상의 밀키 화이트. 이것을 칠하면 마음이 온화해져요. 은폐력은 아무래도 높지 않기 때문에 괜찮은 붓 자국이 남는 터치를 넣기가 쉬워서 이거대로 좋네요. 악센트인 빨간색은 루나다이버에 포함된 파이어볼SG 느낌입니다. 어때요? 멋진가요?

라푼&랩터 블루 헤드기

모형역사에 길이 남을 명저 『요코야마 코우 Ma.K. 모델링북』의 표지를 장식한 1:16 스네이크 아이 개조 작례인 「라푼」. 포인트 색인 파랑이 엄청 멋져서 랩터가 발매되면 즉시 해보려고 했던 작례입니다♪ 라쿤의 작례를 만들 때에 복제했던 부품을 사용해서 조립했습니다♪

그런데 「라푼」이라… 랩터의 라쿤이라서 라푼이라고(웃음). 농담 같은 이름이지만 제식명칭인 것 같아서 과연 『Ma.K.』월드라고 할 수 있습니다♪

역시 부대처럼 보이도록 두 대를 나란히 세워 놓고 싶어서 일반 랩터와 같은 색상으로 칠했습니다♪ 음… 엄청나게 멋있는 컬러링입니다~♪

BEM(Big Eye Monster)

그런데, 스네이크 볼, 블루헤드를 만들다보니 여러 가지 부품이 남아버렸습니다(웃음).

약간 어찌할지를 모르고 부품을 보면서 소주 언더락을 한 잔. 무심코 SAFS쉘에 신형 해치를…이거 뭐야, 재미있다!! 감히 평하자면 「미즈키 시게루59) 계열의 형태」라고 말씀 드릴까요(웃음).

엔진은 종래의 SAFS와 같아서 저출력. 그러나 최신형 간접시인 시스템을 탑재해서 고정밀 수색능력을 획득. 스네이크 아이의 엑시머 레이저를 달아서 공격력도 상당하다. 이것은 강한 건지 약한 건지 모르겠군요(웃음). 분명히 스네이크 아이라도 지상의 작전에 참가했던 적이 있었던 것은 아닐까? 그래서 그때의 부품을 가져와 조합했던 것도 있을 수도♪ 이런 상상도 즐겁네요.

도장은 올리브드라이브에 가까운 그린 그레이를 치덕치덕 칠하고 루나틱 플래쉬의 색감에 가까운 오프 화이트로 칠 나누기를 했습니다. 위장라인은 퀘일헤드와 거의 똑같은 패턴으로 넣어보았습니다. 뭔가 임팩트가 필요하다고 생각하고 잠시 고민. 마음을 먹고 머리에 빨간색을 넣었더니 조금 재미있어졌습니다. 바디 쉘의 위장라인이 입 같아 보인다고 생각해서 스네이크 아이에 포함된 눈동자 데칼을 해치에 착. 신이 강림하는 순간이었습니다(웃음). 대단해! 재미있어!라고 자화자찬, 바로 채용했습니다. 밀림 같은 곳에서 이런 것을 마주친다면 다리에 힘이 풀려 주저앉아 버릴 것 같아요. 전혀 무슨 말도 못 꺼낼 정도로요.

요코야마 선생으로부터 BEM(Big Eye Monster)=「왕눈이 괴물」이라는 이름을 받았습니다♪

이렇게 궁지에 몰려 뜻밖의 도장을 진행하는 것도 『Ma.K.』 모델링의 즐거움입니다♪

59) 역주 : 水木しげる, 일본의 만화가. 요괴만화로 유명하다. 대표작으로는 게게게의 키타로, 캇파 산페이, 악마군 등. 그의 작품에는 온갖 형태의 귀신과 요괴가 등장.

제441장갑엽병연대 R중대
켄 캠벨 소위기

■초기Ver.

■개수Ver.

「"의수의 에이스 파일럿"으로 유명한 캠벨 소위는 의수가 오른팔이기 때문에 복잡한 조작을 필요로 하는 머니퓰레이터를 왼팔로, 엑시머 레이저를 오른팔로 바꾸어 장착한 특별형식의 랩터를 사용했다」

소재를 찾던 중 『Ma.K.』 디자이너 중 한 사람인 시미즈 케이 씨가 웨이브의 랩터 발매에 맞추어 다시 발매한 데칼 세트에 이런 기체가 설정되어 있어서, 이거 재미있다고 생각. 좌우 팔의 장비를 바꿔 붙인다는 방식은 안이하지만 효과적. 단지 좌우를 뒤집는다는 것만으로는 모형연예인이라는 이름이 부끄럽습니다. 실제로 한다면 어떤 식일까? 뭔가 문제는 없는 것인가? 라는 궁리하기를 몇 분, 익숙하지 않은 것은 하면 안 되는 것 같아요. 머리가 터져버렸습니다(웃음). 『SF3D』경력은 쓸데없이 길지만 『Ma.K.』에는 초보자인 MAX 와타나베(모형연예인)는 바로 다른 이에게 의지하는 버릇이 있습니다.

「이럴 때는 식견이 높은 사람에게 물어보는 것이 가장 손쉬운 것!」

그런 이유로 시미즈 케이 씨, 그리고 레인보우 에그의 KATOOO 씨 같은 『Ma.K.』의 베테랑 분들에게 가르침을 청하게 된 것♪ 꽤나 민폐를 끼치게 되었네요(웃음). 바로 두 사람의 답변을 받았는데 멋진 방법이 서로 다르다!! 이거 재미있다!! 그래서 양쪽의 방법을 모두 재현하기로 결심하고 이번에 두 대를 추가했습니다.

KATOOO안(案) 초기Ver.

KATOOO안은 케이블을 연장하여 우측으로 돌리는 이른바 「연장안」. 이에 대해 시미즈안은 좌측면의 접속부를 막고 우측면으로 이동하는 「이동안」. 양쪽을 모두 채용한다면… 우선 시험해볼 것은 KATOOO안. 원래의 랩터를 크게 손보지 않고 현지에서 정비공들이 개수한 것 같은 분위기가 나오는 것 같아 좋지 않나요♪ 일러스트까지 그려주셔서 그것을 바탕으로 진행했습니다. 에어컨의 파이프 같은 것을 벽에 설치하는 이미지로 동력케이블을 다운자켓 같은 커버로 보호하면서 빙 둘러서 우측으로 돌렸습니다. 에폭시퍼티로 제작. 두툼하게 된 등이 볼륨업되어서 이상한 매력이 나오는 것 같습니다.

시미즈안(案) 개수Ver.

분명 KATOOO안에는 뭔가 불편한 점이 있었습니다. 왼쪽의 케이블 콘센트를 떼어내고 장갑으로 막아줍니다. 그리고 파워케이블은 쉘 내부에서 어떻게든 처리해서 돌리는 것으로 연구한 다음 떼어낸 콘센트를 우측으로. 그래, 이것은 KATOOO안의 기체를 개량한 시미즈안이라는 설정을 하고 작례로 삼았습니다. 말하자면 동일한 기체의 사용 전, 사용 후. 도장도 조금 시간이 지나면서 점차 낡아지는 것이 증가하므로 웨더링을 더 강하게 했습니다. 그런 연출의 하나로 등 가운데에는 덮개를 떼어낸 흔적도 남겼습니다. 동일한 기체인데 옆에 함께 세워두는 것도 모형만의 묘미입니다♪

▲시미즈 케이 씨의 블로그에서 판매하는 랩터의 데칼 세트에 수록된 켄 캠벨 소위기의 정면 도장도.

밑색 도장에 새로운 시도를

헬멧

그런데, 이런 개량은 실제 전쟁 상황에서는 어떨까요? 전과를 올리는 에이스의 오만한 요구라도 이 정도는 들어주지 않았을까요? 『Ma.K.』의 세계라면 소위 주로 사용하는 팔이 다른 왼손잡이 파일럿도 꽤 있을 것 같은 기분이 들어서 현지개량키트로 이런 왼손잡이 형식의 기체가 또 있었을지도, 라던가.

이 랩터 덕분에 소위는 정전까지 살아남았고 정전 후에는 오스트레일리아에서 목장주로 성공했다는 글로 이어지는 캠벨기의 해설에 맞춰 헬멧 바이저에는 소를 장식해보았습니다♪

붓 도장의 재미에 눈을 뜬 모형연예인은 더욱더 여러 가지 색감을 도장면에서 느끼고 싶어졌습니다. 여러 가지로 궁리를 해본 결과, 이렇게 되었습니다!! 베이스 그레이 밑색 위에 오렌지, 블루, 그린 같은 진짜 랜덤하게. 말하자면 마구마구 칠하는 것입니다. 이렇게 한 면에 기체의 색을 겹쳐서 바르니 실로 다양한 느낌의 색감이 나타납니다. 밑색의 변화와 영향이 나타나고 있어요♪

팔레트와 도료접시뿐만 아니라 모형의 표면에서도 색이 만들어지고 있는 것 같은 칠하기 방법. 모형을 회화의 캔버스로 비유하는 일은 자주 있습니다만, 이 방법은 그와 동시에 팔레트로도 취급해버리는, 라고나 할까요? 회화의 세계에서는 일반적인 것에 해당하는 것 같습니다만, 저는 그쪽 방면의 지식이 슬플 정도로 없어서 몰랐습니다(쓴웃음). 이런 운에 맡기는 의외성, 습관이 될 것 같습니다. 앞으로도 또 취향은 변화해갈 것이라고 생각하지만, 2010년 12월 현재의 밑색은 이것입니다♪ 여러분 새해 복 많이 받으세요♪

Ma.K. in SF3D EXPLANATIONS

SAFS Mk.III 랩터 베리에이션

글/KATOOO(레인보우 에그)

용병군 지상용 주력슈트로서 SAFS를 대체하여 양산된 랩터는 SAFS와 마찬가지로 현지개량 수준을 포함하여 몇 가지 베리에이션이 존재합니다.

용병군에서는 지상에서도 우주에서도 일반적인 장갑슈트에 대해 일정한 비율로 정찰 특화형 슈트가 생산, 배치되어 일반형과 함께 행동합니다. 슈트랄군에서는 정찰은 기본적으로 노이스포터와 같은 무인무기의 임무이지만 용병군에서는 주로 정찰형의 유인슈트가 담당하는 것이 대조적입니다. 숨을 참고 비밀을 탐사하는 파일럿의 긴장감이 가미되어 있기 때문인지, 정찰용 슈트를 좋아하는 분들도 많지 않을까요? 라쿤이나 프라울러는 왼팔이 머니퓰레이터인 비무장정찰형이지만 스네이크 아이의 정찰형인 「씨 피그」와 랩터의 정찰형 「라푼」 등의 최신형 슈트는 왼팔이 레이저건 타입도 등장. 엔진출력이 대폭 증가함에 따라 전술적으로 "고정무장을 지닌 강력한 정찰형"의 도입은 지극히 합리적. 2005년에 라푼이 최초로 게재된 「Ma.K.B.D.」(대일본회화 발매)에서는 고정무장이 장착된 라푼, 양손 머니퓰레이터&노말 해치인 라푼, 고정무장이 없는 돌격형인 A8/R8, 이렇게 세 대가 함께 행동하고 있어서 매우 참신했습니다. 덧붙여서, 이번 호에 MAX 와타나베 씨의 작례와 같은 양팔 머니퓰레이터형의 라푼도 있어서 출력의 증가와 함께 전투상황에 따라 왼팔을 무장/비무장으로 교환 장착할 수 있다고 상상하면 또 재미있습니다.

라푼은 처음 출연할 때의 명칭이 아니고 모체가 된 랩터와 정찰형 라쿤의 이름을 섞어서 언제부터인가 「라푼」이라고 불린 듯(웃음). 조금 약하고 서양과자 같은 이상한 느낌의 「라푼」이라는 이름과 장비품이 뒤죽박죽 붙어서 강해 보이는 실루엣의 미스매치가 정말 좋습니다. 덧붙여서 「Ma.K.B.D.」 등에 게재된 머리부분이 랩터형이 아닌 노말 해치의 라푼은 「SAFS와 형태가 비슷하니까 SPOON(스푼)으로 하자!(웃음)」이라는 촬영 당일 요코야마 선생의 한마디에 명칭이 결정되었습니다.

랩터의 머리 해치에는 신형 간접시인 시스템이 탑재되어 독특한 실루엣의 벌지(부푼 곳)가 되었습니다. 복잡한 곡면과 앞부분의 사격형 렌즈 부분의 대비가 세련되고 키트의 해치를 여러 가지 각도에서 바라보며 직접 손으로 문질러보면 이 곡면이 가지는 정체모를 매력에 빨려드는 것 같습니다(웃음). 이 신형해치는 「Ma.K.」가 되고난 후의 용병군을 상징하는 아이코닉한 부분이라고 할 수 있습니다. 고성능의 신형간접시인 시스템이 탑재되어 있기 때문에 파일럿과 무기개발국은 「기존의 기체에 신형해치만 바꿔 장착하고 싶다」라고 생각한 것. 그래서 기존형도 신형도 밑 부분은 같은 형태이기에 바꾸기가 쉽다는 것이 최대의 장점이 됩니다. 모형으로 말하면 실루엣이 단번에 변화하는 마법과 같은 부품 교환인 것입니다. 이달에 MAX 와타나베 씨가 제작한 신형해치를 탑재한 SAFS와 스네이크 볼을 본다면 한 눈에 알아 볼 수 있음. 글라디에이터에 신형해치를 장착한 타입도 노말 해치와 다른 느낌이 나타나서 정말로 멋졌습니다.

기체명칭을 특별히 붙일 것도 없는 현지 개량적인 베리에이션은 그야말로 무기의 수만큼 될 것입니다. 그중에서도 요코야마 선생이 랩터에 AFS의 머니퓰레이터로 바꾸어 부착한 작례는 간단하면서도 효과적. 슈트랄군의 무인무기는 용병군 슈트의 머니퓰레이터에서 나오는 소음으로 어떤 기체인지 판단한다는 설정이 있어서, 적을 기만하기 위해 랩터는 AFS의 오른손을 부착하고 있는데 둥근 손가락이 의외의 악센트가 되었습니다.

이번에 MAX 씨는 오른손과 왼손을 바꿔 부착한 랩터 두 대를 제작했는데, 이 기체의 설정은 「Ma.K.」 키트의 데칼 제작을 담당하고 있는 시미즈 케이 씨가 자신의 블로그 「BEARHUG」에서 현재 통신판매하고 있는 1:20 「랩터」 데칼 세트에 수록. 저의 아이디어도 MAX 씨가 채택하여 매우 정성을 다해 멋지게 만들어주셔서 대단히 감사드립니다. 조금이라도 설정을 생각하면서 파일럿이나 소속부대에 맞춘 기체가 되도록 시뮬레이션해나가는 것은 「Ma.K.」의 진정한 묘미네요.

PLAY BACK NEW ITEM Feb.issue 2011

WF회장 한정 아이템인 엘레판텐이 일반 판매로

「SF3D」연재 막바지에 등장한 슈트랄군의 대형 4족 보행전차 「엘레판텐」이 일반판권상품으로 판매. 키트는 원더 페스티벌 2010[여름]의 회장에서 한정판매되었던 것으로 고품질의 실크스크린 인쇄의 데칼에 추가해서 통신판매 추가특전으로 증가장갑과 로켓튜브 등의 신규 부품, 피규어 2종, 도장카드를 새롭게 포함. 게다가 요코야마 씨가 제공한 미발표의 엘레판텐 러프스케치와 채색한 일러스트도 동봉된다. 레인보우 에그의 사이트(http://www.rainbow-egg.net/)에서 구입 가능.

슈트랄육군 대형4족보행 전차 엘레판텐
- 발매원 / 레인보우 에그 ● 26,000엔, 2010년 11월 발매 ● 1:35, 높이 약 24cm ● 레진키트 ● 원형제작/KATOOO

요코야마 코우 씨가 제작한 완성견본을 대공개!!

드디어 발매된 하세가와의 1:35 너트로커. 이번 달에는 요코야마 코우 씨가 제작한 너트로커 완성샘플과 지난달에 소개하지 못했던 구스타프, 멜루진의 완성품도 포함해 새로운 상품상세를 봐주시기 바란다.

1/35 P.K.H.103 너트로커
- 발매원 / 하세가와 ●7,200엔, 2010년 12월 발매 ●1:35, 약 31cm
- 플라스틱키트

 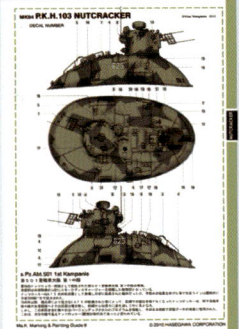

▲『Ma.K.』 키트와 어울리는 도장카드도 물론 포함. 데칼은 4대 분량을 재현할 수 있도록 포함되었고 구스타프, 멜루진용도 준비되었다.

▲요코야마 코우 씨의 감수로 최신설정으로 입체화한 바닥면 호버 부분. 세도마키 씨가 원형을 담당.

◀본체와 동일한 스케일로 포함된 구스타프, 멜루진. 사진은 하세가와에서 만들어진 완성샘플. 노이 판쳐 파우스트, 판쳐슈렉을 선택식으로 장착할 수 있다.

『SF3D』 연재 시에 등장했던 파일럿 피규어를 리뉴얼!

1:20 스케일 『Ma.K.』 피규어의 레진 키트를 다수 제작하는 브릭웍스가 최초로 남성 피규어를 전개. 닛토제 SAFS의 키트에 포함되어 『SF3D』 연재시기의 본사판매점 포스트하비의 광고에도 등장했던 그 아저씨 피규어를 디테일업하여 발매한다. 기체에 손을 대고 미소를 짓는 포즈와 엄지손을 세우고 있는 포즈 2종을 선택하여 조립할 수 있도록 되어 있다. 사진은 요코야마 코우 씨가 완성한 샘플.

Hello, I'm back!
돌아온 S.A.F.S 파일럿
- 발매원 / 브릭웍스 ●3,350엔, 2010년 12월 발매 ●1:20, 높이 약 9cm ●레진키트 ●원형제작/하야시 히로키

▶▲같은 회사에서 발매된 로페즈 타카코 피규어와 함께 자세를. 메카닉뿐만 아니라 피규어와의 조합도 재미있다.

『Ma.K.』 복제 원화의 잡지 한정통판이 결정!!

이제까지 아모모리현, 시즈오카현에서 개최되었고 시마네현립이시미 미술관에서 개최되고 있는 로봇의 전람회 「로봇과 미술」의 뮤지엄샵에서 판매되는 『Ma.K.』의 복제 원화를 시마네현의 전람회 종료 후에 본지 한정판매를 결정. 완전주문생산으로 각 50매 한정. 4색 중 선택할 수 있는 액자에 넣고 선생이 직접 사인을 해준다.

마쉬넨 크리거
S.A.F.S., 간스, 크뢰테, 퀴스터 & 프레드리히
- 발매원 / 카라아니 ●각 38,000엔, 2010년 12월 발매 ●약 41.6cm

MAX WATANABE × KOW YOKOYAMA

「Ma.K. in SF3D ARCHIVE」 vol.1 수록
2010~2011년의 작례를 되돌아보며

현재는 붓칠 모델러의 측면이 강한 MAX 와타나베 씨지만, 「Ma.K. in SF3D」의 연재 초기에는 에어브러시 도장을 주로 해서 키트를 제작. 당시의 작례를 원작자 요코야마 코우 씨와 되돌아보는 대담을 소개한다.

깔끔하기만 한 선이나 면에는 눈이 가지 않는다

요코야마: 연재 초기의 기사를 지금 다시 읽어보면, MAX 씨는 에어브러시를 다루는 것이 매우 능숙하잖아요. 첫 회째의 루나다이버부터 온 힘을 모아 에어브러시만으로 이 정도로 마무리했고. 화면에 어떤 식으로 보일지도 생각해서 사진도 촬영하고 말이지, 대단해.

MAX: 칭찬해봤자 드릴 것도 없어요(웃음). 제가 이 연재를 통해 깨닫고 확신한 게 있습니다. 그것은 선명한 칠 나누기 선이란 단지 깔끔하게 칠했다는 것뿐이지, 그 이상의 매력은 느껴지지 않는다는 거죠. 하지만 구불구불한 선에는 마음이 끌려서 주목하게 돼요. 제 자신 역시 깔끔하기 만한 선에는 그다지 흥미를 느끼지 못합니다. 도장면도 마찬가지인데 예를 들어 흰색으로 깔끔하고 균일하게 칠해진 면은 볼 필요가 없어져 버립니다.

요코야마: 인도도 생물이라 명도차가 있는 부분에만 눈길이 가게 되죠.

MAX: 얼룩이 변화하면 보게 돼버리잖아요. "아~, 이런 거 좋구나" 라고 생각하지요.

요코야마: 생물이란 건 밝은 곳이나 어두운 곳으로 향하는 게 기본행동이니까, 인도도 밝은 곳과 어두운 곳을 찾습니다. 모형도 형태에만 신경을 쓰다가 밝음과 어두움을 의식하지 못하는 사람이 제법 있지요.

MAX: 의식하는 것만으로도 달라져요.

요코야마: 전혀 다르죠. 회화에서는 밝은 곳과 어두운 곳을 만드는 게 전부라고 해도 좋을 정도거든요.

MAX: 입체물도 분명히 그렇지요.

요코야마: 그래요. 매우 중요합니다.

MAX: 이 굴 스켈레톤의 해치(053페이지 참조), 잘 하지 않았나요? 해골도 연필로 밑그림을 그린 뒤 에어브러시로 칠했거든요. 붓을 쓰지 않고.

요코야마: 잘했네요. 에어MAX군요(웃음).

MAX: 여기에 붓을 사용하지 않은 저는 꽤나 변태군요. 하지만 이건 이거대로 대단하네(웃음).

요코야마: 에어브러시와 붓 양쪽이 모두 가능하니까 대단한 거예요.

레인보우 밑칠 도장의 힌트

MAX: 이 책엔 현재 제가 "레인보우 칠하기"라는 밑칠을 여러 가지 색으로 칠하는 기법의 힌트가 된 색칠법이 실려 있습니다. 팔케의 녹색 식별 띠를 칠할 때(028페이지 참조), 요코야마 선생님의 조언에서 착안한 것이죠.

요코야마: 칠할 색의 보색을 먼저 깔아준다는 얘기군요.

MAX: 예. 레인보우 칠하기의 힌트는 2가지가 있는데, 첫 번째 힌트는 제 딸이 그렸던 「스크래치 그림」으로, 밑바탕에 여러 가지 색을 칠하고 그 위에 전체를 검정색으로 덮어씌워 칠한 다음, 못 같은 것으로 긁으면 색이 드러나는 그림입니다. 그리고 요코야마 선생님께서 「오렌지색을 먼저 칠해두면 녹색의 발색이 좋아져요」라고 알려주셨는데, 그런 건 생각해본 적도 없었죠. 그때까지는 좋은 발색을 만들기 위해서 밑칠은 가능하다면 새하얀 게 좋다고 생각했습니다. 하지만 위에 칠하는 색은 밑색에 의해 얼마나 영향을 받는지에 대해 재확인하게 되었습니다. 실제로 칠해봤더니 깜짝 놀랄 정도의 녹색이 되어 "우와~!!" 했어요. 그런 것을 바탕으로 여러 가지 색을 밑색으로 칠한 후에 그 위에 색을 덧칠하면 변화할 것이라고 생각한 것이 현재 하고 있는 레인보우 칠하기입니다. 그래서 이 녹색 식별 띠를 칠한 팔케는 획기적인 존재인 거예요.

요코야마: 지금 여기 있는 내가 칠한 흰색 1:35 루나다이버(하비재팬 2018년 5월호 게재)도 RLM02 그레이 위에 적갈색을 칠한 거지. 이것도 그 팔케와 마찬가지로 보색 위에 칠했지만, 전부 덮어 칠하지 않고 보색인 RLM02를 약간 남겨 강한 대비가 일어나도록 했어요.

MAX: 완전히 덮어 칠하지 않는 정도가 좋아요.

붓으로 칠하기의 쾌감

MAX: 처음 시작했던 무렵에는 에어브러시로 칠했습니다만, 크레테 무렵부터 붓칠에 눈을 떴죠. 요코야마 군단의 휘하에 들어가게 된 셈입니다(웃음).

요코야마: 붓을 쓰는 쪽이 편리하고 좋으니까.

MAX: 간단하게 「이런 도장을 하고 싶습니다」라고 요코야마 선생님께 말씀드렸더니, 「그렇다면 붓이죠」라고 핵심을 찔러버렸죠. 요코야마 선생님이 붓으로 칠한 느낌을 에어브러시로 내보려고 안간힘을 쓰고 있었거든요. 그 대신 괜찮은 에어브러시 기술도 개발했습니다. 클리어로 코팅한 뒤 지워나가기 같은 거요. 하지만 붓으로 하는 쪽이 잘 되고, 무엇보다 붓으로 칠하는 것 자체가 즐거워졌습니다.

요코야마: 붓으로 칠하는 건 에어브러시와 달리 모형에 직접 터치하기 때문에 중독이 되거든요. 「월간 하비재팬」에서 붓칠하기 특집(2017년 12월호)을 다뤘지만 「붓으로도 괜찮은데」라고 말하는 모델러가 늘었죠.

MAX: 엄청나게 늘고 있습니다. 상당한 비행기 모델러들이 붓으로 칠하게 됐습니다. 우리들의 공적이 크다고요. 붓칠하기 특집호에서 저와 요코야마 선생님이 표지에 실린 것은 잘못되지 않았어요.

요코야마: 정말 그렇지. 조만간 F1을 붓으로 마무리해볼 거야.

MAX: F1이요…?

요코야마: 아주 괜찮은 게 나올 거예요.

MAX: 확실히 그렇게 하지 않으면 자동차모형은 재미가 없어져요. 자동차모델러 여러분의 작품이 너무나 훌륭하니 그걸 보기만 하면서 "이것으로 괜찮아"라고만 할 뿐이지요. 자동차모형은 지금 그다지 흥미를 가지고 있지 않지만 붓으로 마감한다면 재미있을지도 모르겠네요.

요코야마: 실감나게 더러워진 자동차 같은 걸 붓칠로 마감해보고 싶네요.

MAX: 저도 함께 도전해보고 싶습니다.

요코야마: 해볼까요. 새로운 이야기가 나왔네요. SF영화의 소품모형도 붓으로 더러움을 그려 넣으면 화면에 제대로 나오더군요. 그러니까 붓은 좋은 거예요. 이건 다른 얘긴데, MAX 씨, 1:16으로 마쉬넨 프라모델을 내주세요. 1:16이라면 붓으로 할 수 있는 일이 엄청나게 늘어나거든요.

MAX: 알겠습니다. 1:16이군요.

요코야마: 1:16이 좋아요. 1:16으로 갑시다.

「하비재팬·모델그래픽스 합동 마쉬넨 크리거 모형 콘테스트」 전 작품 게재!!

2010년 10월 14일~17일의 4일간, 마쿠하리멧세에서 개최된 「전일본 모형하비쇼」에서 결과발표를 했던 「하비재팬·모델그래픽스 합동 마쉬넨 크리거 모형 콘테스트」. 본지에 있어서는 아직 발전해나가는 과정인 연재를 하면서 113점의 작품이 모여 이 콘텐츠에 대한 열기가 높은 것을 다시금 인식하게 되는 결과가 되었습니다. 여기에서는 당시 회장에 전시된 수상작과 응모작을 소개. 하나하나의 작품에 첨부한 원작자·요코야마 코우 씨, 그리고 연재를 담당하고 있는 MAX 와타나베 씨의 코멘트도 함께 관람해주시기 바랍니다.

※수상자의 연령은 응모 당시를 기준으로 합니다.

| Jan.2011 | No.011 |
| Feb.2011 | No.012 |

최우수상

웨이브 1:20 스케일
플라스틱키트 크뢰테 개조
대공형 크뢰테 플랙크뢰테
토마손(37세·도쿄)

자동대공포로서의 크뢰테를 공상해볼 때, 기관포의 받침부분은 아무래도 대형화되기에 프레임을 추가한다는 설정으로 탄생했습니다. 공작보다는 도장에 중점을 두어 녹이나 도장이 까진 표현 등은 아크릴 과슈[60]를 사용했습니다. (토마손)

요코야마 : 이거 대공포를 붙였네요. 잘했네. 대공포 붙인 게 제대로네. 아! 이런 일러스트 내가 그렸었지.
MAX : 있어요. 네. 있습니다.
요코야마 : 얼마 전에 복각해서 생각이 났어(웃음). 좋네요.
MAX : 멋지게 잘했네요.
요코야마 : 잘했어요. 화끈하군~(웃음). 이거 탐나지 않아요?
MAX : 잘했어요~.
요코야마 : 멋지다~. 이건 무조건 상이다!

60) 역주 : gouache, 미술용 물감의 한 종류. 고무를 수채화 물감에 섞은 것. 과슈를 개량해서 모형용으로 나온 것이 현재 많이 시판 중인 모형용 아크릴 물감이다.

MAX 와타나베 상

웨이브 1:20 스케일 플라스틱키트
팔케 엑시머 레이저건 개조
레이서팔케 feat,GSR
토키하마지로(28세 · 도쿄)

유행하고 있는 이타샤[61] 같은 마무리를 해봤습니다. 데칼은 GSR을 사용. 파일럿 아가씨는 레이싱퀸처럼 꾸몄습니다. (토키하마지로)

MAX : 예쁜 아가씨도 있군요. 이거 굿스마일 레이싱 상(賞)입니다.
요코야마 : 잘했네 이거.
MAX : 자연광이라면 진짜처럼 보이겠네.
요코야마 : 이 데칼은 뭐야? 있는 거?
MAX : 저희 그룹의 상품입니다.
요코야마 : 와타나베 군이 스폰서로 되어 있는 레이싱 카에 이것을 붙였다고?
MAX : 그렇습니다.
요코야마 : 그럼 모두 깜짝 놀랐겠네.
MAX : 기쁘네요. 이렇게 팔케에 붙여준 것이 기뻐요.
요코야마 : 기쁘네. 이거 MAX 와타나베 상을 주면 좋지 않을까? 이거처럼 하세가와에서 이 데칼을 넣어서 발매해주는 건 어때요?
MAX : 좋다고 생각합니다.

61) 역주: 痛車, 커다란 데칼이나 그림을 과하게 넣은 차량. 주로 애니메이션, 게임 등을 소재로 한다. 한국에서는 양카라고 불리기도 하지만 여기서는 원문 발음을 그대로 사용.

요코야마 코우 상

하세가와 1:35 스케일
플라스틱키트
루나다이버 스팅레이 개조
GO!! Dive!! 루나다이버
tana(42세 · 사이타마현)

다이브시키기 위해 받침대를 자작했습니다. (tana)

패키지아트가 너무 멋있어서 최대한 비슷하게 제작했습니다. (tana)

하세가와 1:20 스케일 팔케
엑시머 레이저건 개조
팔케
tana(42세 · 사이타마현)

웨이브 1:20 스케일
슈퍼 제리 개조
슈퍼 제리
tana(42세 · 사이타마현)

동계위장을 좋아해서 열심히 도장했습니다!(tana)

디테일업을 했지만 거의 그대로 조립입니다. 그만큼 도장에 힘을 썼습니다. (tana)

웨이브 1:20 스케일
플라스틱키트
크뢰테 개조
크뢰테
tana(42세 · 사이타마현)

프로파일에 있는 신형 굴 스켈레톤을 조금 어레인지해보았습니다. (tana)

웨이브 1:20 스케일
파이어볼SG&스네이크 아이 개조
굴 스켈레톤
tana(42세 · 사이타마현)

요코야마 : 훌륭하다!!
MAX : 훌륭하네요.
요코야마 : 보통은 뭐랄까, 내가 만든 작례에 거의 가까운 것 같아. 훌륭해~. 난처한데~.
MAX : 굉장히 좋아요.
요코야마 : 이제는 모두들 내게 배울 것은 없어요.
MAX : (폭소). 그런 말씀 하지 마세요. 여러 가지로, 저도 상당히 배우고 있어요.
요코야마 : 와타나베 군 역시 잘하게 될 거야. 이 사람의 터치 좋네. 치핑에 대비가 있어.
MAX : 강한 대비가 나오는군요.
요코야마 : 아, 이것도 훌륭해! 이거 1:35지? 겐조 군의 작례보다 좋지 않아?(웃음)
MAX : 그런 말씀 하시면 안 돼요(웃음).
요코야마 : 엣지를 살리는 방법도 훌륭해. 윤곽에 치핑으로 검정을 넣는 것은 사실 일본인이 가장 잘하지. 윤곽이 있는 곳에 색을 칠한다는 것은 일본인 특기 아냐?
MAX : 그래요. 제가 칠하는 방법도 그렇게 하고 있으니까요….
요코야마 : 와타나베 군 도장! 틀렸나(웃음).
MAX : 와타나베 군 도장(웃음), MAX 도장 아님(웃음).

하비재팬 · 모델그래픽스 합동 마쉬넨 크리거 모형 콘테스트 참가작품 소개

이어서 입상작을 제외한 응모작품을 소개. 입상을 놓쳤지만 요코야마 코우 씨, MAX 와타나베 씨를 감탄시킨 역작이 모였다. 그 솜씨를 확인해주시기를. 입상작과 마찬가지로 두 명의 코멘트가 한 작품마다 붙어 있으므로 응모자는 특히 체크!

1 UNDER WATER SAFS
수중전 형식
우에하라(41세·후쿠시마현)

MAX : 뭐지, 수중용이네요.
요코야마 : 훌륭하네.
MAX : 복슬복슬 한 것 같아요.
요코야마 : 사용한 부품이나, 슬쩍 뒤집어 놓은 노즐이나, 그럴듯해서 훌륭하네.

2 고참병Ma.I
tana-p(47세·카나가와)

요코야마 : 오~ 또 멋지네 이것도. 게다가 타이틀이 「고참병」이고 본인의 연령도 47세라 괜찮은 느낌의 베테랑이네.
MAX : 「20여년 만에 완성시켰습니다」라고 하네요.
요코야마, MAX : 멋져요~.

3 뼈드렁니
U-j(30세·교토)

요코야마 : 아~, 뼈드렁니네. 그쪽으로 되었나요(웃음). 훌륭하지만요.
MAX : 훌륭하지만(웃음).
요코야마 : 무의미하게 훌륭해도 괜찮지요. 이 색의 배합도, 뭔가 훌륭하네, 응, 좋아요.

4 폴라베어

5 1:20 스케일 개러지키트 슈츠름케퍼
사이토 준페이(33세·효고현)

요코야마 : 정말 그림 같네요. 타이틀을 「폴라베어」로 하면 아까워서 「스털링그라드」로). 슈츠름케퍼도 아주 좋네요.
MAX : 바꿔버리는 건가요?(폭소)

6 세상에서 가장 운이 없는 사나이
우에노 토모유키(40세·효고현)

요코야마 : 이 부서진 곳, 이거 알루미늄 같은 걸로 표현? 태운 건가?
MAX : 어떻게 만든 걸까요?
요코야마 : 이거는 「어떻게 만든 걸까 상」으로 해요.

7 기간트 플로
jedi-Kou(42세·카나가와현)

요코야마 : 이거 뭔가 멋진데요. 에로틱하지도. 어때?
MAX : 진짜 손이 많이 갔겠는데요. 하지만 이렇게 좋은 작품인데 사진이 두 장만 들어 있는 것이 놀라운데요. 결단력이 대단하네요.

8 브라우포겔
오오이누☆호시타(42세·오사카부)

MAX : SD 계열이네요.
요코야마 : 네, 굉장하네요.
MAX : 직업공무원! 공무원이라니 대단하네(웃음).
요코야마 : 그렇군, 분류하고 있어? 이렇게 놀고만 있으면 이제 급료 안 줄 거야(웃음).
MAX : 너무해요(웃음).

9 OPERATION SUPER HUMMER

10 jewel

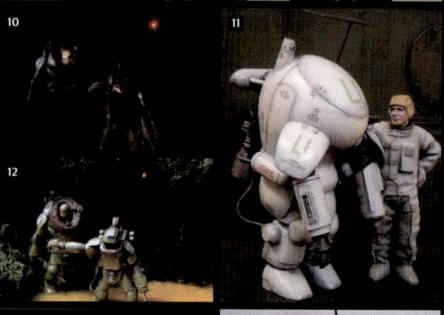

11 new파이어볼 KURUKURU(41세·홋카이도)

MAX : 이거 재미있네요.
요코야마 : 팔이라든가, 파이어볼에 도전해보려 했군. 재미있어. 복장이 좋아.

12 RIVER
아니(40세·아이치현)

요코야마 : 아니 씨는 자연광에 능숙해. 이야 셈이 날 정도야. 이야~ 멋져.
MAX : 네~, 굉장해요.
요코야마 : 오호! 팔게도 굉장해. 이거 어떻게 할까?
MAX : 스토리가 붙어 있습니다. 얼마나 뜨거운 거야 라네요.
요코야마 : 정말이야. 이거는 범죄야, 이렇게 잘한다니.
MAX : 무슨 코멘트가 그래요? (웃음)

13 스케일 웨이브 BREMSE
tev(36세·오사카부)

요코야마 : 이건, 미즈키프로덕션 쪽이네(웃음).
MAX : 뒤돌아 보면 팡~이런 느낌이네요.
요코야마 : 사카이(境港)에 부디 이것을(웃음).

14 역시 샤크마우스는 멋있어! 인피니트 저스티스 시오린(33세·카나가와현)

요코야마 : 괜찮네. 마쉬넨 콘테스트라면, 역시 제멋대로 하는 것이 좋아. 모형은 이래야지. 뭔가 목가적이라 좋네요.
MAX : 이런 게 좋네요.

15 KAUZ
K(41세·도쿄도)

MAX : 처음 만들어봤다는데요?
요코야마 : 재미있네, 이 질감이 우연으로 나와서 멋있고 이상하게 벗겨진 질감이 재미있어. 고마울 뿐이네요.

16 P.K.A
시모카와 토쿠오(37세·후쿠오카현)

요코야마 : 또 추억의 만들기를 하는 분이라 기쁘네요.
MAX : 그렇네요.
요코야마 : 불상을 보는 것 같아, 색도 좋아. 그 센토군[62] 작가가 후추(府中市)의 동상들을 만들어서 센토군의 얼굴을 한 동상이 가득 늘어서 있어서 섬뜩해.

17 물가의 작은 휴식
콘베 히토시(41세·야마가타현)

요코야마 : 뭔가 19금 같애(웃음).
MAX : 저기요(웃음).
요코야마 : 이거 좋아. 이거는 「19금 상」으로(웃음).
MAX : 괜찮겠어요? 이런 코멘트?(웃음)
요코야마 : 뭔가 19금 같아서 좋잖아~.

18 스파이다이버
미즈타니 테츠야(TEAM CHI) (37세·시즈오카현)

MAX : 우와 말도 안 돼. 이거 굉장해요. 이거 루나다이버네요.
요코야마 : 둘 곳이 없지, 이 정도로 만들게 되면.
MAX : 이거 엄청 커요. 그래도 멋지지 않나요?
요코야마 : 멋지네.

62) 역주 : せんとくん, 2008년 발표된 나라현(奈良県) 캐릭터. 동자승의 머리에 사슴의 뿔이 붙어(?) 있는 모습. 괴이한 모습으로 문제제기가 많이 되었으나 오히려 그 점이 홍보효과가 되어 관광수익이 증대되었다고 한다.

19 폴리스 구스타프
타나카 료(18세 · 오사카부)

요코야마 : 이 아가씨의 헤어스타일을 보니 마음이 약한 것 같은 느낌이 들어.
MAX : 마음이 약하다고요?
요코야마 : 그 심약함 때문에 제대로 단속을 하지 못할 것 같아 좀 걱정이 되네.

20 사막의 상어
인피니트 저스티스 시오린
(33세 · 카나가와현)

요코야마 : 이거 뭔가 케로로 중사의 얼굴 같아. 그 입이 살짝 내려가 있는 것도 재미있고, 이렇게 데칼을 이어 붙이면 표정이 생기는군.
MAX : 그런데 이 녹색 굉장하네요(웃음).
요코야마 : 수구(水球) 골키퍼 같아(웃음).

21 출격전의 정비를 마친 SAFS와 기념사진
kakky(39세 · 카나가와현)

요코야마 : 실버라서 왠지 좋네요. 독일군 같아. 「개조는 안됨이라는 정신으로 만들었습니다. 무개조입니다.」 슈헤이 군의 한마디가 여기까지 남아 있는 것일까.
MAX : 실버가 신선하네요.

22 메뚜기
아후(30세 · 도쿄도)

MAX : 30세의 트럭드라이버요.
요코야마 : 훌륭하네, 어쨌든. 역시 트럭드라이버라는 직업의 특색이 여러 가지 부품을 붙이는 느낌으로 나타나 있네요. 좋습니다.

23 그놈이 내려온다

24 그놈이 온다.
KAMEZIN(52세 · 교토부)

요코야마 : 거의 환갑. 우리와 같은 세대군.
MAX : 이 사람은 정말 배색을 좋아하네요.
MAX : 배색도 정말 센스 있네요. 간스는 굉장히 와타나베 씨.
MAX : 오~.
요코야마 : 「녹이 들어 있는 철은 아름답지 않습니까?」 아름다워요. 오오, 멋있어! 대단해!

25 M.KROTE(매뉴얼 크뢰테)
마치다 에츠로(52세 · 사이타마현)

요코야마 : 전혀 어떻게 한 건지 모르겠어서 좋네요. 「프라모델이나 도료도 거의 20년 전의 것입니다. 20년 전의 물건을 그대로 가지고 왔다고?
MAX : 그래서 그냥 보내주는 것인가요?
요코야마 : 고맙네요. 난폭해서 좋아요(웃음).

26 스네이크 아이 오픈 쉘
타쿠(41세 · 도쿄도)

MAX : 해치가 열리고 속에서 사람이 나오는 장면이 멋지네요.
요코야마 : 「귀엽게 마무리를 해서 다행입니다.」라고 쓰여 있는데, 얼굴이 정말 귀엽게 마무리되었네요. 훌륭해요. 잘한다든가, 서툴다든가는 말하지 않겠지만 즐기고 있어요.

27 SF3D세미 오리지널 수중특화형
플리게 만보우 No.6(가칭)
아메노키 제작소(50세 · 치바현)

요코야마 : 「SF3D 세미 오리지널」이라는 타이틀이 좋겠네요(웃음). 그 스크루를 엉덩이에 붙이는 등등. 조금이라도 해본 느낌이네.
MAX : 즐기고 있군요.

28 카우츠 O.R.C.004
자카(41세 · 미에현)

요코야마 : 기체 옆에 있는 도료가 좋네요. 이야~ 공작도 재미있어. 여기 주변에 뭔가…
MAX : 그렇네요. 열심히 했네요.
요코야마 : 그런대로 괜찮네. 오호 「자유롭게 즐겼습니다」라니. 이거 분명히 즐겁게 한 거에요.

29 루나폰 강화형
중학생 모델러(13세 · 아이치현)

MAX : 최연소 아닌가요?
요코야마 : 좋네요. 중학생이 건방진 것[63]을 쓰고 있네요. 우선 정원에 나가서 작은 돌이나 가지를 주워오는 것부터 시작해야지(웃음).

30 팔케
히라가 마코토(40세 · 치바현)

MAX : 스테빌라이저를 접을 수 있네요. 이거 재미있네요.
요코야마 : 최근 나도 이렇게 하려고 생각했는데. 이제 당연하게 되어버렸네.
MAX : 좋네요. 훌륭해!

31 arrived!!
SATOKO(41 · 아이치현)

MAX : 이 디스플레이 대단하지 않나요?(웃음) 귀엽습니다.
요코야마 : 어떤 콘테스트에서도 이거 나오지 않았지(웃음). 아트네요. 아니 엄청 놀랐어요.

32 흉악한 모에 S.A.F.S
이루카(돌고래) 아저씨(37세 · 치바현)

MAX : 아가씨가 타고 있네요~.
요코야마 : 굉장하네요~ 좋아요. 아가씨도 귀여워서 좋네. 「무라타 렌지[64]」상을 주자(웃음).
MAX : (폭소)

33 SAFS & Raccoon
율(16세 · 나가노현)

요코야마 : 여기가 제일 좋네요. 이 오래된 이거... 뭐야 이건, 농기구?
MAX : 아니에요 이건 PKA 같은 거 아닌가요?
요코야마 : 아, 정말이다(웃음). 역시 와타나베 씨, 마쉬넨 자세히 알고 있네(웃음).
MAX : 그런 칭찬을 듣는다고 해도(웃음).

34 Snow Monster
츠미키 시게오(38세 · 군마현)

MAX : 분위기가 있네요. 이런 콘트라스트로 칠하면 좋겠네요. 사진 멋지지 않나요.
요코야마 : 멋지네요. 자연광에. 또 칠도 훌륭해.
MAX : 네 훌륭해요.

35 스네이크 라이더.
(1/20 스네이크 아이)
무툿(39세 · 사이타마현)

MAX : 아, 이거 중간과정 만드는 거 본 적 있어. 이 사람은 가슴 조형이 좋아.
요코야마 : 절대 이런 식으로는 되지 않을 텐데 좋네요. 「좋은 가슴상」으로(웃음).

36 황조롱이
코야마 토시히코(40세 · 카나가와현)

요코야마 : 마킹도 없고, 팔케도 왠지 패나 악의 무기 같네.
MAX : 그렇네. 멍한 듯.
요코야마 : 이거 검게 칠하니 「배트맨」 같은 게 될 것 같은데. 날개 모양을 배트맨처럼 달아보는 건가요... 「배트맨」 좋아하는 척하면서 만들어볼까나.
MAX : (척하는 건가요(웃음).

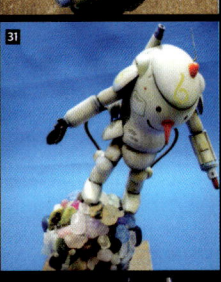

37 신종발견!
미케모(47세 · 세니카타현)

MAX : 이런 장비를 붙여서 이런 식의 배경으로 하면 정말 그런 곳을 탐험하는 느낌의 장면이 되네요.
요코야마 : 정말로 범용성이 있는 슈트군나. 나는 천재다~(웃음).

38 SurfMAN
미나토(35세 · 와카야마현)

MAX : 이거 웨이브의 상품인데요. 파도와 웨이브라서.
요코야마 : 관련이 있을까나? 게다가 필명도 「미나토(항구의 일본식 발음)」라고 쓰여 있고. 당신 바다 좋아하지(웃음)
MAX : 엄청 좋아해요(웃음).
요코야마 : 이야~, 바다를 좋아한다니 카야마 유조(바다를 노래한 가수) 상을 줄까?

39 II/20 PKA-Nixe
KGB(38세 · 시가현)

MAX : 니제군요.
요코야마 : 정말이네. 니제(이하라 겐조가 발매한 레진 키트)다. 겐조 군 「사주셔서 감사합니다」라고 해. KGB 손님이 구입해주셨으니까(웃음).
MAX : (폭소).
요코야마 : 이름 덕분에 재미있었습니다(웃음).

40 구름라룸
히가사야마 겐지로(43세 · 치바현)

요코야마 : 적도, 아군도 아니네요. 어떤 콘셉트인가요.
MAX : 뭔가 칠해져 있네요.
요코야마 : 벽에 바르는 거 아닌가요? 좋네. 현대미술이네요.

41 여전사
스위프트 웍스(43 · 도쿄도)

요코야마 : 안경 쓴 소녀네요. 약간 안짱다리를 하고 있어요. 이런 색을 칠하면 바로 야해 보여.
MAX : 그런 소리를(웃음).
요코야마 : 이거는 좋은데요. 잘 했어요.

42 우주용 HAFS

43 팔케 항공모함 운용형
OVER-Q(34세 · 카나가와현)

MAX : 이거 약간 제 취향인데요. 마음에 들어요. 멋지죠.
요코야마 : 잠깐만, 붉은 거미(사무라이 7에 등장하는 기체)인가? 고바야시 군이 디자인한 콘셉트와 비슷하네. 이것은 고바야시 마코토 상으로.
MAX : 고바야시 마코토 상으로 결정(웃음).

44 용병군 현지공작원
슌(30세 · 사이타마현)

요코야마 : 블루도 멋지고 잘했다.
MAX : 훌륭하네요.
요코야마 : 도장은 모두 잘하네. 어째서 이 사람들 모두 훌륭하게 칠하는 거지? 디오라마를 제대로 마무리하는 방법도 잘하고, 굉장해. 곤란한데.

45 케틀(주전자)
타나부(44세 · 카가와현)

요코야마 : 귀엽네요. 찻주전자와 닮았네. 케틀이라기보다 찻주전자라고 하는 게 좋겠네.
MAX : 자 타이틀 변경이에요. 두 명, 찻주전자(웃음).
MAX : 전 상당히 잘했다고 생각해요.
요코야마 : 잘했어요. 짜임새 있게 하는 것도.

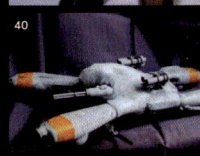
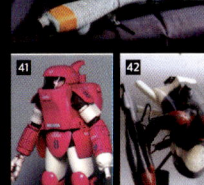

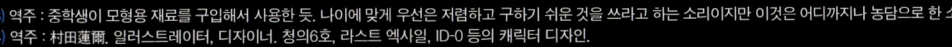

63) 역주 : 중학생이 모형용 재료를 구입해서 사용한 듯. 나이에 맞게 우선은 저렴하고 구하기 쉬운 것을 쓰고 하는 소리이지만 이것은 어디까지나 농담으로 한 소리.
64) 역주 : 村田蓮爾. 일러스트레이터, 디자이너. 정의6호, 라스트 엑사일, ID-0 등의 캐릭터 디자인.

46 백곰과 눈사람

47 A.F.S.Mk.I

48 아킬레스의 거북이

49 S.A.F.S.

50 뒤집어진 [福]

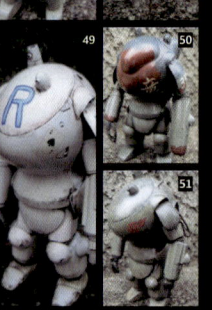

51 S.A.F.S.
Shyon(30세 · 치바현)

요코야마 : 「한 달간 매일 칠했습니다」훌륭해!! 매일 칠하면 즐겁지요. 하면 할수록 세밀한 터치가 들어가지. 거꾸로 말하면 색의 강약이 없어지지요.
MAX : 그런가요.
요코야마 : 붓질이 너무 들어가게 되면 칠이 단조로워져요. 그림도 그렇지만 명도 차이가 없어지거든요.
MAX : 오히려?
요코야마 : 오히려, 이제부터 명도 차이를 만들어가는 그런 것을 공부해가면 좋겠는데, 그것에 대한 상세한 과정을 설명하려고 하니까 기다려줘.

52 SNAKE EYE
guri(39세 · 효고현)

요코야마 : 보통으로 귀엽군요. 보통으로 만들어서 팔면 잘 팔릴 듯하네요(웃음). 이거 완성품으로 만들어서 팔면 잘 팔릴 듯하네요(웃음).
MAX : 매끈하네요.
요코야마 : 그래, 데칼을 붙이고 클리어를 뿌리는 건 말이지, 재미있지. 모형에서 연마하기는 하나의 즐거움이지.

53 SHOW PAWN(소바-양)

54 시작정찰 AFS.USA.PAWN (우사퐁?)
콘베 히토시(41세 · 야마가타현)

요코야마 : 아, 소화기네.
MAX : 그런가요. 대단한 소화기색.
요코야마 : 모양도 소화기야. 좋네요. 어른인데 초딩[65] (소방) 이라는 상은 어때요?(웃음)
MAX : 조금 어려웠네요(웃음).

55 F14부대
토키호시(42세 · 아이치현)

요코야마 : 「구판 닛토 키트를 완성해서 잘했어요 상」이네요. 이거 훌륭해요. 고생한 자신의 코멘트란에서는 표현하지 않았어요. 즉 즐기고 있다는 거지요.
MAX : 구판키트는 그 나름의 맛이 있어서 좋아요. 저도 이쪽이 좋아요.

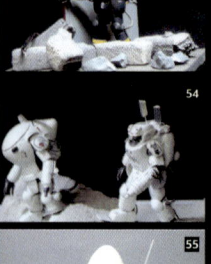

56 DINNER
하시모토 히데토시(치바현)

MAX : 멜로우서브마린의 멜루진 콘테스트에서 하비재팬 상을 받았다는군요.
요코야마 : 그래 밖에서 이거 기분 나쁜 아저씨가 옆에 서 있는 거야. 쇠파이프를 든 대머리 아저씨. 나도 좋아해서 몇 번을 봐도 재미있어서 즐거운데(웃음).

57 1/144 P.K.A
AKITO(44세 · 효고현)

요코야마 : 100엔 크기로 보이네요(웃음). 잘 만들었네.
MAX : 쌀알에 글을 쓸 정도의 사람이네요.
요코야마 : 캐노피를 히트프레스로 만들었다니, 대단하네. 잘 다듬었다고나 할까, 취지가 달라서 좋네. 이거 선물로 받고 싶네.

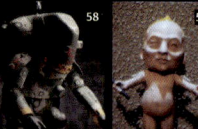

58 멜루진 · 제11강하엽병단 제5중대
사에키카즈시로(40세 · 도쿄도)

요코야마 : 음모한 사진이 커서 고맙네요. 노안인 우리에게는(웃음). 치핑 좋네요.
MAX : 이거 제 방식을 따라 해서 표현했네요.
요코야마 : 훌륭하네요, 감동적이에요. 멋있고.

59 The☆kow-P
스기야MA(36세 · 사이타마현)

요코야마 : 히라시 히데아키(모델러, 개러지 모델 원형사) 군의 개러지 키트네요.
MAX : 밑에서 비춘 조명이 굉장한데요.
요코야마 : 히라타 군에게 보여주고 싶네요. 이거 부적으로 하면 딱 좋으니까, 부디 여러분(웃음).

60 「안 돼, 완전히 헤맸다」
jyoan(30세 · 토치기현)

MAX : 뭐야 이 부품은?
요코야마 : 이것은 겔구그 14B 고기동형의 버니어 같은데요.
MAX : 그럼 그 「고기동형 버니어 상」으로(웃음).
요코야마 : (폭소).
MAX : 내가 건담을 모른다고 만만하게 보지 말길, 와타나베 군이 있다고(웃음).

61 미크로맨 강화 슈트1

62 미크로맨 강화 슈트2

63 미크로맨 강화 슈트3
켄 타케시(42세 · 히로시마현)

MAX : 대단하네요.
요코야마 : 역시. 이전에 KATOOO가 가져왔어. 가지고 있지.
MAX : 이거 가지고 있군요.
요코야마 : 확실히 「미크로맨」상이네. 훌륭하다.

64 휴식
Tama-06(24세 · 오사카부)

MAX : 이 장면, 인기 있네요.
요코야마 : 『Ma.K.B.D.』에 묘사되어 있으니까, 게다가 하세가와의 키트로 만드니 좋네, 이거. 첫 디오라마, 훌륭해요!

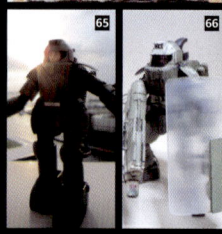

65 에디의 꿈은 아침을 연다
Cuz(44세 · 이바라키현)

MAX : 잠깐만요. 혹시 걷는 것?
요코야마 : 대단하네. 이거 움직이는 걸 동영상으로 좀 보고 싶네. Youtube에 업로드해줘.
MAX : 디스크 말고 Youtube 요?(웃음)

66 AFS Mk.I(간접사인)

67 정찰기 DORIDIDAE
NCC 1701(39세 · 아이치현)

요코야마 : 약간 미크로맨 같은 위트가 있는데. 방패이 방패.
MAX : 이거 좋지 않습니까?
요코야마 : 정찰기도 귀엽네. 갓파 같아서. 갓파 좋아하니까. 뭐랄까 「시로 마사무네 상」을 주고 싶네.
MAX : (웃음).
요코야마 : 깔끔한 색. 따라 해봐.
MAX : 이거 해보고 싶네요.

68 MERMAID BENEFITS

69 Zanzara
kazetanuki(43세 · 도쿄도)

요코야마 : 멜루진 옆에 구멍이 있으니 이것이 멋지구만.
MAX : 이거 멋집니다! 게다가 두 개나 만들었네요!
요코야마 : 이거 멜루진의 제리 같은 거니까 멜제리?
MAX : 그렇네요. 머리를 꽉 닫고서 여기 비어 있는 것도 참신하네요.
요코야마 : 디자인이 멋지네요. 디오라마도 뭔가 좋은 느낌이고.
MAX : 이 사람은 상당히 카우츠가 좋은가 봐요.
요코야마 : 카우츠 좋아하네. 카우츠 녀석.

70 알파로메오 얼굴의 콩
츠네오사무 케이(40세 · 치바현)

MAX : 멋지네요.
요코야마 : 게다가 움직일 것 같아. 그대로.
MAX : 멋져요….
요코야마 : 갖고 싶어요?
MAX : 갖고 싶습니다(웃음).

71 야크트 글라디에이터
MokaMoNa(30세 · 카나가와현)

요코야마 : 아 아름다워! 멋지네. 포르쉐 917 같아 보여.
MAX : 아 그렇네요.
요코야마 : 『SF3D』와 같은 시기에 했던 우주무기 같아 보이는 녀석인가? 그것 같네. '그 연재물 같은 이러쿵저러쿵 상'을 주자.
MAX : (웃음).

72 그로서 훈트 현지개량형
호시노 료이치(28세 · 도쿄도)

MAX : 응? 갸브스레이와 기라도가로 개조한 그로서 훈트? 오호 대단해-!!
요코야마 : 갸브스레이가 뭐야?
MAX : 『Z건담』에 나오는 MS입니다. 고바야시 마코토 디자인 같은 거예요.
요코야마 : 역시 우리가 했던 것이 이런 식으로 이어져 계승되는군. 훌륭하게 마무리되었네.
MAX : 이건 틀림없이 고바야시 마코토 상이네요. 전 좋습니다!

73 소형 다각전투 슈트 Spinne

74 슈트칼군 야간저격병2010
tono(36세 · 카나가와현)

MAX : 아~, 이거 굉장하네요.
요코야마 : 『SF3D』 연재 당시의 이 녀석을 찾으라고 모두가 말했어요.
MAX : 이거 굉장해요!
요코야마 : 이 사람 분명히 군인이었을지도 모른다고 말했었지.
MAX : 좋네요.
요코야마 : 재료도 훌륭하네. 이것도 놀이공원의 판다 전기차 같아. 이것도 조이드 시리즈라서 태업으로 움직이는 놈이야. 이거 움직인다네. 걷는 게 빠르겠지(웃음).
MAX : 찰칵~ 찰칵~ 하면서(웃음).
요코야마 : 『이나중 탁구부』의 판다 탑승물(만화에 등장하는 탈 것) 같아. 재료도 훌륭하네. 훌륭한 녀석이군. 방석 2장으로 상을 주자(웃음).

75 The front of charge
포카모토(35세·니가타현)

요코야마 : 아, 유화도구를 사용했다.
MAX : 굉장하네요.
요코야마 : 훌륭해!
MAX : 거실에서 만든 것 같은데요? 거실에서의 제작을 허락해주신 사모님께 감사를.
요코야마 : 「부인이 위대하다 상」 같은 상이네.

76 Ambassador
스케키오(42세 · 효고현)

요코야마 : 이거 인형을 잘 찾았구나. 마텔의 스키퍼. 스키퍼 인형은 찾기가 어려워요. 맥스 팩토리의 스케이드 아이에 타고 있구만. 이야 귀여워요.
MAX : 함께 촬영하고 싶네요.
요코야마 : 정말로, 정말이야.

77 1/20캉구르 G형
리디스(32세 · 도쿄도)

MAX : 이 컬러링은 약간 저에게서는 나올 수 없는 거네요. 멋있습니다.
요코야마 : 진짜 독일군 같네. 타이거 전차 같아. 게다가 닛토 키트의 구스타프 피규어를 훌륭하게 사용해서 타미야의 예전 박스 아트 같네.

65) 역주 : 원문에서는 小坊(쇼보: 초딩, 초등학생)라고 쓰여 있다. 消防(쇼보: 소방)과 발음이 같아서 말장난한 것. (그런데 실제로 초딩을 표현할 때 消防라고 쓰기도 함)

80 SAFS(치부머)

81 SAFS그릴레
모토미야(40세 · 이바라키현)

요코야마 : 이거 독특하네….
MAX : 이 부품은 뭐지.
요코야마 : 체코의 애니메이션 같은 거에 나오겠네.
MAX : 아주 실컷 하고 싶은 대로 한 것 같은.
요코야마 : 이거 엄청나게 재미있네. 이건 아트야. 이건 「사일런트 힐」에 나올 것 같아요 (웃음).

82 만전용 스노우맨
파테 모리야(43세 · 도쿄도)

요코야마 : 귀엽네요.
MAX : 칠하는 것도 훌륭해요.
요코야마 : 파테 모리야 씨이기 때문이지.
MAX : (폭소).
요코야마 : 유감스러운 녀석이 근처에 살고 있네요(웃음).
MAX : 너무 가까운 거 아닌가요?
요코야마 : 근처에 있다면 도와줘. 콘테스트에 내지 말라고(웃음).

83 omentary a Rest.
TM(TEAM CHI)(44세 · 기후현)

요코야마 : 아! 개 발을 잡아 비틀어 부러뜨리려고 하는….
MAX : 에에~!! 그런 소재인가요(웃음).
요코야마 : 아니라고 생각하지만(웃음). 생각해보면 무서워 이런 거. 꽉! 할 것 같아. 실은 부드럽게 만지겠지.
MAX : 개가 실감나서 좋네요. 이런 키트가 있으면요? 키트로.
요코야마 : 개는 어떻게 된 걸까. 개가 훌륭해서 신경이 쓰인단 말이야. 잘 부탁해(웃음).

84 SAFS
하야카와 시게루(TEAM CHI)
(37세 · 기후현)

요코야마 : 이건 케로로중사로밖에 안 보여(웃음).
MAX : 그걸 의식했다고 생각해요. 이렇게 눈을 치켜뜨니 완전 디포메이션 캐릭터 같아 보여요.
요코야마 : 귀엽네. 디포메이션 캐릭터에 아저씨가 타고 있는게 너무 재미있어.

85 루나폰
야노 카즈키(39세 · 후쿠오카현)

요코야마 : 그야말로 상품 샘플같이 심플하게 만들었네요.
MAX : 확실히 그러네요.
요코야마 : 아 속에 알루미늄 테이프가 붙어 있네. 에~ 채굴하면 좋겠다….
MAX : 그런(웃음).

86 시가전
하시모토 히데토시(치바현)

요코야마 : 얼굴이 대단하게 되었네요(웃음). 마릴린 맨슨 같아서 재미있네.
MAX : PKA 많이 있네요.
요코야마 : 「사진이 꽤 기분 나빠서 좋은 상」「사일런트 힐」이군.

87 크뢰테
J-PEI(32세 · 히로시마현)

요코야마 : 이거 역시 모두 좋아하네. 인터넷에 올린 보람이 있네. 이것도 전기부품을 넣었네요.
MAX : 훌륭합니다.
요코야마 : 즐기는군. 「즐기고 있는 상」으로.

88 H-SAFS
(Space Type) SQEEK
난파 토오루(TEAM CHI)
(44세 · 기후현)

요코야마 : 뭔가 상당히 큰 베이스가 있네. 합성한 건가? NHK 같다.
MAX : 이거 움직이겠네요.
요코야마 : 「직접 해보고 납득!」같은 느낌인데. 그저 그런 장소에 패스를 따서 붙인 게 이상하다(웃음).

89 노이즈폿터

90 SAFS ACILLES TYPE A
보케쩡@란치킨IS
(46세 · 도쿄도)

요코야마 : SD노이즈포터. 이것도 미즈키 씨의 디자인이네.
MAX : (폭소).
요코야마 : 노이즈포터하면 아무래도 게게게의 눈알요괴 느낌이라고.
MAX : 이 피규어 조금 토리하다 미노루(남자 연예인) 같아 보이네….

91 보름달

92 OH MY GOD!!
산디 이쿠다(TEAM CHI)
(45세 · 기후현)

요코야마 : 일본스러운 소재네.
MAX : 꽤 재치가 효과적이네요.
요코야마 : 나왔다 변소(웃음).
MAX : 드디어 나왔군요.
요코야마 : 오~ 신이시여! 같은 종이가 없어졌다는 소재네. 인간분데. 위에서 누님을 기다리는 것 같아(웃음), 이야 대단하네.

93 회수
혼다 미키오(46세 · 시가현)

요코야마 : 아야나미를 좋아하나 보네. 사회과 견학하러 온 여학생 같다. 「엔진은 야쿠르트로 다시 만듭니다」라니…. 귀찮았겠군.
MAX : 코멘트가 상당히 거칠어졌네요(웃음).
요코야마 : 이런 코멘트를 할 사진이 지금까지는 없었거든요, 이번에는. 정말 진짜로 훌륭해. 이런 난폭한 녀석이 나와서 기뻐요(웃음).

94 걷는 스텔스
(AFS · 스텔스 장비)
원더 마루(39세 · 나가노현)

요코야마 : 발 아래에 고무를 붙여서 발소리가 나지 않는다(웃음). 멋지구나~! 이런 아날로그 같은 어린이의 발상 좋네요. 좋은 어른이 이런 어린아이 같은 생각을 한다고.
MAX : 이거 재미있습니다! 멋져요!

95 GUSTAV
오츠 히데오(40세 · 미야기현)

요코야마 : 아가씨가 좋네요. 넥타이가 있는 가슴이 보이는 것 같아. 다들 좋아하지(웃음).
MAX : 그런가요.
요코야마 : 「20년 시간을 거쳐서 완성」 그러니까 20년 전의 키트를 마무리했다는 거네. 이제 여러가지 일들도 아주 잘 알게 되고(웃음). 20년이라는 성취감이 있는 표정이네. 달성했다! 같은 느낌(웃음).

96 팔케
roadster(42세 · 나가사키현)

MAX : 오오, 날고 있다!
요코야마 : 던진 거 아닐까?
MAX : 그 코멘트 최고입니다!(폭소)
요코야마 : 「던져서 찍었습니다」라고 쓰여 있어요(웃음).
MAX : 진짜?! 설마~?!
요코야마 : 그렇다네, 역시 던질 수밖에 없죠. 나 같은 바보네요.
MAX : 이야 대단하네…하지만 너무 잘 나왔어요.
요코야마 : 진실을 말해봐라 상으로(웃음). 당신 던지느라 애썼어 (웃음).
MAX : 내가 만든 것을 던졌다고?(웃음).

97 Potato-Hopper
호미도(38세 · 카미나카와현)

요코야마 : 루나폰, 이렇게 됐다고?
MAX : 정말 다른 것이 되어버렸습니다. 그런 의미에서 대단하네요.
요코야마 : 헤에~. 재미있고 굉장한 공작기술이네.
MAX : 열심히 했네요.
요코야마 : 정말로 재미있을 거야.

98 Autumn Leaves
ree-yokoyama(38세 · 효고현)

요코야마 : 울고 있는 여자아이의 오브제가 굉장한 조형이라, NHK의 「모두의 노래」의… 아 ree 씨네.
MAX : 아는 사람이네요?
요코야마 : 물론. 그저 알고 있는 사람일 뿐. 「영화의 한 장면 같은 작품을 목표로 했습니다」 당신, 노린 거지? 상으로(웃음). 좋네.
MAX : 굉장히 좋네요.

99 글라디에이터
스크리밍 스켈레톤
tin(39세 · 사이타마현)

요코야마 : 글라디에이터의 거기 그곳에 그린 거 좋네요.
MAX : 거기에 그림 그리는 거는 절대 찬성입니다.
요코야마 : 더 실감나게 내 얼굴을 그려볼까?
MAX : 아이고 정말 그만둬주세요.
요코야마 : 키트화되면 데칼을 넣어 볼까나(웃음).

100 SAFS후방지원사양기
카지 초요시(29세 · 도쿄도)

MAX : 부품 하나로 이렇게 변한다니 재미있네요.
요코야마 : 응. 좋네. 보톰즈 같다. 매드맥스에서, 여왕이 출연했던…
MAX : 썬더 뭐라는 편이지요.
요코야마 : 썬더 뭘까. 이건 「매드맥스 썬더 뭘까 상」.
요코야마 : 「썬더 돔 상」이네요(웃음).

101 원점회귀
타하라 준지(38세 · 후쿠오카현)

요코야마 : 카메다 코키(권투선수) 같아 보이네요.
MAX : 그럼 「카메다 코키 상」으로 괜찮아요?
요코야마 : (웃음).
MAX : 이거 닛토의 것이네요.
요코야마 : 많은 사람이 닛토 키트를 훌륭하게 만들 수 있게 되었네. 계속 나오네. 당시라면 무리였어요.
MAX : 엄청난 기세로 레벨이 올라가고 있네요.
요코야마 : 그도 그럴 것이 오래 되었지. 중딩이었던 사람이 지금은 아이가 생겨 그 아이가 중학생 정도니까.

102 여행을 떠나요
(전쟁 따위는 그만…)
에치아토야(38세 · 아이치현)

요코야마 : 누님이 크뢰테를 타고 여행을 떠난다. 잠깐 지금이라면 우에토 아야[67]씨 주연인데. 예전 같으면 나츠메 마사코[68]할 것 같아.
MAX : 왜 그런가요(웃음).
요코야마 : 그런 서유기 같은 것은 나츠메 마사코 같아.
MAX : 아, 서유기에서 나오는 거군요.
요코야마 : 너무 오래돼서 잘 모르겠네(웃음).

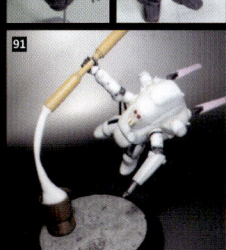

콘테스트를 마치며

요코야마 : 총평으로 말하자면 모두들 훌륭해서 조금 지루하네(웃음). 그렇지만 정말 아닐까? 같은 사람들이 언제나 같은 것을 계속해 나간다는 것은 역시 대단한 것이라고 생각하는데, 나도 질 수는 없겠지요?

MAX : 그만두지 않고 계속하는 것을 볼 수 있는 것 아닐까요? 정말 긴 시간동안 몇 작품이든 계속하고 있으니 『Ma.K』는 대단하다고 생각해요. 엄청 재미있는데 너무 피곤합니다(웃음). 게다가 뭐랄까 다양한 작품이 들어왔습니다. 만들고 있는 사람의 생각이 들어버려서 더 녹초입니다(웃음).

---

[66] 역주 : 원문은 ためしてガッテン！(타메시테갓텐), NHK의 건강관련 프로그램. 설명을 하기 위해 모형을 자주 사용.
[67] 역주 : 주성치 감독의 영화 서유기-시작의 시작(2013년). 여기에 우에토 아야를 '닮은' 사람이 등장.
[68] 역주 : 일본의 드라마 서유기(1978년)에서 나츠메 마사코는 현장법사 역할로 말을 타고 다녔다.

마쉬넨크리거
Ma.K. in SF3D
ARCHIVE
2010.3-2011.2 vol.1

AUTHOR & MODELING
MAX WATANABE

AUTHOR & MODELING & SUPERVISOR
Kow YOKOYAMA

EXPLANATION
KATOOO[rainbow egg]

MODELING SUPPORT
Takashi SUZUKI

COVER & PAGE DESIGN
Hitoshi TAKANASHI[debris.]

PHOTO
Akishige HOMMATSU[Studio R]

EDITOR
Daisuke ITO
KATOOO[rainbow egg]

ASSISTANT EDITOR
Takahiro IMAI

SPECIAL THANKS
Max Factory
Snowman
Wave
Hasegawa
rainbow egg
Yellow Submarine
Artbox
Masaki Apsy
Lincoln Wright

「하비재팬・모델그래픽스 합동
마쉬넨크리거 모형 콘테스트」참가자 여러분

초판 1 쇄 인쇄 2021 년 1 월 10 일
초판 1 쇄 발행 2021 년 1 월 15 일

저자 : MAX 와타나베 , 요코야마 코우
번역 : 박성윤

펴낸이 : 이동섭
편집 : 이민규 , 탁승규
디자인 : 조세연 , 김현승 , 황효주 , 김형주 , 김민지
영업・마케팅 : 송정환
e-BOOK : 홍인표 , 유재학 , 최정수 , 서찬웅
관리 : 이윤미

㈜에이케이커뮤니케이션즈
등록 1996 년 7 월 9 일 (제 302-1996-00026 호)
주소 : 04002 서울 마포구 동교로 17 안길 28, 2 층
TEL : 02-702-7963~5   FAX : 02-702-7988
http://www.amusementkorea.co.kr

ISBN 979-11-274-4199-9 17630
(세트)ISBN 979-11-274-4206-4 17630

Ma.K. in SF3D ARCHIVE 2010.3-2011.2 vol.1

ⓒ Kow Yokoyama 2021
Originally Published in Japan in 2018 by HOBBY JAPAN Co. Ltd.
Korea translation Copyright ⓒ 2021 by AK Communications, Inc.

이 책의 한국어판 저작권은 일본 ㈜ HOBBY JAPAN 과의 독점계약으로
㈜에이케이커뮤니케이션즈에 있습니다 .
저작권법에 의해 한국 내에서 보호를 받는 저작물이므로
무단전재와 무단복제를 금합니다 .

이 도서의 국립중앙도서관 출판예정도서목록 (CIP) 은 서지정보유통지원시스템
홈페이지 (http://seoji.nl.go.kr) 와 국가자료공동목록시스템 (http://www.nl.go.
kr/kolisnet) 에서 이용하실 수 있습니다 . (CIP 제어번호 : CIP2020054586)

* 잘못된 책은 구입한 곳에서 무료로 바꿔드립니다 .

손끝에서 탄생하는
현실 이상의 리얼리티!!

-AK HOBBY BOOK

노모켄 1 [최신개정판]
노모토 켄이치 지음 | 이은수 옮김 | 210X257mm | 208쪽
ISBN 979-11-7024-259-8 | 25,000원

프라모델러를 위한 테크닉 가이드

『노모켄』은 모형 제작을 위한 테크닉 가이드북이다. 공구와 재료의 소개부터 프라모델의 조립, 개조법, 처음부터 만들어 나가기 위한 조형적인 기법, 마감과 도장, 그리고 복제까지를 모두 망라하여 풍부한 사진과 함께 해설한다.

노모켄 2
노모토 켄이치 지음 | AK커뮤니케이션즈 편집부 옮김 | 210X257mm | 112쪽
ISBN 978-89-8710-363-1 | 15,800원

중·고급 프라모델러를 위한 테크닉가이드

오토 모델, 에어로 모델, AFV 모델 등의 장르를 다룬다. 각 작품마다 테마를 설정하고, 그 제작과정을 풍부한 사진과 자세한 해설을 곁들여 소개한다. 특히 각 장르의 조립부터 도색까지, 설명서에는 실려 있지 않은 유용한 실용기술들을 담았다.

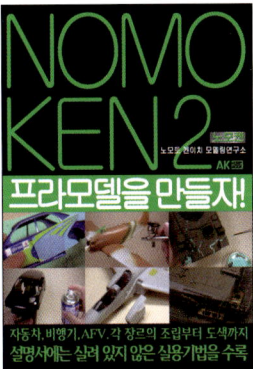

노모켄 3
노모토 켄이치 지음 | AK커뮤니케이션즈 편집부 옮김 | 210X257mm | 162쪽
ISBN 978-89-6407-237-0 | 21,800원

건담 모형 도색과 개조. 프로의 테크닉을 전수한다!

단순 조립에서 한발 더 나아가, 개조를 통해 자신만의 스타일로 연출할 수 있는 모든 테크닉이 총 망라되어 있다. 작업에 쓰이는 도구의 설명에서부터, 붓터치, 에어브러쉬의 사용법, 개조방법, 웨더링, 완성 후의 전시와 보관까지, 작업하면서 궁금할 법한 사항을 상세히 다룬다.

노모켄 Extra Edition 건프라 입문

노모토 켄이치 지음 | AK커뮤니케이션즈 편집부 옮김 | 210X257mm | 98쪽
ISBN 978-89-6407-033-8 | 12,000원

건프라 제작의 모든 노하우를 이 한 권에!

프라모델을 처음 만드는 독자들을 위한 가이드북. 기동전사 건담 시리즈의 프라모델, 즉 건프라 제작의 기초부터 완성까지 사진자료를 통해 상세히 설명한다. 기초에서부터 키트의 완성도를 높이는 다양한 테크닉을 수록하였다.

노모켄 특별편 궁극의 자동차 모델 제작법
-NOMOKEN extra edition-

노모토 켄이치 지음 | 김정규 옮김 | 182X257mm | 112쪽
ISBN 979-11-274-2162-5 | 24,000원

세상에 하나뿐인 자동차 모델 제작법!

프라모델 제작 가이드의 전설, 노모켄 시리즈의 저자 노모토 켄이치. 그가 부품부터 하나하나 전부 다 만드는 '스크래치 빌드'로 만들어낸 F1 경주용 자동차 모형, 1/12 티렐 008의 제작 과정을 추적한다. 30년이 넘는 제작 노하우에 3D모델링과 같은 최신 기술까지 동원한 이유와 결과는?

철도 모형 제작의 교과서

하비 재팬 편집부 지음 | AK커뮤니케이션즈 편집부 옮김 | 210X297mm | 112쪽
ISBN | 978-89-6407-925-6 | 22,000원

철도 모형의 다양한 레이아웃 제작 테크닉 완벽 가이드!!

철도 모형 팬들이 최단 시간에 원하는 목표에 도달할 수 있도록, 효율적인 제작 테크닉을 전수한다. 누구나 원하는 레이아웃의 철도 모형을 완성할 수 있도록, 창의적이고 유용한 기법들을 알려준다. 레이아웃을 제작할 때 발생하는 곤란한 상황에 대해 그 해결책을 제시해줄 것이다.

비행기 모형 제작의 교과서 [최신 제트 전투기편]

하비 재팬 편집부 지음 | AK커뮤니케이션즈 편집부 옮김 | 210X297mm | 112쪽
ISBN 978-89-6407-492-3 | 19,800원

사진으로 보는 비행기 모형작법서!

쉽게 따라올 수 있도록 풍부한 사진과 친절한 설명 등 초보자를 위한 배려는 물론, 실기에 버금가는 작례가 돋보이는 본격 입문 작법서.
제작 과정을 순서에 따라 상세하게 해설하고 있으며, 비행기 모형 팬들에게 더할 나위 없는 최고의 가치를 선사할 것이다.

전차 모형 제작의 교과서

하비 재팬 편집부 지음 | 오세찬 옮김 | 210X297mm | 96쪽
ISBN | 978-89-6407-744-3 | 19,800원

전차 모형 제작의 결정판 가이드!

제작 과정을 쉽게 이해할 수 있는 방대하고 상세한 사진 자료와 함께 일본 AFV 모델계 거장의 핵심을 짚어주는 친절하고 자세한 설명으로 누구나가 원하는 전차 모형을 제작할 수 있도록 구성하였다. 나중에는 전차 모형을 자유롭게 다루는 자신을 발견할 수 있을 것이다.

프라모델 에어브러시 테크닉가이드
카와노 요시유키 지음 | AK커뮤니케이션즈 편집부 옮김 | 180X230mm | 119쪽
ISBN 978-89-6407-006-2 | 17,800원
프라모델 도색기법의 꽃! 에어브러시 테크닉의 정수!
여러 가지 프라모델 도색기법 가운데에서도 그 꽃이라고도 할 수 있는 에어브러시 테크닉의 정수를 담은 가이드 북. 기초부터 시작하여 응용 테크닉에 이르기까지, 에어브러시의 테크닉에 대한 훌륭한 길잡이가 될 것이다.

비행기 모형 만들기
나카다 히로유키 지음 | AK커뮤니케이션즈 편집부 옮김 | 210X297mm | 152쪽
ISBN 978-89-6407-252-3 | 24,800원
2차 세계대전을 대표하는 전투기 4종 완전 해설!
2차 세계대전에서 활약한 일본의 영식 함상 전투기, 독일의 포케볼프 Fw190 F-8/9, 미국의 노스 아메리칸 F51D 무스탕 등 4기의 기체에 대한 해설을 담은 책이다. 입문자의 입장에서 자세하고 쉽게 기술하여 비행기 모형 제작의 기본기를 다질 수 있도록 도와줄 것이다.

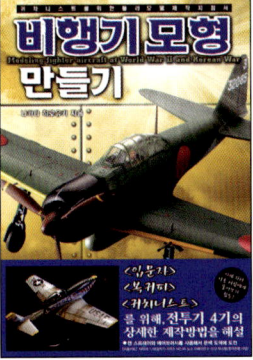

자동차 모형 만들기
기타자와 시로 외 2인 지음 | AK커뮤니케이션즈 편집부 옮김 | 210X297mm | 144쪽
ISBN 978-89-6407-336-0 | 24,800원
자동차 모형을 만드는 즐거움을 느껴보자!
클레식 카 '미니 쿠퍼', 명품 스포츠카 '페라리 288 GTO', 걸작 머신 '페라리 312T'. 그리고 20년 만에 플라모델 제작에 도전하는 복귀파 모델러의 눈물 없인 볼 수 없는 처절한 'AE86 트레노' 제작기까지, 자동차 플라모델 만드는 법을 기초부터 차근차근 설명한 책.

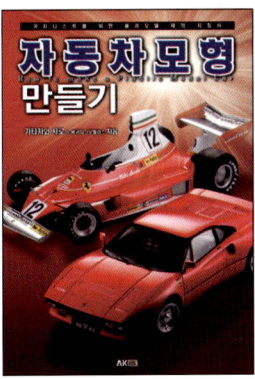

전차 모형 만들기
나카다 히로유키 지음 | 장민성 옮김 | 210X297mm | 136쪽
ISBN 978-89-6407-040-6 | 24,800원
바쁜 사람들을 위한 경제적인 모델링 안내서!
공부나 일에 쫓겨서 좀처럼 모형을 제작할 시간을 갖지 못하는 이들을 위해, 시간을 들이지 않으면서 간단하고 멋지게 완성할 수 있는 기술을 소개하는 전차모형 제작 가이드 북. 필자가 오랜 기간에 걸쳐 쌓아온 노하우를 이 한 권에 담았다.

함선 모형 만들기
나카다 히로유키 지음 | 이재경 옮김 | 210X297mm | 143쪽
ISBN 978-89-6407-245-5 | 24,800원
나만의 함정을 제작하는 방법!
전함 야마토와 구 일본 해군 함정, 디오라마 제작법을 소개한다. 1/700 사이즈의 함선 모형 제작방법을 알기 쉽게 해설하여 모형을 처음 접하는 이들도 따라할 수 있다.

전차 디오라마 만들기
나카다 히로유키 지음 | 이재경 옮김 | 210X297mm | 128쪽
ISBN 978-89-6407-205-9 | 24,800원
전장을 포효하는 나만의 전차를 만들어 보자!
단순히 전시대 위에 작품을 올려 놓는 것이 아니라, 실제 전장의 정경 속에 작품을 배치하고 싶어 하는 디오라마 입문자들을 위한 입문서.
디오라마를 만들면서 가졌을 법한 모든 의문점에 대해서 해답을 제시하는 것은 물론, 저자의 모델링노하우를 아낌없이 공개한다.

밀리터리 모델링 메뉴얼21
하비 재팬 편집부 지음 | AK커뮤니케이션즈 편집부 옮김 | 210X297mm | 154쪽
ISBN 978-89-6407-009-3 | 24,800원
실력있는 전문 필진들의 고품격 작례와 다양한 해설!
일본의 정통 모형지 하비 재팬시리즈 중에서도, AFV를 중심으로 밀리터리 관련 장르에 초점을 맞춘 「밀리터리 모델링 메뉴얼 21」의 정식 한국어판.이 책의 메인 테마는 '구축전차'. 베테랑 필진들의 화려한 고품격 작례 및 다양한 사진 자료와, 상세한 해설을 통하여, 유용한 실전 노하우를 제공하고, 동기를 부여해 줄 것이다.

요코야마 코우 Ma.K. 모델링북
요코야마 코우 지음 | 이재경 옮김 옮김 | 217X286mm | 112쪽
ISBN 979-11-7024-388-5 | 30,000원
최고의 모델링을 향한 감동의 여정
일러스트레이터 겸 모델러인 요코야마 코우가, 최신 도구와 재료를 이용하여 제작한 『Ma.K.』의 프라모델, 레진 키트, 액션 피규어를 대공개한다. 저자가 직접 촬영한 사진과 실용적인 해설로 구성된 획기적인 모형지이다. 저자가 직접 해설하는 마쉬넨 크리거의 독특한 디자인과 제작 테크닉들을 통하여 전과는 다른 작품을 완성할 수 있을 것이다.

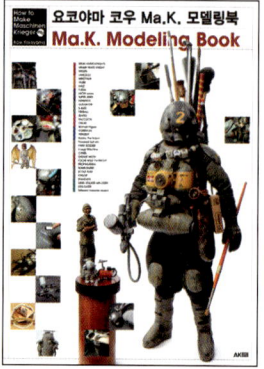

토이건 다이제스트 2011
하비 재팬 편집부 지음 | AK커뮤니케이션즈 편집부 옮김 | 210X297mm | 249쪽
ISBN 978-89-6407-925-6 | 22,000원
토이건, 이 한 권으로 완전 픽업!
모델건. 이제까지 관심은 있었지만, 정보가 없어 곤란해 하던 이들을 위한 서적! 신상 토이건은 물론, 그동안 완벽한 성능으로 찬사받았던 명품 모델까지, 이 책 한 권으로 완벽 픽업! 단순한 카탈로그가 아닌, 성능에 대한 설명과 사용례, 성능 비교까지 담아낸, 토이건 마니아들을 위한 퍼펙트 가이드 북.

타미야 1/48 톰캣 제작 가이드 F-14A 톰캣을 즐겨보자
하비 재팬 편집부 지음 | 문성호 옮김 | 210X257mm | 72쪽
ISBN 979-11-274-1248-7 | 18,500원
타미야 1/48 톰캣 궁극의 제작 가이드 북!!
당대 최강의 함상 전투기로 이름 높았으며 현재도 최고의 인기를 자랑하는 F-14. 2016년 11월, 타미야에서 결정판이라 할 수 있는 1/48 F-14A를 발매했다. 조립부터 디테일업, 웨더링, 개조, 작례와 실기 정보, 디테일업 파츠, 별매 데칼까지! 관련된 모든 정보를 이 한 권에 다 담았다!

1911 거버먼트 마니악스
암즈 매거진 편집부 지음 | 이상언 옮김 | 210X297mm | 142쪽
ISBN 979-11-274-1338-5 | 24,800원
프라모델 도색기법의 꽃! 에어브러시 테크닉의 정수!
탄생으로부터 100년. 오늘날에도 군경은 물론 민간 시장에서까지 폭넓게 사랑받고 있는 이유는 무엇일까? 자동권총이 탄생하고 그 기계적 구조가 정립된 20세기 초의 역사적 상황부터 1911의 개발과정과 미군 제식 채용까지의 경위, 각종 베리에이션과 커스텀 모델, 그리고 분해 정비와 관리까지 1911의 모든 것을 이 한 권에 담았다.

마스터피스 피스톨 세계의 걸작 권총
하비재팬 편집부 지음 | 이상언 옮김 | 210X297mm | 224쪽
ISBN 979-11-274-2354-4 | 29,800원
걸작이라 불리는 권총이 한자리에 모였다!
19세기 말부터 20세기 말까지 세상을 풍미했던 권총들을 소개한다. 걸작이라 평가받는 각 권총의 탄생과 영광, 현재의 모습까지 풍부한 사진 자료를 곁들여 상세하게 설명한다. 부품, 구조, 원형은 물론 파생형에 이르기까지 무엇 하나 빼놓을 것이 없는 "걸작" 권총 소개서!

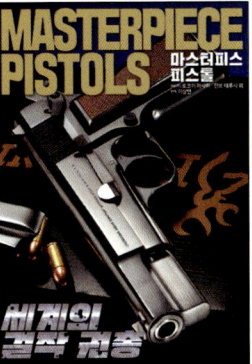

프레임 암즈 걸 모델링 컬렉션
하비재팬 편집부 지음 | 문성호 옮김 | 225X287mm | 122쪽
ISBN 979-11-274-1157-2 | 24,800원
애니메이션 속 미소녀를 3D로!!
일본 모형 업계의 숨은 강자인 고토부키야의 오리지널 시리즈로 시작, 2017년 2/4분기에 애니메이션으로 제작/방영된 프레임 암즈 걸! 미소녀 피규어이면서 동시에 프라모델이라고 하는 특성을 살린, 프레임 암즈 걸 시리즈가 지닌 다양한 가능성을 보여주는 창조적 작례를 통해 프레임 암즈 걸의 매력을 200%로 즐겨보자.

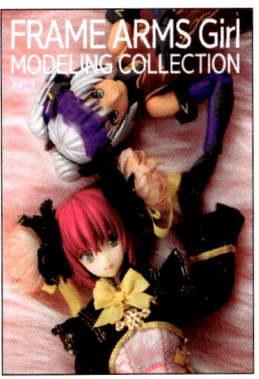

피규어의 교과서
모형의 왕국 지음 | 문우성 옮김 | 180X230mm | 160쪽
ISBN 978-89-6407-688-0 | 19,800원
기초부터 시작하는 피규어 제작법!
미소녀 피규어의 제작법을 제로부터 배운다! 만들어본 적 없는 사람이라도 사진과 그 아래에 적힌 사진 타이틀만 읽으면 어떻게 진행되는지 알 수 있도록 구성되어 있다. 피규어 원형 교실 『모형 학원』 현장 경력 10년의 피드백이 담긴 사진과 꼼꼼한 해설로 구성된 피규어 제작의 살아있는 교과서!

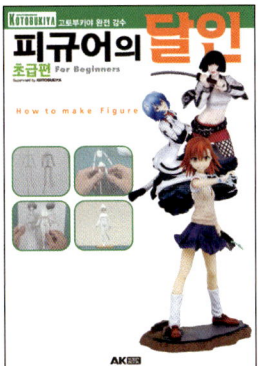

피규어의 달인 [초급편]
피규어 제작 향상위원회 지음 | AK커뮤니케이션즈 편집부 옮김 | 182X257mm
96쪽 | ISBN 978-89-6407-267-7 | 17,800원
피규어 초보자를 위한 나침반!
피규어를 스스로 만들어 보고 싶어 하는 이들을 위한 HOW TO! 피규어 제작. 관련 서적이 거의 전무한 상황에서, 기초 중의 기초적인 내용을 다루고 있다. 이 책의 목표는 어려운 피규어 제작에 일단 첫발을 내딛게 하는 것이며, 누구라도 책의 가이드 흐름을 따라 제작을 시도해 본다면 원하는 결과를 얻을 수 있을 것이다.

피규어의 달인 [상급편]
피규어 제작 향상위원회 지음 | 문우성 옮김 | 210X297mm | 128쪽
ISBN 978-89-6407-148-9 | 19,800원
피규어의 모든 것을 단 한권으로 완벽 해설!
프로 원형사 도카이무라 겐파치가 선보이는 피규어 제작의 모든 것. 프라모델과 피규어 제작으로 유명한 '고토부키야'에서 직접 제작한 이 책은 최초의 원형 제작 과정은 물론 복제하고 판매하는 방법, 관권사와 협의하는 절차까지 피규어 제작에서 겪게 되는 전 과정을 담고 있다. 저자의 풍부한 경험까지 더해진 실전 피규어 제작 가이드를 만나보자.

카토키 하지메 디자인 & 프로덕츠 어프로브드 건담
카토키 하지메 지음 | 김정규 옮김 | 256X256mm | 144쪽
ISBN 978-89-6407-383-4 | 28,000원
카토키 하지메와 모델러가 '건프라'를 위해 뭉쳤다!
건담의 각종 설정 자료와 미공개 러프 일러스트를 포함한 디자인 워크집. 건담 프라모델의 제작과정, 수정문구, 러프, 초안 등 비공식 스케치 자료들로 구성되어 있다. 또한 일러스트레이터이자 메카닉 디자이너 하지메의 스타일 변천사를 한눈에 살펴볼 수 있으며 스케일, 기체 종류, 기술력의 발달 상황을 짚어주면서 이해하기 쉽도록 구성하였다.

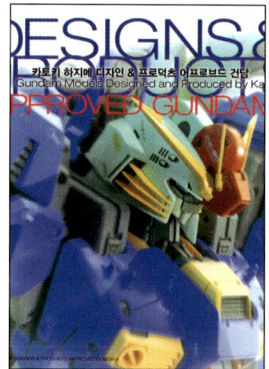

건프라 카탈로그 2016
하비재팬 편집부 지음 | 오광웅 옮김 | 210X297mm | 352쪽
ISBN 979-11-274-0161-0 | 33,000원
약 1700점의 건프라가 수록된 건프라 35주년 기념 카탈로그!
1980년 7월에 발매된 기념비적인 첫 건프라 「1/144 건담」부터 시작해 리얼 스케일 건프라를 총망라하였다. PG, MG, HGUC, HG, RG 등 각 스케일별 키트에 대한 상세한 설명은 물론 웹 한정 판매 아이템까지 올컬러로 수록한, 건프라의 역사를 한눈에 살펴볼 수 있는 귀중한 카탈로그이다.

건프라 카탈로그 2018 HG편
하비재팬 편집부 지음 | 김정규 옮김 | 210X297mm | 256쪽
ISBN 979-11-274-1730-7 | 28,000원
건프라의 스탠더드, HG를 철저 수록!
건프라(건담 플라스틱 모델) 10주년을 맞이해서, 당시의 최신 기술을 이용하여 역대 건담을 1/144 스케일로 탄생시킨 HG 시리즈. 그 시작부터 현재에 이르기까지, 진화의 역사를 이 한 권에 담았다! 프리미엄 반다이나 이벤트 한정품 등, 1000종류 이상이라는 압도적인 숫자를 자랑하는 HG 건프라를 총망라한 최신 풀 컬러 카탈로그!

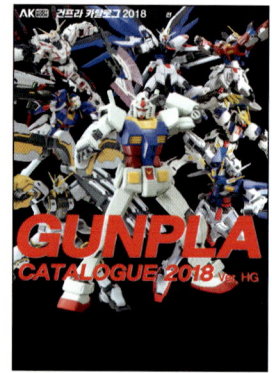

수성 아크릴 붓 도색 테크닉
아키토모 카츠야 지음 | 김정규 옮김 | 182X257mm | 96쪽
ISBN 979-11-274-1729-1 | 18,900원
물을 섞어서 붓으로 칠한다!
경력 40년의 프로 모델러가 실내에 최적화된 프라모델 도색 테크닉을 공개. '수성 아크릴' 붓 도색 기법은 기존의 도색 방법과 비교하여 냄새나 자극성이 지극히 적으며 비용이 저렴하고, 따라하기 쉬울뿐더러 나중에 수정하기도 쉽다. 전차, 비행기, 함선 등 모든 장르의 프라모델 도색이 비약적으로 간단해지는 방법과 각종 요령을 기초부터 차근차근 안내한다.

건프라 만들기를 시작해보자 건담 빌드 다이버즈 편
하비재팬 편집부 지음 | 김정규 옮김 | 210X257mm | 96쪽
ISBN 979-11-274-2768-9 | 12,800원

건담 빌드 다이버즈로 완전 공략!
아이들과 부모님이 함께 하는 건프라 "How to" 입문서!
건프라(건담 플라스틱 모델)에 처음 도전하는 분들을 위해 준비된 가이드북. 애니메이션 『건담 빌드 다이버즈』를 소재로 삼아 건프라란 어떤 것인지 소개한다. 기초적인 제작법과 간단 커스터마이즈하는 법, 프로의 멋진 기술과 발상, 개조 결과 등을 한 권 안에 눌러 담았다.

피규어의 교과서 레진 키트 & 도색 입문 편
후지타 시게토시 지음 | 김정규 옮김 | 180X232mm | 176쪽
ISBN 979-11-274-2775-7 | 20,800원

피규어 조립과 도색을 제로부터!
컬러 레진 키트 제작으로 기초를 배우면서 피규어를 완성하는 기쁨을 맛본다. 그 뒤에는 본격적인 단색 레진 키트 제작으로 더 높은 수준의 기술을 습득. 약간의 공을 들이면 더욱 아름답게 보일 수 있는 부품 다듬기부터 붓, 에어브러시를 이용한 도색 등의 디테일 향상 테크닉까지 익힌다.

화장지로 만드는 곤충
코마미야 히로시 지음 | 김정규 옮김 | 190X257mm | 136쪽
ISBN 979-11-274-3261-4 | 19,000원

네모난 종이 상자에 든 티슈 화장지로 아주 리얼한 곤충을 만들어보자!
장수풍뎅이, 호랑나비, 메뚜기, 장수잠자리, 참매미… 사각 종이갑에 담긴 티슈라는 우리 주변에서 흔히 볼 수 있는 일상용품을 재료로 실제처럼 생생하고 박력 넘치는 종이 곤충을 만드는 방법을 소개한다. 필요한 도구부터 시작해 기본적인 테크닉, 구체적인 제작 과정에 이르기까지. 설명을 따라 한 마리 또 한 마리 만드는 방법을 익혀보자!

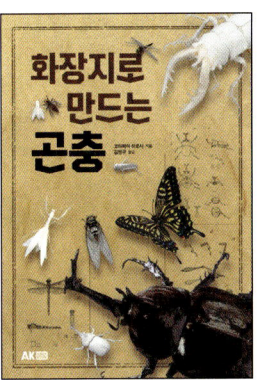

비행기 모형 제작의 교과서 레시프로기 편
하비재팬 편집부 지음 | 김정규 옮김 | 210X297mm | 120쪽
ISBN 979-11-274-3336-9 | 19,800원

2차 대전 전후 비행기 모형 제작 전문 가이드!!
1/48스케일로 전 세계의 다양한 걸작 항공기를 만들 수 있는 「타미야 1/48 걸작기 시리즈」. 그중 제2차 세계대전 전후로 활약한 레시프로기(왕복엔진을 탑재한 프로펠러 항공기)에 초점을 맞추어 다양한 비행기 모형 제작 테크닉을 소개한다.

주말에 만드는 건프라 슈퍼 테크닉
하야시 텟페이 지음 | 김정규 옮김 | 210X297mm | 104쪽
ISBN 979-11-274-4100-5 | 15,000원

슈퍼 테크닉으로 표현한 15개 작품 수록!!
성형색을 살려서 짧은 시간에 완성하는 「간단 완성」으로 건프라를 마음껏 즐기기 위한 슈퍼 스킬을 담은 테크닉 모음집이다. 누구나 주말의 남는 시간에 충분히 멋진 건프라를 손쉽게 완성할 수 있다.

창작을 위한 아이디어 자료
AK 트리비아 시리즈

-AK TRIVIA BOOK

오타쿠 문화사 1989~2018
헤이세이 오타쿠 연구회 지음 | 이석호 옮김 | 136쪽 | 13,000원
오타쿠 문화는 어떻게 변해왔는가!
애니메이션에서 게임, 만화, 라노벨, 인터넷, SNS, 아이돌, 코미케, 원더페스, 코스프레, 2.5차원까지, 1989년~2018년에 걸쳐 30년 동안 일어났던 오타쿠 역사의 변천 과정과 주요 이슈들을 흥미롭게 파헤친다.

중세 유럽의 문화
이케가미 쇼타 지음 | 이은수 옮김 | 256쪽 | 13,000원
심오하고 매력적인 중세의 세계!
기사, 사제와 수도사, 음유시인에 숙녀, 그리고 농민과 상인과 기술자들. 중세 배경의 판타지 세계에서 자주 보았던 그들의 리얼한 생활을 풍부한 일러스트와 표로 이해한다! 중세라는 로맨틱한 세계에서 사람들은 어떤 의식주 문화를 이루어왔는지 생생하게 보여준다.

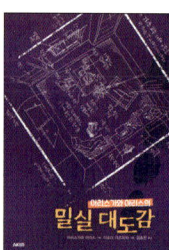
밀실 대도감
아리스가와 아리스 지음 | 김효진 옮김 | 372쪽 | 28,000원
41개의 기상천외한 밀실 트릭!
완전범죄로 보이는 밀실 미스터리의 진실에 접근한다! 깊이 있는 통찰력으로 날카롭게 풀어낸 아리스가와 아리스의 밀실 트릭 해설과 매혹적인 밀실 사건 현장을 생생하게 그려낸 이소다 가즈이치의 일러스트가 우리를 놀랍고 신기한 밀실의 세계로 초대한다.

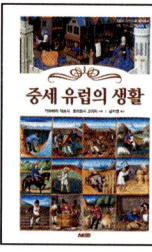
중세 유럽의 생활
가와하라 아쓰시, 호리코시 고이치 지음 | 남지연 옮김 | 260쪽 | 13,000원
새롭게 보는 중세 유럽 생활사
「기도하는 자」, 「싸우는 자」, 그리고 「일하는 자」라고 하는 중세 유럽의 세 가지 신분. 그이 가운데에서도 절대 다수를 차지했던 「일하는 자」에 해당하는 농민과 상공업자의 일상생활은 어떤 것이었을까? 여태까지 잘 알려지지 않았거나 잘못 알려져 있던 전근대 유럽 사회에 대하여 알아보도록 하자.

크툴루 신화 대사전
히가시 마사오 지음 | 전홍식 옮김 | 552쪽 | 25,000원
크툴루 신화에 입문하는 최고의 안내서!
크툴루 신화 세계관은 물론 그 모태인 러브크래프트의 문학 세계와 문화사적 배경까지 총망라하여 수록한 대사전으로, 그 방대하고 흥미진진한 신화 대계를 간결하고 명확하게 설명한다.

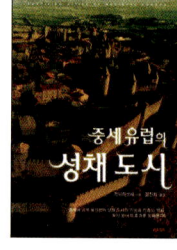
중세 유럽의 성채 도시
가이하쓰샤 지음 | 김진희 옮김 | 232쪽 | 15,000원
성채 도시의 기원과 진화의 역사!
외적으로부터 생명과 재산을 보호하기 위해 견고한 성벽으로 도시를 둘러싼 성채 도시. 방어 시설과 도시 기능은 시대의 흐름에 따라 더욱 강력하게 발전해 나가며, 문화·상업·군사 면에서 진화를 거듭한다. 그러한 궁극적인 기능미의 집약체였던 성채 도시의 주민 생활상부터 공성전 무기·전술에 이르기까지 상세하게 알아본다.

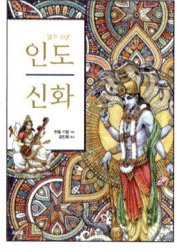
알기 쉬운 인도 신화
천축 기담 지음 | 김진희 옮김 | 228쪽 | 15,000원
혼돈과 전쟁, 사랑 속에서 살아가는 인도 신!
라마, 크리슈나, 시바, 가네샤! 강렬한 개성이 충돌하는 무아와 혼돈의 이야기! 2대 서사시 『라마야나』와 『마하바라타』의 세계관부터 신들의 특징과 일화에 이르는 모든 것을 이 한 권으로 파악한다.

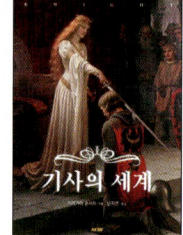
기사의 세계
이케가미 슌이치 지음 | 남지연 옮김 | 232쪽 | 15,000원
중세 유럽 사회의 주역이었던 기사!
때로는 군주와 신을 위해 용맹하고 과감하게 전투를 벌이고 때로는 우아한 풍류인으로서 궁정을 화려하게 장식했던 기사. 기사들은 과연 무엇을 위해 검을 들었는가, 지향하는 목표는 어디에 있었는가. 기사의 탄생에서 몰락까지, 역사의 드라마를 따라가며 그 진짜 모습을 파헤친다.

영국 사교계 가이드
무라카미 리코 지음 | 문성호 옮김 | 216쪽 | 15,000원
19세기 영국 사교계의 생생한 모습!
영국은 19세기 빅토리아 시대(1837~1901)에 번영의 정점에 달해 있었다. 당시에 많이 출간되었던 「에티켓 북」의 기술을 바탕으로, 빅토리아 시대 중류 여성들의 사교 생활을 알아보며 그 속마음까지 들여다본다.

판타지세계 용어사전
고타니 마리 지음 | 전홍식 옮김 | 200쪽 | 14,800원
판타지의 세계를 즐기는 가이드북!
우리가 알고 있는 대다수의 판타지 작품들은 기존의 신화나 민화, 역사적 사실 등을 바탕으로, 작가의 독특한 상상력을 더해 완성되었다. 『판타지세계 용어사전』은 판타지에 대한 이해를 돕는 용어들을 정리, 해설하고 있으며, 한국어판 특전으로 역자가 엄선한 한국 판타지 용어 해설집을 수록하고 있다.